Görings Reich

Volker Knopf
Stefan Martens

Görings Reich

Selbstinszenierungen in Carinhall

Bechtermünz

Genehmigte Lizenzausgabe für Verlagsgruppe Weltbild GmbH,
Steinerne Furt, 86167 Augsburg

Umschlaggestaltung: Atelier Lehmacher, Friedberg/Bay.
Umschlagmotiv: Hintergrund: Bildarchiv Preußischer Kulturbesitz, Berlin;
Vordergrund: Bundesarchiv Koblenz
Gesamtherstellung: sachsendruck GmbH, Paul-Schneider-Straße 12, 08525 Plauen

Printed in Germany

ISBN 3-8289-0536-6

2006 2005 2004
Die letzte Jahreszahl gibt die aktuelle Lizenzausgabe an.

Inhaltsverzeichnis

Eingeebnet und vergessen – Carinhall zu DDR-Zeiten

Anhang

Zu diesem Buch

Es gibt keinen Wegweiser, der nach Carinhall führt, und bis auf zwei Torhäuser mit den Insignien des Reichsmarschalls Hermann Göring und die sie flankierenden Wachgebäude ist von der eigentlichen Anlage nichts mehr erhalten. Dennoch finden sich seit der Wende in der DDR Jahr für Jahr Scharen von Besuchern in der malerischen Schorfheide bei Berlin ein, um durch den Lärchenwald zu irren, der die Fundamente von Görings Landsitz seit Kriegsende überwuchert hat. Schatzsucher treiben hier ihr Unwesen und werden von den zuständigen, aber hilflosen Behörden gejagt. Längst ist Carinhall zudem eine zwielichtige Wallfahrtsstätte geworden.

Um sich mit dieser Vergangenheit nicht auseinandersetzen zu müssen, hatte die DDR alles dafür getan, Carinhall – auch im Gedächtnis – zu beseitigen. Bald waren die Trümmer entsorgt, das Gelände abgesperrt und bepflanzt worden. Dennoch oder gerade deshalb hat sich eine »Magie« des Ortes erhalten: Legenden über den Prunk des einstigen Carinhall und geheime unterirdische Anlagen voller Kunstschätze, ein verklärendes Bild vom »guten Hermann«, gepaart mit der Unwissenheit über den Ort, seine Geschichte und die Person Görings nähren den Mythos Carinhall.

Zweifelsohne war Göring, ranghöchster deutscher Militär und populärer Politiker, die schillerndste Figur in der Führungsriege des sogenannten Dritten Reiches. In seiner Eitelkeit setzte er aber auch alles daran, diesen Eindruck fortwährend zu untermauern; seine Phantasieuniformen waren ein anschauliches Beispiel. Unter Görings vielen – staatlich finanzierten – Residenzen war Carinhall die prominenteste und pompöseste, die Anlaß zu unzähligen Gerüchten bot. Im typischen NS-Stil errichtet, waren die Gebäude des Landsitzes architektonisch wenig bemerkenswert. Eine historische Bedeutung hat Carinhall erst durch die Selbstinszenierung Görings erlangt: Hier lebte der »letzte Renaissancemensch« seine Prunksucht aus. Hier traf der »zweite Mann im Reich«, der sich gern als der eigentliche Außenminister sah, das diplomatische Corps und empfing Staatsgäste. Hier häufte der selbsternannte Förderer der Künste Schätze von unermeßlichem Wert an. Der geschickte Auftakt der Selbstinszenierung Görings in Carinhall war die Beisetzung der sterblichen Überreste seiner ersten Frau und Namenspatronin des Anwesens, Carin Göring, in einem Staatsakt 1934. Zum ruhmlosen Abgesang wurde die planmäßige Sprengung der Gebäude im Frühjahr 1945.

Das Buch »Görings Reich. Selbstinszenierungen in Carinhall« ist das Ergebnis einer Spurensuche nach diesem ausgelöschten Ort, der einem Erlaß Görings folgend bereits seit 1939 auf keiner Landkarte mehr verzeichnet werden durfte und zu dem die »gewöhnlichen« Zeitgenossen ohnehin nicht vordringen konnten. Die zeitweiligen Absperrmaßnahmen in der Nachkriegszeit setzten diese künstliche Geheimhaltung nur fort. Der »Un-Ort« Carinhall blieb daher ein idealer Nährboden für Sagen und Hirngespinste, denen dieses Buch entgegentreten will.

Volker Knopf rekonstruiert die Geschichte des Anwesens Carinhall. In jahrelanger Recherchetätigkeit hat er eine Vielzahl bislang unbekannter Dokumente, Pläne und Fotos aus Archiven und Privatbesitz zusammengetragen, Zeitzeugen aus dem Kreis der Mitarbeiter Görings, seines Hauspersonals und seiner Bewachungseinheiten befragt. Auf dieser Grundlage beschreibt er die Entwicklung des Göringschen Landsitzes vom vergleichsweise bescheidenen Jagdhaus über den Familien- und Repräsentationssitz bis zur hochherrschaftlichen Residenz des Reichsmarschalls des »Großdeutschen« Reiches und zu den Planungen für ein Hermann-Göring-Museum, in dem Göring seine umfangreiche Kunstsammlung präsentieren wollte. Weil die Bauten nicht mehr existieren, läßt Volker Knopf die Räumlichkeiten der drei Entwicklungsetappen Carinhalls jeweils noch einmal »auferstehen«. Abschließend stellt er dar, wie mit dem Gelände zu DDR-Zeiten umgegangen wurde, und bietet eine Übersicht der weiteren Residenzen Görings, seiner Sonderzüge und Yachten sowie eine Zeittafel zu Hermann Göring und Carinhall.

Stefan Martens schildert den Werdegang Hermann Görings bis zur Machtübernahme durch die Nationalsozialisten und verfolgt im weiteren dessen Aktivitäten in Carinhall: Gab sich Göring dort zunächst als

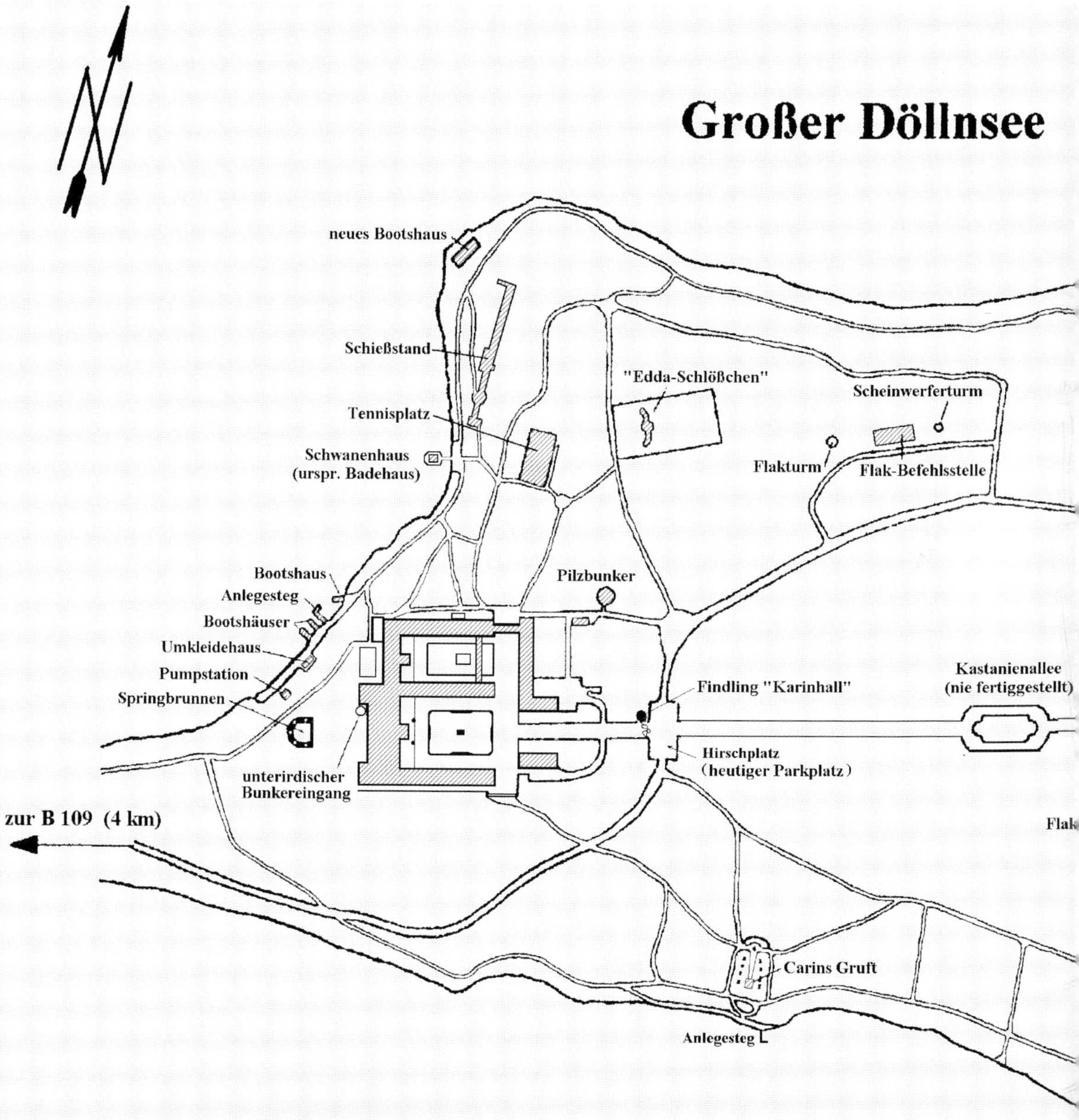
Großer Döllnsee
neues Bootshaus
Schießstand
"Edda-Schlößchen"
Scheinwerferturm
Tennisplatz
Schwanenhaus
(urspr. Badehaus)
Flakturm
Flak-Befehlsstelle
Bootshaus
Pilzbunker
Anlegesteg
Bootshäuser
Umkleidehaus
Pumpstation
Springbrunnen
Findling "Karinhall"
Kastanienallee
(nie fertiggestellt)
unterirdischer
Bunkereingang
Hirschplatz
(heutiger Parkplatz)
zur B 109 (4 km)
Carins Gruft
Anlegesteg
Wuckersee

LAGEPLAN "CARINHALL"
Stand: 1944
50
150 m
djutantur
Posten 3
Kantine Stendel
Postenhäuser
Wachhäuser
Sperrzaun
Kommandantur
Bauleitung

Repräsentant und »Sonderbotschafter« des »Führers«, befriedigte er bald darauf seine außenpolitischen Ambitionen. Nach der Entfesselung des Weltkrieges verlor Göring allmählich jegliche Entscheidungsgewalt im Staat und kompensierte den Verlust durch eine selbstsüchtige Bau- und Sammlerwut. Seinen Abgang in Nürnberg inszenierte Göring dann noch einmal wirkungsvoll in gewohnter Manier.

Als Dokumentation der Bau- und der Ereignisgeschichte Carinhalls will dieses Buch zur Entmystifizierung eines Ortes beitragen, dessen Faszination vor allem auf fehlende Informationen zurückzuführen und in Anbetracht der Tatsachen eigentlich kaum mehr nachvollziehbar ist.

Uwe Neumärker Berlin, im März 1999

Seit November 1993 weist ein Findling an der ehemaligen Einfahrt von Carinhall auf Görings Landsitz hin. Wie ein Grabstein trägt er seinen, wenn auch falsch geschriebenen, Namen.

Hermann Göring – Der »zweite Mann im Dritten Reich«

30. Januar 1933. In Berlin geht ein ereignisreicher Tag zu Ende. Bis spät in die Nacht feiern die Anhänger der Nationalsozialistischen Deutschen Arbeiterpartei, angeführt von SA und »Stahlhelm«, Adolf Hitler mit einem Fackelzug. Wenige Stunden zuvor hatte ihn der greise Reichspräsident, Feldmarschall Paul von Hindenburg, zum neuen Regierungschef ernannt. Unter den Fenstern der Reichskanzlei versammelt sich im Laufe des Abends eine jubelnde Menge. Während Hindenburg in stoischer Ruhe an seinem Fenster verharrt, läßt es sich Hitler nicht nehmen, die Umstehenden immer wieder zu grüßen. An seiner Seite steht jedoch nicht etwa der zukünftige Vizekanzler im »Kabinett der nationalen Konzentration«, Franz von Papen, sondern ein Mann von kräftigerer Statur: Hermann Göring.

An diesem Tag hat auch er sein wichtigstes Ziel erreicht. Vor fünf Jahren als »politischer Beauftragter der Führers« in die Reichshauptstadt entsandt, hatte es Göring binnen kürzester Zeit verstanden, enge persönliche Kontakte zu einflußreichen Kreisen aus der Welt von Politik, Wirtschaft und Finanzen zu knüpfen. Während Joseph Goebbels als »Gauleiter von Berlin« den Straßenkampf organisierte und die Massen mobilisierte, war es Göring hinter den Kulissen gelungen, die Partei – für die er 1928 als einer von zwölf Abgeordneten in den Reichstag eingezogen war – Schritt für Schritt als feste politische Größe in der Gesellschaft zu etablieren. Seine Wohnung, eine damals noch »mäßig große Mietetage in Schöneberg mit gutbürgerlicher Einrichtung«[1], hatte als Treffpunkt gedient und sich rasch zu einem regelrechten »politischen Salon« entwickelt. Neben der Umtriebigkeit und dem gewinnenden, bisweilen auch jovialen Auftreten des Hausherrn waren es vor allem die Ausstrahlung und Persönlichkeit seiner ersten Frau Carin gewesen, die auf die Gäste in der Badenschen Straße nur selten ihren Eindruck verfehlten. Schon früh war sie zu einer flammenden Anhängerin Hitlers geworden und bemüht, die Ambitionen ihres Mannes nach Kräften zu unterstützen. Obwohl Carin als Folge einer schweren Lungenerkrankung seit Jahren mit großen gesundheitlichen Schwierigkeiten zu kämpfen gehabt hatte, war ihr früher Tod im Jahre 1931 für Göring völlig überraschend gekommen. Der Kult, mit dem Hermann Göring fortan seine verstorbene Frau umgab, ging über ein liebevolles Gedenken aber weit hinaus. Göring war sich vollauf bewußt, daß er Carin viel zu verdanken hatte und daß sein Weg ohne sie eine andere Richtung genommen hätte, doch die Art der folgenden Totenverehrung offenbarte nolens volens einen Grundzug seines Wesens, den Hang zur Selbstinszenierung.

Militärlaufbahn und Fliegerei

Hermann Wilhelm Göring wurde am 12. Januar 1893 als Sohn des ehemaligen Kolonialbeamten Heinrich Ernst Göring und dessen zweiter Frau Franzisca in Rosenheim, Bayern, geboren. Er war das vierte von insgesamt fünf ehelichen Kindern, die aus dieser Verbindung hervorgingen. Kurz vor seiner Geburt war der Vater, der bis dahin das Amt des ersten Ministerresidenten in Deutsch-Südwest-Afrika bekleidet hatte, zum Generalkonsul in Haiti und Santo Domingo ernannt worden. Seine Frau folgte ihm wenig später mit den älteren Kindern nach, und so wuchs Hermann Göring als Pflegekind bei der Familie Graf in Rosenheim auf.

Die zweite Ehe Heinrich Görings hatte von Anfang an unter keinem guten Stern gestanden. Der Entschluß, nach dem Tod seiner ersten Frau, Ida Remy, das ehemalige Kindermädchen Franzisca Tiefenbrunn zu heiraten, galt nicht nur wegen des großen Altersunterschiedes als Mésalliance. Seine recht erfolgreiche Karriere im preußischen Justizdienst hatte dadurch einen deutlichen Knick bekommen, den er nur mühsam mit einem Wechsel in den damals nur wenig geliebten Kolonialdienst zu kaschieren vermochte. Die Lebensbedingungen in den Kolonien

Beginn einer Selbstinszenierung: Göring als letzter Kommandeur des Jagdgeschwaders »Manfred Freiherr von Richthofen«, hier vor seinem Flugzeug mit Richthofens »Geschwaderstock«.

setzten ihm gesundheitlich so sehr zu, daß er 1896 im Alter von 57 Jahren in Pension gehen mußte.
Nach der Rückkehr der Eltern und seiner Geschwister nach Deutschland lebte die nun erstmals mit allen Kindern vereinte Familie für kurze Zeit in Berlin-Friedenau, ehe die Görings schließlich das Angebot eines langjährigen Freundes annahmen und nach Franken zogen. Hermann Epenstein, ein jüdischer Arzt, dessen Bekanntschaft Heinrich und Franzisca Göring während ihres Aufenthaltes in Afrika gemacht hatten, überließ ihnen seine Burg Veldenstein als Wohnung.
Epenstein war Hermann Görings Taufpate, doch dies war wohl nicht der einzige Grund für sein Angebot. Seit ihrer gemeinsamen Zeit in der kleinen deutschen Kolonie von Walfish-Bay fühlte sich der kinderlose Mann offenkundig zu Franzisca Göring hingezogen. Er weilte daher oft als Gast auf Veldenstein, und die Kinder der Familie besuchten ihn während der Ferien auf seiner zweiten Burg, die er inzwischen im österreichischen Mauterndorf erworben hatte.[2]
Obwohl der Junge vom Vater verwöhnt wurde, sollte die Tatsache, daß er in den ersten Lebensjahren ohne eine enge familiäre Bindung aufgewachsen war, für den kleinen Hermann nicht folgenlos bleiben. Er galt als schwieriges Kind, besuchte mit mäßigem Erfolg mehrere Schulen und Internate, bis ihn sein Vater schließlich im Jahre 1905 in die Kadettenanstalt nach Karlsruhe schickte. Hier vollzog sich ein bemerkenswerter Wandel. Schon als Kind hatte Göring für alles Militärische eine große Leidenschaft gezeigt. Durch das städtische Umfeld wurde ihm rasch klar, welche Chancen das Tragen einer Uniform eröffnete.

Dafür war er gern bereit, sich den ungewohnten Regeln unbedingter Disziplin zu unterwerfen.
Vom beschaulichen Karlsruhe wechselte er 1909 zur Hauptkadettenanstalt in Berlin-Groß-Lichterfelde, wo einem ehrgeizigen und erfolgreichen Kadettenschüler die Türen des gesellschaftlichen Lebens der Hauptstadt zumindest einen Spalt weit offenstanden. Im Jahre 1911 absolvierte er das Fähnrichsexamen mit Auszeichnung und dem Prädikat »vorzüglich«. Noch im selben Jahr reiste er zum ersten Mal mit Freunden nach Italien. Im Januar 1913 bestand Göring das Abitur und absolvierte anschließend einen achtmonatigen Kriegsschulkurs, den er mit dem Offiziersexamen abschloß.
Beim 4. Badischen Infanterie-Regiment Nr. 112 »Prinz Wilhelm« in Mühlhausen als Bataillonsadjutant im Range eines Leutnants stationiert, nahm Göring bald darauf im Elsaß an den ersten Gefechten des Weltkrieges teil. Während eines Lazarettaufenthaltes lernte er im September 1914 den Piloten Bruno Loerzer kennen. Göring zeigte sich von Loerzers lebhaften Erzählungen über seine luftigen Einsätze hoch über den Schlachtfeldern beeindruckt und entschloß sich, zu der sich damals noch in den Anfängen befindlichen Militärfliegerei zu wechseln. Zunächst ging es nach Verdun, wo er dem Oberbefehl des Kronprinzen unterstand, von diesem mehrmals empfangen und persönlich ausgezeichnet wurde. Dann führte ihn sein Weg vom Bordbeobachter, der zunächst nur eine Kamera, später auch ein Maschinengewehr bediente, über die Ausbildung zum Jagdflieger im Sommer 1915 zu Einsätzen als Pilot bei verschiedenen Jagdstaffeln. Am 17. Mai 1917 wurde ihm die Führung der Jagdstaffel 27 übertragen. Hier schaffte er es bis zum Rang eines hochdekorierten Oberleutnants – der Kaiser selbst verlieh ihm am 2. Juni 1918 den Pour le Mérite. Am 6. Juli 1918 schließlich übernahm Göring das bekannte »Richthofen«-Geschwader und wurde damit dessen letzter Kommandeur. Im November desselben Jahres war der Erste Weltkrieg beendet.
Das Ende des Krieges bedeutete für Göring zugleich das Ende seiner bis dahin erfolgreich absolvierten Offizierslaufbahn. Nach dem Waffenstillstand hatte er sein Geschwader noch ins Reich zurückverlegt, doch dann stellte sich für ihn, wie für so viele andere junge Offiziere seiner Generation, die Frage, wie es

Görings erste Frau Carin, die spätere Namenspatronin seines Landsitzes in der Schorfheide.

nun weitergehen sollte. Eine Übernahme in die Reichswehr kam für ihn – unabhängig von politischen Überlegungen – schon allein deshalb nicht in Betracht, weil die Bestimmungen des Vertrages von Versailles Deutschland den Besitz einer Luftwaffe ausdrücklich untersagten. Göring entschloß sich daher, seinen Abschied einzureichen, vergaß dabei aber nicht, ihn sich mit der Bitte um nachträgliche Beförderung zum Hauptmann ein wenig versüßen zu lassen. Da er gleichzeitig auf etwaige Versorgungsansprüche verzichtete, wurde seinem Antrag im Juni 1920 stattgegeben.
Die Fliegerei hatte während des Krieges große Fortschritte gemacht. Am 15./16. Juni 1919 hatten John

Alcock und Arthur Whitten-Brown mit ihrem Flug von Neufundland nach Irland den Beweis erbracht, daß dem Flugzeug die Zukunft als Verkehrsmittel gehören würde. Auf beiden Seiten des Atlantiks machte man sich mit alten, umgebauten Kriegsmaschinen an den Aufbau einer zivilen Luftfahrt. Im Unterschied zu Deutschland, wo die Bestimmungen des Versailler Vertrages enge Grenzen zogen, bot sich im Ausland für erfahrene Piloten ein breites Betätigungsfeld. Nach einem letzten spektakulären Auftritt, bei dem er anläßlich einer öffentlichen Versammlung in Berlin den neuen Preußischen Kriegsminister Reinhardt wegen dessen bedingungslosen Eintretens für die Republik scharf kritisierte,[3] ging Göring zunächst als Militärberater nach Dänemark, später dann nach Schweden, wo er die Maschinen von Anthony Fokker vorführte. Im Oktober 1919 meldete die deutsche Botschaft irritiert nach Berlin, daß sich der letzte Kommandeur des »Richthofen«-Geschwaders in Stockholm als Kandidat für das Amt des Reichspräsidenten vorgestellt habe.

Ernsthaft schien Göring diese politischen Ambitionen jedoch nicht verfolgt zu haben. Am 2. August 1919 erwarb er eine schwedische Fluglizenz und bewarb sich erfolgreich bei der Svenska Lufttrafik AB, die den Aufbau eines eigenen Streckennetzes plante. Doch bis zur Eröffnung der ersten regulären Luftpostverbindung von Warnemünde über Kopenhagen nach Malmö sollte noch ein Jahr vergehen. In der Zwischenzeit erkundete Göring mit seinem offenen Doppeldecker mögliche Flugrouten, übernahm für die Gesellschaft Transportaufträge und flog Einsätze mit einem Lufttaxi.

Am 20. Februar 1920 charterte Graf Eric von Rosen, ein Forschungsreisender, Göring und dessen Maschine, um sich zu seinem Gut Rockelstad 70 Kilometer südwestlich von Stockholm bringen zu lassen. Nach turbulentem Flug und heikler Landung auf dem zugefrorenen Bavensee lud der Graf den Piloten ein, die Nacht auf dem Schloß zu verbringen. Den weiteren Verlauf der Ereignisse, die Görings Leben tiefgreifend verändern sollten, hat seine spätere Schwägerin, Fanny Gräfin von Wilamowitz-Moellendorff, mit Worten beschrieben, die bei aller Sentimentalität nicht nur viel über den Geist der Zeit, sondern noch mehr über die politische Einstellung der Familie verraten:

»Hermann Göring stand vor dem offenen Kamin und sah in die Flammen hinein. Zwei große Hakenkreuze aus Schmiedeeisen schmückten die eisernen Stangen, worauf die Holzscheite aufgestapelt waren. Das Hakenkreuz ... ihm war, als hätte er es immer gekannt, von uralten Zeiten her. Symbole sollen nicht erklärt, brauchen nicht besprochen zu werden. Sie leben im Blute, in der Seele.

Die Treppe hinunter kommt eine hohe Gestalt, eine Frau mit edler königlicher Haltung, die Schwester der Hausfrau, Carin. Ihre tiefen blauen Augen begegnen Hermann Görings suchendem Blick. Diese Frau ... ein Jubel sprang auf in seiner Brust! Schweigend und ehrfurchtsvoll stand er da. Ihm war, als hätte er sie immer gekannt. Eine solche Liebe kann nicht erklärt oder besprochen werden. Auch sie lebt im Blute, in der Seele.

Lange saß man zu Tisch an diesem Abend. Frei und offen konnte der Kampfflieger reden; die lang verhaltene, nur mit Gewalt in einer fremden Umgebung niedergedrückte Empörung über das Schicksal seines Vaterlandes brach ungestüm hervor. Die Schmach seines Volkes, die Leidensgeschichte dieser wundervollen, bis zuletzt tapfer kämpfenden deutschen Jugend öffnete sich den ergriffenen Zuhörern. Höhenflug und Höhensturz waren Hermann Göring wohl vertraut, niedere Gesinnung, Unehre und Verrat, damit konnte er sich nicht abfinden.

Der Hausherr erhob sein Glas, gefüllt mit deutschem Wein. Ernst, aber glaubensfest waren seine Worte, als er einer kommenden, hoffentlich nicht allzu fernen Zeit gedachte, wo deutsche Männer die deutsche Ehre wieder auf starken Schild erheben würden, wo Deutschland wieder frei, geachtet und gleichberechtigt seine edlen Traditionen und Aufgaben unter den Völkern wahrnehmen könnte. Männer machen die Zeiten. An Deutschland brauche niemand zu verzweifeln, der soeben die von glühender Vaterlandsliebe getragenen Worte von diesem seiner Söhne gehört hätte. Er tränke auf die Zukunft Deutschlands, an die er wie das ganze Schwedenvolk unerschüttert glaubte. Feierlich erhoben sich alle von ihren Plätzen, fest drückte der Hausherr die Hand des Gastes.

Bis spät in die Nacht blieb man noch beisammen. Graf von Rosen nahm seine Laute, wehmütige, stolze und frohe Volkslieder hat er gesungen, immer

wieder merkte der Gast, wie nahe dem deutschen Empfinden diese Töne der schwedischen Volksseele stehen. Hier war ein freies Volk, daß trotz allem noch an Deutschlands Freiheit glaubte, hier war ein Gefühl und eine Innigkeit in der Musik, die sich unmittelbar an das Herz eines Deutschen schmiegt.
Viel hat Hermann Göring mit Carin an diesem Abend nicht sprechen können. Dazu war ihm die Seele zu bewegt. Der Sturmvogel des offenen Meeres hatte endlich Land in Sicht bekommen.«[4]
Göring beeilte sich, das Versäumte so rasch wie möglich nachzuholen. Er störte sich nicht daran, daß die um vier Jahre ältere Carin bereits verheiratet war und aus ihrer Ehe mit Nils von Kantzow einen Sohn im Alter von sechs Jahren hatte. Die Affäre entwikkelte sich rasch zu einer immer enger werdenden Beziehung. Der Skandal war endgültig perfekt, als Göring mit ihr nach München reiste, um sie seiner Mutter vorzustellen. Alle Bemühungen Kantzows, seine Frau zurückzugewinnen, scheiterten. Göring drängte auf die Scheidung. Als er sich 1922 zur Rückkehr nach Deutschland entschloß, folgte Carin ihm. Am 13. Dezember willigte Kantzow in die Scheidung ein. Im Gegenzug für das Sorgerecht für ihren gemeinsamen Sohn gewährte er Carin eine großzügige Abfindung. Einen Monat später, am 25. Januar 1923, heirateten Carin und Hermann Göring in Stockholm. Für die deutschen Behörden mußte die Trauung an ihrem neuen Wohnort in München-Obermenzing am 3. Februar 1923 allerdings noch einmal wiederholt werden.

Göring als erster SA-Führer. Seine Uniform hatte er selbst entworfen, ein Vorgriff auf spätere Phantasiegewänder.

Göring und Hitler

Mit der Eheschließung schien Görings Leben in geordnete Bahnen zu kommen. Die gütliche Trennung von ihrem Ehemann hatte Carin zu einer wohlhabenden Frau gemacht und erlaubte es dem Ehepaar, in Obermenzing eine kleine Villa zu erwerben. Göring immatrikulierte sich an der Münchener Universität mit der Absicht, Geschichte und Volkswirtschaft zu studieren. Doch statt Vorlesungen und Seminare zu besuchen, ging er offenbar viel lieber zu politischen Versammlungen.
Ende 1922 war die Stimmung in Deutschland aufgewühlt. Am 27. April 1921 hatten die Alliierten die Höhe der von Deutschland zu zahlenden Reparationen auf die unvorstellbare Summe von 132 Milliarden Goldmark festgesetzt. Die Bitten der Regierung in Berlin um einen Zahlungsaufschub stießen vor allem in Paris auf entschiedenen Widerspruch. Als die Verhandlungen ins Stocken gerieten, machte der französische Regierungschef Raymond Poincaré seine Forderung nach »produktiven Pfändern« wahr. Im Januar 1923 besetzten französische und belgische Truppen das Ruhrgebiet.
Vor diesem Hintergrund nutzten verschiedene, politisch meist rechtsgerichtete Gruppierungen die Sonderstellung Bayerns innerhalb des Reiches aus, um sich in München öffentlich in Szene zu setzen. Eine

dieser Splittergruppen war die Deutsche Arbeiterpartei.
Seit der ehemalige Gefreite Adolf Hitler deren Führung übernommen hatte, machte sie unter ihrem neuen Namen Nationalsozialistische Arbeiterpartei Deutschlands immer häufiger von sich reden. Göring schien mehrere ihrer Veranstaltungen besucht zu haben, ehe er Hitler am 12. Oktober 1922 um eine erste Unterredung bat.[5] Bei seiner Abneigung gegen den »ideologischen Kram«[6] war kaum anzunehmen, daß dabei das von der Partei vertretene Programm für ihn den Ausschlag gegeben hatte. Viel eher dürfte es die Aussicht auf »Ungebundenheit, Aktion, Kameradschaft und Romantik sowie die Befriedigung seines Geltungsbedürfnisses«[7] gewesen sein. Hitler wiederum schien dies schnell erkannt zu haben. Er übertrug Göring die Führung seiner Sturmabteilungen (SA) und gab ihm den Auftrag, die »Parteiarmee« zu einem nach militärischen Gesichtspunkten organisierten, schlagkräftigen Machtinstrument auszubauen.
Für Hitler waren die Gründe, die für eine Zusammenarbeit mit dem kampferprobten Flieger sprachen, anfangs rein praktischer Natur. Zu einem seiner Vertrauten soll er im Anschluß an die erste Begegnung gesagt haben: »Großartig! Ein Kriegsheld mit dem ›Pour le Mérite‹ – stellen Sie sich vor! Ausgezeichnete Propaganda!«[8] Doch schon bald entwikkelte sich zwischen den beiden ehemaligen Frontsoldaten eine enge Zusammenarbeit und persönliche Beziehung. Zeit seines Lebens bewunderte Hitler an Göring dessen schnelle Auffassungsgabe und Entschlußkraft, schätzte ihn als »Ratgeber in Krisenzeiten« und seine Fähigkeit, »in schwierigsten Lagen eiskalt« zu bleiben.[9] Göring wiederum war von Hitlers Ausstrahlung und Suggestivkraft beeindruckt, und dies keineswegs nur dann, wenn er als Redner bei Versammlungen auftrat: »Es ist etwas Mystisches, Unsagbares, fast Unbegreifliches um diesen einzigen Mann, und wer es nicht fühlt, der wird es nicht erjagen.«[10]
Durch die Begegnung mit Hitler hatte Göring wieder eine Aufgabe und ein Ziel vor Augen, für das er bereit war, seine ganze Kraft und nicht zuletzt auch einen Gutteil des familiären Vermögens in die Waagschale zu werfen. In dieser Entscheidung wurde er von seiner Frau bestärkt, die in verschiedenen Briefen begeistert die öffentlichen Auftritte ihres Mannes

»Alpenidylle«: Carin und Hermann Göring.

an der Seite Hitlers beschrieb. Die Villa in Obermenzing wurde für die Führungsspitze der Partei zu einem regelrechten Hauptquartier. Hier wurden die Weichen für den Plan gestellt, es Mussolini mit dessen »Marsch auf Rom« im Jahre 1922 gleichzutun. Am Abend des 8. November 1923 sprengte Hitler – mit Göring an seiner Seite – im Münchener Bürgerbräukeller eine Versammlung des bayerischen Generalstaatskommissars und Regierungschefs Gustav von Kahr. Doch der Überraschungscoup schlug fehl. Als Hitler mit seinen Anhängern am nächsten Vormittag aufbrach, um gegen die Reichsregierung zu putschen, bereitete die bayerische Landespolizei dem Spuk vor der Feldherrnhalle mit Maschinengewehren ein schnelles und blutiges Ende.

Der Emigrant

Während Hitler verhaftet wurde, gelang es Göring, sich der drohenden Inhaftierung durch seine Flucht nach Österreich zu entziehen. Bei dem Scharmützel war er durch einen Querschläger schwer verwundet worden. Er begab sich in ein Innsbrucker Krankenhaus, wo er während der Behandlung zum ersten Mal mit Morphium und schmerzstillenden Mitteln in Berührung kam. Seine später so viel und gern beschworene Drogensucht nahm hier ihren Anfang. Carin, die sich wenige Wochen zuvor bei der Beerdigung von Görings Mutter eine Lungenentzündung zugezogen hatte, eilte ihm – noch nicht vollständig genesen – nach.

Zur Sorge um die eigene Gesundung kamen für die Görings nun auch finanzielle Probleme hinzu. Der Teil ihres Vermögens, den sie wie zum Beispiel ihren Mercedes der Partei zur Verfügung gestellt hatten, war vom bayerischen Staat beschlagnahmt worden. Eine Rückkehr nach Deutschland war für Göring, der inzwischen steckbrieflich gesucht wurde, auch nicht möglich. Ende April 1924, zeitgleich mit der Verurteilung Hitlers zu einem Jahr Festungshaft in Landsberg, drängte dann Österreich überraschend darauf, daß Göring das Land möglichst bald verlassen sollte. Unter den gegebenen Umständen lag es für ihn nahe, von Österreich erst einmal in das benachbarte Italien weiterzuziehen. Hatte Hitler nicht in seinen politischen Reden immer wieder auf das italienische Beispiel verwiesen und als politische Zukunftsvision davon gesprochen, daß Deutschland nur in einem Bündnis mit Italien die »Fesseln von Versailles« würde sprengen können?[11]

Auf welchem Wege es Göring letztendlich gelungen war, die Verbindung zu Hitler wiederherzustellen, ist nicht überliefert. Entweder war der Kontakt über Carin Göring geknüpft worden, die sich im Unterschied zu ihrem Mann in Deutschland frei bewegen konnte, oder aber über den gemeinsamen Anwalt Dr. Roder. Auf jeden Fall trat Göring in Italien vom ersten Tag an als Bevollmächtigter Hitlers auf, der den Auftrag hatte, die Unterstützung Mussolinis zu gewinnen. Doch seine Bemühungen um ein Zwei-Millionen-Lire-Darlehen scheiterten, und bis heute ist zweifelhaft, ob es ihm während seines etwa ein Jahr währenden Aufenthaltes in Venedig und Rom überhaupt jemals gelungen war, mit Mussolini länger persönlich zu sprechen. Das italienische Interesse an dem Sendboten erlahmte in dem Maße, wie deutlich wurde, daß die Partei als Folge der Haft ihres Führers in mehrere Fraktionen zerfallen und dadurch geschwächt war. Hitlers Zusage, als Preis für die Unterstützung Mussolinis den deutschen Anspruch auf Südtirol aufzugeben, war unter seinen Anhängern ohnehin heftig umstritten.

Carin Göring war bereits nach wenigen Monaten in Italien nach Deutschland zurückgekehrt. Dort suchte sie Hitler auf und schilderte ihm die Schwierigkeiten, mit denen sie in Italien in politischer, aber zunehmend auch in finanzieller Hinsicht zu kämpfen hatten. Ihre Briefe gaben Göring einen Eindruck, wie es um die Auseinandersetzung innerhalb der Partei stand. Gleichzeitig wurde ihm bewußt, daß sein Auftrag spätestens mit der Rückkehr Hitlers an die Spitze der Partei beendet sein würde. Mit Nachdruck, aber ohne Erfolg drängte er daher bei seinen italienischen Gesprächspartnern noch einmal auf ein Treffen. Nachdem Hitler am 20. Dezember 1924 aus der Haft entlassen worden war, blieb Göring nichts anderes übrig, als sich sein vollständiges Scheitern einzugestehen. Er gab deshalb dem Drängen seiner Frau nach, die zu ihrem Sohn aus erster Ehe zurückkehren wollte. Carin verkaufte daraufhin die Villa in Obermenzing, und im Frühjahr 1925 bezogen die Görings in Stockholm, Odengatan 23, eine kleine Wohnung.

Zum zweiten Mal in seinem Leben mußte Göring einen neuen Anlauf nehmen. Wieder befand er sich in Schweden, doch diesmal waren die Voraussetzungen ungleich schlechter. Aus dem strahlenden ehemaligen Kriegshelden war ein mittelloser, von Krankheit und Medikamentenmißbrauch gezeichneter politischer Emigrant geworden. An eine Rückkehr in den alten Beruf als Pilot war angesichts seiner angegriffenen Gesundheit nicht zu denken. Hinzu kam die Verbitterung, daß er in Deutschland bei den Planungen für einen Neuanfang der Partei keine Rolle mehr zu spielen schien. Die von ihm auf dem Wege über Carin erbetene Entschädigung für seine Dienste lehnte Hitler rundheraus ab.

Politisch gescheitert und gesundheitlich angeschlagen, verfiel Göring in tiefe Depressionen. Auf der Suche nach einem Ausweg nahm er immer häufiger Zuflucht zu Drogen, bis er im August 1925 in eine Klinik eingewiesen werden mußte. Nach der ersten Entziehungskur erlitt er im Oktober einen so schweren Rückfall, daß er mit Billigung seiner Frau in die Nervenheilanstalt Langbro eingeliefert wurde. Als man ihn hier schließlich in eine Zwangsjacke steckte, weil er gewalttätig zu werden drohte, wurde Göring erstmals die Gefahr, in der er schwebte, bewußt. Er willigte in die Behandlung ein und konnte die Klinik bereits nach wenigen Wochen als geheilt wieder verlassen.

Mit einer ärztlichen Bescheinigung in der Tasche, daß er während seiner Behandlung nie Anzeichen von Geisteskrankheit aufgewiesen habe, nahm Göring einen neuen Anlauf, wieder in den Schoß der Partei zu finden. Die Amnestie des neugewählten Reichspräsidenten Paul von Hindenburg gab ihm 1926 die Möglichkeit, zum NSDAP-Parteitag nach Weimar zu reisen. Dort mußte er zu seiner Verstimmung jedoch feststellen, daß man den ehemaligen Führer der SA inzwischen nicht nur vergessen, sondern bereits auch aus der Liste der Parteimitglieder gestrichen hatte. Unverrichteter Dinge kehrte er nach Schweden zurück, wo er nun als Vertreter für die Firma BMW Flugzeugmotoren zu verkaufen suchte. Doch weder diese Tätigkeit noch die Vertretung für die schwedische Fallschirmfirma Thornblad gaben ihm die erhoffte finanzielle Unabhängigkeit. Die Folgen waren ein Rückfall und ein erneuter Klinikaufenthalt in Langbro wegen »Abusus von Morphium«, wie es in seiner Krankenakte vermerkt wurde.[12]

Als Göring am 26. September 1927 nach nur 19 Tagen die Klinik in Langbro wieder verließ, war er entschlossen, endgültig nach Deutschland zurückzukehren. Während seine Frau in Schweden blieb, nahm er Kontakt zu seinen alten Fliegerkameraden aus dem Ersten Weltkrieg auf, allen voran Bruno Loerzer, der inzwischen in die Berliner Geldaristokratie eingeheiratet hatte. Weitere wichtige Anlaufstationen in der Reichshauptstadt waren Erhard Milch, der nach dem Krieg erfolgreich die Deutsche Lufthansa aufgebaut hatte. Auch Ernst Udet gehörte zu diesem Kreis, der zwar als Flugzeugbauer gescheitert, dafür nun aber als spektakulärer Kunstflieger in aller Munde war. Der vierte in diesem Bunde war Görings Freund und enger persönlicher Vertrauter Paul (»Pili«) Körner, der schon bald die Rolle des unentbehrlichen Privatsekretärs für ihn übernehmen sollte.

Zur allgemeinen Überraschung überließ Hitler im Anschluß an eine erneute Begegnung Göring einen sicheren Listenplatz bei den Reichstagswahlen am 20. Mai 1928. Über die Hintergründe kann man nur spekulieren. Hatte Hitler mit sicherem Gespür erkannt, daß Göring ihm als Fürsprecher in jenen Kreisen der Berliner Gesellschaft noch von großem Nutzen sein konnte, um deren Unterstützung er sich bislang vergeblich bemüht hatte? Oder hatte Göring tatsächlich, wie er es einmal in einem Brief vom Sommer 1926 angedeutet hatte[13], mit Schadensersatzforderungen gedroht und Hitler sich nicht anders zu helfen gewußt, als ihn mit der Aussicht auf die gutdotierten Abgeordnetendiäten zu beruhigen? Waren dies etwa die Umstände, unter denen sich Göring im Gegenzug zu jenem »allumfassenden Eid« bereit erklärte, mit dem er lange vor der »Machtergreifung« sein persönliches Schicksal bedingungslos an Hitler band?

Wiederaufstieg als politischer Kämpfer

Infolge der Unterredung mit Hitler stand für Göring jedoch auch fest, daß er nach seiner Wahl als Abgeordneter weitgehend auf sich allein gestellt bleiben würde und in der Partei auf keinerlei Rückhalt zählen konnte. Im Vorgriff auf ein künftig gesichertes Auskommen mietete er in der Badenschen Straße 7, Berlin-Schöneberg, eine Wohnung an und ließ Carin aus Schweden nachkommen.

Obgleich es nach den Jahren des unsteten Lebens um ihre Gesundheit nicht allzu gut stand, wurde Carin in der nun folgenden Zeit hektischer politischer Aktivität für Göring zu einem Ruhepol. Trotz aller schlechten Erfahrungen hatte sich an ihrer Bewunderung für Hitler nichts geändert, er schien ihr im Unterschied zu dem als »ein bißchen zu theatralisch und sehr eitel« auftretenden Mussolini sehr viel »echter«. Er war für sie »ein Genie, voller Liebe zur Wahrheit und erfüllt von glühender Überzeugung«. Sie glaubte »an ihn und sein Werk«.[14] Unter diesen Umständen war es kaum verwunderlich, daß Hitler, der auch weiterhin als Wohnort München dem ungeliebten

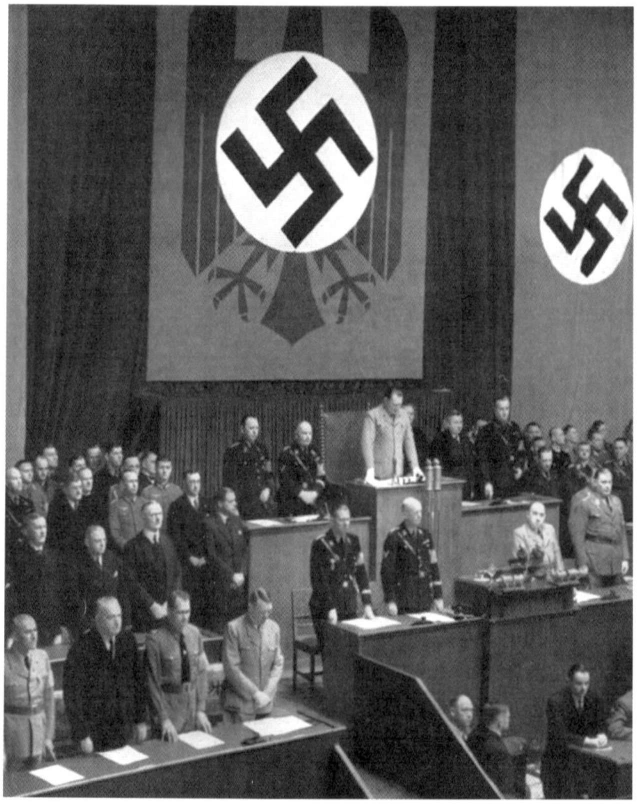

Göring wurde am 30. August 1932 Reichstagspräsident, hier in einer frühen Nazi-Inszenierung.

Berlin vorzog, nach der Ankunft Carins bei seinen Besuchen in der Reichshauptstadt zu einem häufigen Gast in der Badenschen Straße wurde.
Unter dem Eindruck der verheerenden Folgen des Börsenkrachs an der Wallstreet vom Oktober 1929 schlug die politische Stimmung in Deutschland um. Am 29. März 1930 ernannte Reichspräsident von Hindenburg Heinrich Brüning zum neuen Reichskanzler. Im Unterschied zu seinem Vorgänger Müller verfügte dieser im Reichstag jedoch nicht mehr über eine gesicherte parlamentarische Mehrheit. Am 14. September kam es zu Neuwahlen, die vor allem der NSDAP große Stimmengewinne brachten. Über Nacht wuchs die Fraktion von zwölf auf 107 Abgeordnete an. Göring wurde aufgrund dieses Erfolges von Hitler nun auch formell zu seinem »politischen Beauftragten in der Reichshauptstadt« ernannt. Hitler stärkte Görings Position noch zusätzlich, indem er Berlin auch weiterhin mied und damit seinen offiziellen Repräsentanten zwangsläufig zu einem gefragten Gesprächspartner machte. Im Reichstag trat Göring nur von Zeit zu Zeit in Erscheinung. Er betrachtete es vielmehr als seine Aufgabe, hinter den Kulissen die Fäden zu knüpfen. Über intensive Gespräche organisierte er Treffen zwischen Hitler und führenden Vertretern aus Wirtschaft, Gesellschaft und der Bankwelt, um dem Parteivorsitzenden den Weg zur Kanzlerschaft zu ebnen.
Nach dem früheren Zerwürfnis zwischen Göring und Hitler hatte sich – nicht zuletzt unter Carins Einfluß – zwischen den beiden Männern erneut eine enge Zusammenarbeit entwickelt. Wenn Göring Hitler traf, berieten sie oft unter vier Augen. Und als der Reichspräsident Hitler am 10. Oktober 1931 endlich zu der lange erwarteten persönlichen Unterredung bat, war es selbstverständlich, daß Göring ihn begleitete.
Das erste offizielle Zusammentreffen mit Hindenburg war der Grund, weshalb Göring nicht bei seiner kranken Frau in Schweden bleiben konnte, wohin sie Ende September gereist waren, um an der Beerdigung von Carins Mutter teilzunehmen. Trotz des Zusammenbruchs, den seine Frau dabei erlitt, entschied sich Göring für die Rückkehr nach Berlin. Über Telefon ließ er sich jedoch regelmäßig über ihren Gesundheitszustand unterrichten. Die Nachricht von ihrem Tod am 17. Oktober 1931 erreichte ihn dennoch völlig unerwartet. Der Verlust traf ihn nicht nur persönlich schwer, sondern kam obendrein auch noch zu einem für seine weiteren Pläne denkbar ungünstigen Zeitpunkt. Nachdem sich die Hoffnungen auf eine Regierungsübernahme nicht erfüllt hatten, blieb als einzige Alternative nur eine Fortsetzung des Kampfes gegen die alte Ordnung. Waren hier bislang zwischen ihm, dem »politischen Beauftragten des Führers in der Reichshauptstadt«, und Joseph Goebbels, dem »Gauleiter« von Berlin, die Aufgaben klar verteilt gewesen, so fürchtete Göring nun, daß sich die Gewichte zu seinen Ungunsten verschieben könnten. Der Grund war die attraktive und obendrein vermögende Magda Quandt, die Goebbels am 29. Dezember 1931, nur zwei Monate nach Carins Tod, geheiratet hatte. Mißmutig beobachtete Göring, daß Hitler nun immer häufiger die »gepflegte Häuslichkeit« der Goebbels' suchte, um der nüchternen

Am 30. Januar 1933 waren Hitler und Göring am Ziel – ihre Partei, die NSDAP, hatte die Macht in Deutschland »ergriffen«. Der »erste und der zweite Mann« der Nazis lassen sich am Fenster der Reichskanzlei in Berlin gebührend bejubeln.

Atmosphäre des Hotels »Kaiserhof« zu entfliehen, in dem er regelmäßig abstieg, wenn er in Berlin weilte. Für Trauer blieb unter diesen Umständen wenig Zeit. Unmittelbar nach der Beerdigung Carins in Schweden kehrte Göring nach Berlin zurück, wechselte, weil sie zu viele Erinnerungen barg, die Wohnung und nahm das politische Tagesgeschäft wieder auf. Bei den erneuten Reichstagswahlen vom 31. Juli 1932 stieg die NSDAP mit 230 Abgeordneten zur stärksten Fraktion auf. Wie es die parlamentarische Tradition gebot, fiel der Partei damit das Amt des Reichstagspräsidenten zu, und am 30. August wurde Göring gewählt. Nur einen Tag später sorgte er bereits für einen Eklat. Geflissentlich »übersah« er das vom amtierenden Reichskanzler von Papen vorsorglich präparierte Auflösungsdekret und ließ zunächst über das von den Kommunisten eingebrachte Mißtrauensvotum abstimmen. Das Ergebnis war, wie angesichts der Mehrheitsverhältnisse nicht anders zu erwarten, eine vernichtende Niederlage für die Regierung.

Göring hatte sich mit seinem Coup auf Kosten von Papens nicht nur für die gescheiterten Verhandlungen der letzten Wochen revanchiert, sondern auch deutlich gemacht, daß es gefährlich war, ihn in seinem Willen zur Macht zu unterschätzen. Während der Nachfolger von Papens, General Kurt von Schleicher, noch über eine politische Einbindung der NSDAP nachdachte, hatte sein Vorgänger die Lektion gelernt. In völliger Verkennung der eigenen Rolle machte sich von Papen daran, hinter den Kulissen zwischen Hitler und Göring auf der einen und dem Reichspräsidenten und dessen engstem Ratgeber, seinem Sohn Oskar von Hindenburg, auf der anderen Seite eifrig zu vermitteln. Er profitierte dabei davon, daß die NSDAP bei den abermaligen Reichstagswahlen am 6. November zum ersten Mal deutliche Stimmenverluste hinnehmen mußte. Angesichts erster Auflösungserscheinungen in den eigenen Reihen steckte Hitler seine Forderungen nach unumschränkter Macht zurück. Papen gelang es daraufhin, den greisen Hindenburg von seinem Konzept einer »Zähmung« der Nationalsozialisten durch Einbindung in eine Rechtskoalition zu überzeugen. Am 30. Januar 1933 waren Hitler und Göring endlich am Ziel.

»Erster Paladin des Führers«

Als Reichskommissar für das Innenministerium des größten und wichtigsten deutschen Einzelstaates, Preußen, begann Göring sofort nach seiner Ernennung im Februar 1933 damit, mißliebige Beamte aus dem Staatsdienst zu entfernen. »Göring räumt in Preußen auf mit einer herzerfrischenden Forschheit«, notierte Goebbels in sein Tagebuch. »Er hat das Zeug dazu, ganz radikale Sachen zu machen.«[15]
Preußen sollte dabei das Vorbild für das übrige Reich sein. Göring stellte aus SA-Angehörigen und Mitgliedern des »Stahlhelms« kurzerhand eine sogenannte Hilfspolizei zusammen, deren Aufgabe es war, politische Gegner zu verfolgen und zu verhaften. Anstelle des Gummiknüppels führte er das Tragen von Schußwaffen ein und forderte dazu auf, sich ihrer im Zweifelsfall auch zu bedienen. Mit dem Leitspruch »Jede Kugel ist meine Kugel« erhielten seine Mannen einen öffentlichen Freibrief.
Da die Gefängnisse nicht genügend Platz boten, entstanden umgehend die ersten Konzentrationslager. Viele der SA-Männer fühlten sich jedoch auch nach ihrer Übernahme in die »Hilfspolizei« nicht etwa Göring, sondern ihrem eigenen Führer, Ernst Röhm, verpflichtet. Röhm, einer der wenigen Duzfreunde Hitlers, hatte nach Görings Flucht 1924 von ihm die Führung der Parteitruppen übernommen. Nach Röhms Vorstellung bildete seine SA den Kern für eine neue deutsche Volksarmee. Während bereits Görings radikales Vorgehen im In-, aber auch im Ausland mit wachsender Sorge beobachtet wurde, gingen dessen Maßnahmen Röhm noch nicht weit genug. Als Göring klar wurde, daß die SA eigene, »wilde« Konzentrationslager unterhielt, versuchte er, dagegen vorzugehen. Görings Bedenken galten dabei bezeichnenderweise weniger den Zuständen in den Lagern als der Frage seiner alleinigen Zuständigkeit.
Neben der Polizei gab es mit der Abteilung I a im Berliner Polizeipräsidium und dem sogenannten Forschungsamt noch zwei weitere Einrichtungen, die Göring in den ersten Wochen zielstrebig zu seinen persönlichen Machtinstrumenten ausbaute. Hinter der Abteilung I a verbarg sich die Zentrale der Politischen Polizei in Preußen. Göring ernannte den ehemaligen Oberregierungsrat Rudolf Diels[16] zu ihrem neuen Leiter, stattete ihn mit umfassenden Vollmachten aus und machte die Abteilung unter ihrem neuen Namen »Geheimes Staatspolizeiamt« (Gestapa) zu einer unabhängigen Dienststelle. Der Grundstein für die spätere Gestapo war damit gelegt. Das dem Namen nach unverdächtige »Forschungsamt« war Görings persönlicher Abhördienst, dessen Aufgabe es war, den Telefon-, Telegramm- und Depeschenverkehr zu überwachen. Mit sicherem Instinkt hatte Göring erkannt, welche Möglichkeiten ihm der uneingeschränkte Zugriff auf vertrauliche Informationen eröffnete. Auch diese Dienststelle löste er aus ihrem bisherigen Unterstellungsverhältnis heraus und verleibte sie als »Forschungsamt der Luftwaffe« jenem Bereich der Macht ein, den er, der Flieger, spätestens seit der Ernennung zum Reichsluftfahrtminister am 5. Mai als seine ureigenste Domäne betrachtete. Dank großzügiger finanzieller und aufwendiger technischer Ausstattung erhielt Göring fortan jeden Morgen eigens für ihn zusammengestellte »Forschungsberichte« mit den Abhörergebnissen des Vortages, die – auf braunen Papierbögen festgehalten – bald »braune Blätter« hießen. Potentielle Ziele der Lauschangriffe waren neben politischen Gegnern Ministerien und Dienststellen sowie einige der wichtigsten Vertreter aus Partei und Staat.

John Heartfields Sicht auf Hermann Göring.

Ein besonderes Augenmerk galt ausländischen Journalisten in Berlin und den akkreditierten Botschaftern. Göring verfügte auf diese Weise über einen beträchtlichen Informationsvorsprung, dessen er sich hemmungslos bediente und den er ohne zu zögern als wirkungsvolle Waffe einsetzte.[17]
Görings Streben nach unumschränkter Macht in Preußen schien zunächst unaufhaltsam zu sein. Hitler ernannte ihn am 11. April 1933 zum Ministerpräsidenten. Göring, damit formal zum Nachfolger Bismarcks gekürt, nutzte die neuen Vollmachten sofort und besetzte nun auch die letzten der noch verbliebenen Ämter – etwa im Preußischen Staatsrat – mit Männern seines Vertrauens. Doch schon bald mußte er erkennen, daß auch ihm Grenzen gesetzt waren. Wilhelm Frick, der als dritter Vertreter der Partei im »Kabinett der nationalen Konzentration« das Amt des Reichsinnenministers übernommen hatte, drängte auf eine umfassende Verwaltungsreform. Unter dem Stichwort der »Verreichlichung« sollten die Innenminister der einzelnen Länder, vor allem aber Preußens, ihre Befugnisse an das Reichsinnenministerium abgeben. In Fricks Fahrwasser forderte der Reichsführer SS, Heinrich Himmler, daraufhin einen einheitlich organisierten Sicherheitsdienst (SD). Zusammen mit seinem engsten Mitarbeiter Reinhard Heydrich war es ihm gelungen, zunächst in Bayern und bis Ende des Jahres 1933 in allen übrigen Ländern die alleinige Kontrolle über die politische Polizei zu übernehmen. Zur Verwirklichung seines ehrgeizigen Ziels einer zentral geführten Polizei fehlte ihm nur noch das von Göring beherrschte Preußen.
Nach zähem Widerstand gab Göring ausgerechnet am 20. April 1934 nach. An Hitlers Geburtstag berief er Himmler anstelle von Diels zum neuen Chef des Gestapa. Nominell blieb er zwar noch bis 1936 dessen Vorgesetzter, doch allein die Tatsache, daß Himmler umgehend den von Göring wenig geschätzten Heydrich zu seinem Stellvertreter berief, ließ keinen Zweifel an den wahren Machtverhältnissen. Auch den Machtkampf gegen Frick verlor Göring, am 1. Mai 1934 übernahm dieser das Preußische Innenministerium.
Gewissermaßen zum Ausgleich kümmerte sich Göring in den folgenden Wochen um die »Affaire Röhm«. Röhms immer lauter gestellte Forderung nach einer »zweiten« Revolution, die in einem »Wehrstaat« unter Kontrolle eines Milizheeres der SA gipfeln sollte, sorgte in konservativen Kreisen, insbesondere aber bei der Reichswehrführung, zunehmend für Unruhe. Im Verbund mit Himmler, dessen SS zu diesem Zeitpunkt formal noch Röhms Oberbefehl unterstand, drängte Göring bei dem noch unentschlossenen Hitler auf eine Entscheidung über das weitere Vorgehen. In der folgenden »Nacht der langen Messer« am 30. Juni 1934 wurden, von Göring koordiniert, die Spitzen der SA kaltblütig ermordet, wobei dieser die Möglichkeit nutzte, die eine oder andere alte Rechnung mit zu begleichen.
Die Nachricht, daß im Zuge des sogenannten Röhm-Putsches nicht nur die SA-Führung, sondern auch noch eine Reihe prominenter politischer Gegner wie Gustav von Kahr und Kurt von Schleicher brutal beseitigt worden waren, entsprach dem Bild, das man außerhalb Deutschlands von Göring inzwischen ge-

Nachdem in der »Nacht der langen Messer« am 30. Juni 1934 die gesamte Spitze der SA als Konkurrenz ausgeschaltet worden war, hatten die Komplizen der Säuberungen Göring, Himmler und Hitler gut lachen.

wonnen hatte. Das »Braunbuch über Reichstagsbrand und Hitlerterror«, das in jenen Tagen in Paris erschien, zeigte auf dem Umschlag in einer Fotomontage von John Heartfield den Preußischen Ministerpräsidenten als brutalen Schlächter mit großem Henkerbeil und blutbefleckter Schürze.[18] Wilde Spekulationen, daß ausgerechnet dieser Mann, inzwischen zum General befördert[19], der Anwärter auf das Amt des künftigen Reichspräsidenten war, beunruhigten deshalb besonders das Ausland. Als nach dem Tod Hindenburgs am 2. August 1934 Hitler das Amt des Reichspräsidenten an sich zog und fortan als »Führer« das Deutsche Reich beherrschte, war man eher erleichtert.

Refugium des Preußischen Ministerpräsidenten – Jagdhaus Carinhall 1933 bis 1936

Vor den Toren Berlins erstreckt sich in nördlicher Richtung das mit 1259 Quadratkilometern größte zusammenhängende Waldgebiet Mitteleuropas – die Schorfheide. Hier siedelten einst germanische und slawische Völker. Die Askanier bauten ihre Grenzburgen, und seit dem 12. Jahrhundert ist die Schorfheide das bevorzugte Jagdgebiet ihrer jeweiligen Landesherren gewesen. Ab Mitte des 16. Jahrhunderts war dieses Recht exklusiv den brandenburgischen Kurfürsten, später den preußischen Herrschern vorbehalten. Mit seiner Errichtung im Jahr 1847 wurde das Jagdschloß Hubertusstock zum Mittelpunkt des königlichen Jagdbetriebes. Leidenschaftliche Jäger in der Schorfheide waren Friedrich Wilhelm IV., sein Bruder, der spätere Kaiser Wilhelm I., und dessen Enkel, Kaiser Wilhelm II. Zahlreiche Gedenkstätten und -steine erinnern noch heute an diese Jagdaufenthalte. Auffallend ist die große Zahl der russischen Großfürsten und Generäle, die während der Bismarckzeit als Gäste zur Jagd in der Schorfheide weilten, so auch Zar Alexander III., der sich im Spätsommer 1885 in Hubertusstock aufhielt.

Von einzelnen Jagdgästen der Regierung der Weimarer Republik abgesehen, jagte nach Ende des Ersten Weltkrieges vorwiegend Reichspräsident von Hindenburg regelmäßig in der Schorfheide. Bei die-

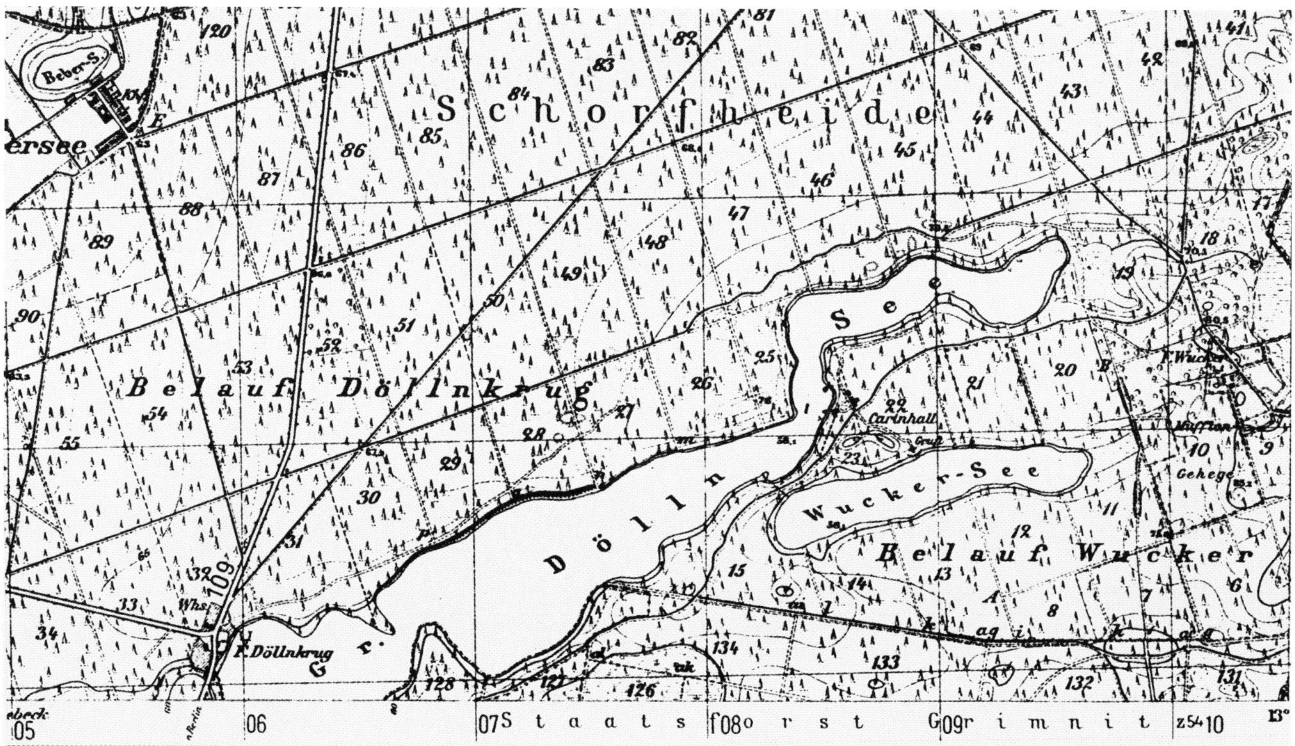

Zwischen Wucker- und Großem Döllnsee ließ sich Göring sein Refugium Carinhall errichten. 1934 wurde es auf entsprechenden Karten noch eingezeichnet; ab 1939 war dies per Erlaß Görings strengstens untersagt.

Carinhall war im Stil einer schwedischen Blockhütte errichtet worden und offiziell ein Geschenk Preußens an seinen Ministerpräsidenten. Beachtenswert ist das doppelte Hakenkreuzornament an der Terrassentür.

sen Gelegenheiten bewohnte er ein einfaches Blockhaus am Westufer des Werbellinsees.[1] Es war daher kein Zufall, daß nach der »Machtergreifung« am 30. Januar 1933 auch die neuen Herrscher zur Jagd hierher kamen.

Görings Landsitz in der Schorfheide

In seiner Eigenschaft als Preußischer Ministerpräsident ließ sich Hermann Göring Anfang 1933 von der Preußischen Staatsregierung in der Schorfheide ein Gelände (etwa 120 Hektar) zur Verfügung stellen, das er zuvor ausgewählt hatte und fortan auf Lebenszeit unentgeltlich nutzen konnte. Bereits im Frühjahr 1933 hatte Hitler einen Sonderfonds für Göring geschaffen, aus dem dieser die Ausgaben für eine angemessene Repräsentation von Partei und Reich bestreiten sollte. Ferner, so war es Hitlers Wunsch, sollte Göring auf Staatskosten ein Haus erhalten, in dem er führenden deutschen Persönlichkeiten, Diplomaten und ausländischen Staatsgästen Gastgeber sein konnte. Göring nutzte dieses ihm auf »Führerbefehl« zugekommene Privileg nach Kräften aus.[2] Er beauftragte im Juni 1933 den renommierten Berliner Architekten Werner March[3], ihm in der Schorfheide ein Landhaus im Stil einer schwedischen Jagdhütte als persönliches Refugium zu erbauen.
Auch wenn es Görings zweite Frau Emmy später so darstellte[4], war es keine spontane Eingebung Gö-

Die noch vergleichsweise bescheiden ausgestattete Jagdhalle. Blick vom Speiseraum zum Kamin und von dort zurück, hinter dem oberen Fenster lag Görings Arbeitsraum.

rings, daß er sich gerade in dieser Gegend niederließ. Hier, wo die Ausübung der hohen Jagd stets den Herrschenden und ihren Gästen vorbehalten gewesen war, sah sich Göring, der nach eigener Ansicht »letzte Renaissancemensch«, als deren legitimer Nachfolger. Außerdem war es taktisches Kalkül, seine prominenteste Residenz in der Nähe der Reichshauptstadt errichten zu lassen. Nach Görings Auffassung war die Jagd geradezu von politischer Bedeutung, denn »bei der Pirsch lassen sich Probleme oft leichter lösen als am grünen Tisch«, wie er einmal bemerkte.[5] Zugleich sollte der Landsitz eine Erinnerungsstätte für seine erste Frau Carin sein.

Das Anwesen wurde im nördlichen Teil der Schorfheide auf einer schmalen, leicht hügeligen Landzunge zwischen dem Großen Döllnsee und dem Wuckersee erbaut – umgeben von mächtigen Kiefern, Buchen und Eichen. Es lag rund 65 Kilometer, also etwa eine Autostunde, von Berlin entfernt und war über die Fernverkehrsstraße nach Prenzlau (heute: B 109) gut zu erreichen. Ungefähr zehn Kilometer nördlich der Ortschaft Groß Schönebeck führte ein asphaltierter Waldweg nach Osten von der Straße ab und am Südufer des Großen Döllnsees entlang zum Jagdhaus.

Wenige Monate nach Baubeginn übergab der preußische Staat im Herbst 1933 aus Anlaß des Richtfestes seinem Ministerpräsidenten in einem symbolischen Akt Haus und Gelände. Auf der Innenseite des aus schwerem Eichenholz gefertigten Eingangstores war die Widmung eingeschnitzt:

»Seinem Ministerpräsidenten Hermann Göring, der mit kraftvoller Hand die Geschicke Preussens leitet, widmet das dankbare Land das Jagdhaus am Wukkersee in der Schorfheide zum dauernden Gebrauch, auf dasz des deutschen Waidwerks Schirmherr Waidmannslust und Freude finde in Preussens Forsten.

Berlin, den 26. Oktober 1933

Das Preußische Staatsministerium: Popitz, Kerrl, Rust, Dr. Schmitt, Darré«.

Eben jene fünf »Männer seines Vertrauens«, die sich hier als Vertreter des »dankbaren« Preußen verewigten, hatte Göring einen Tag nach der Übernahme seines Amtes als Ministerpräsident, am 11. April 1933, eigens in die preußische Staatsregierung geholt: Johannes Popitz war Finanzminister geworden, Görings »alter Freund« Hans Kerrl Justizminister und der Gauleiter von Hannover, Bernhard Rust, Minister für Wissenschaft, Kunst und Volksbildung. Das Preußische Ministerium für Landwirtschaft, Domänen und Forsten hatte Kurt Schmitt übernommen, das Ernährungsministerium wiederum der »nationalsozialistische Bauernführer« Richard-Walther Darré.[6]

Anfang April 1934 war das Jagdhaus fertiggestellt. Im *Zentralblatt der Bauverwaltung* des Preußischen Finanzministeriums wurde es im August desselben Jahres wie folgt beschrieben: »Es galt, beim Bau die eigensten Baustoffe der Landschaft zu verwenden: Kiefernrundstämme für Wände und Decken, Schilf-

Hitler beim Besuch des Badehauses am Großen Döllnsee, hinter Göring steht seine zweite Ehefrau Emmy (5. Juli 1935).

rohr als Bedachung, Findlinge als Grundmauerwerk. Den Kern des Hauses bildete eine hohe nordische Halle, auf die alle übrigen Räume bezogen sind und in die man auch aus dem Dachgeschoß Einblick hat. Der Besucher betritt das Haus durch einen kleinen Vorplatz, der unmittelbar in die Halle führt, deren Glastür über eine gedeckte Vorhalle den Blick in die ferne Waldlandschaft gewährt. Der niedrige Speiseraum ist an die Halle als offene Nische angeschlossen. Eine kleine Anrichte führt zur Küche, an die sich wiederum zwei Kammern für Dienstboten anschließen.

Im Dach[geschoß] befindet sich das Arbeitszimmer des Hausherrn mit vorgelagertem, vom Hausgiebel hoch überdachtem Balkon und weitem Blick auf den Döllnsee. An das Arbeitszimmer angelehnt ist die Schlafnische von kleinsten Abmessungen mit eingebauten Schränken. Zwei Gästezimmer, ein Bad und ein kleiner, oberer Fensterplatz im Treppenauslauf bilden den Abschluß des einfachen Raumprogramms. Für den Aufbau der Wände aus Rundlingen waren Vorbild die ältesten Beispiele des Holzbaues, wie sie durch Jahrhunderte unverändert noch heute in Schweden, Litauen und Masuren erhalten sind. Das gesamte Balkenwerk liegt auf dem ringsumlaufenden Findlingssockel.«[7]

Über eine Treppe, die aus der Länge nach halbierten Baumstämmen bestand und von der Freiterrasse zur Uferböschung hinunterführte, war eine flache Bucht am Großen Döllnsee zu erreichen, wo sich die Pfahl-

bauten eines Badehauses und eines Bootsschuppens sowie ein Anlegesteg befanden. Hier entstanden später der Badestrand, zwei weitere Bootshäuser und ein Umkleidehaus.
Etwa 100 Meter abseits des Hauptgebäudes lag in östlicher Richtung ein langgestrecktes T-förmiges Holzhaus, das im Stil des Jagdhauses erbaut worden war, – die Adjutantur. Im Erd- und Dachgeschoß befanden sich die Wohnräume des ersten Hausmeisters, Armin Roßius, und des übrigen Hauspersonals sowie die Wohn- und Büroräume des Göringschen Arbeitsstabes samt Fernsprechvermittlung und Adjutantur. Bereits wenige Monate nach Bezug des Anwesens wurden hier erste Erweiterungsbauten vorgenommen: Dem Adjutanturgebäude wurden ein »Aufenthaltsraum für die Schofföre« und zwei Garagen für Personenfahrzeuge hinzugefügt. Im Kellergeschoß der Adjutantur befand sich eine Heizung mit außenliegendem, unterirdischem Öltank, die über einen entsprechenden Kanal auch das Jagdhaus beheizte. Beim ersten Umbau von Carinhall wurde diese Ölheizung durch eine Anlage ersetzt, die mit Koks und Kohle befeuert wurde.
Im Verlegeplan für Fernmeldekabel der Deutschen Reichspost vom 19. Dezember 1934 fand sich auf dem Gelände südlich des kleinen Döllnsees ein weiteres Gebäude mit der Bezeichnung »Hitlerhaus«.[8] Dieses Gebäude war bereits im Frühjahr 1933 errichtet worden, aber im Dezember desselben Jahres restlos abgebrannt. An seiner Stelle wurde 1936/37 ein neues »Führerhaus« errichtet. Die Hinweise auf solch ein Gebäude lassen zumindest vermuten, daß Göring von Anfang an die Hoffnung gehegt hatte, daß auch Hitler sich in der Schorfheide niederlassen würde und er ihm deshalb in unmittelbarer Nähe seines Landsitzes ein Haus zur Verfügung stellen wollte. Tatsächlich war Hitler aber nur »vier, höchstens fünf Mal vor Kriegsbeginn, danach nicht mehr« in Carinhall zu Gast, wie sich Görings langjähriger Adjutant erinnert.[9] Nachweisbar weilte Hitler am 20. Juni 1934 bei der Umbettung Carin Görings, zu Besprechungen mit Göring am 5. Juli 1935, am 2. Oktober 1937, am 21. Mai 1938, und – zusammen mit Martin Bormann zu einem Gauleitertreffen – am 16. August 1938 sowie zur Taufe seines Patenkindes, Görings Tochter Edda, am 4. November 1938 auf dem Landsitz.

Kultstätte für eine Tote

Der Landsitz Görings war von Anfang an nicht nur das Refugium Görings, sondern auch als Stätte des Gedenkens an seine erste Frau Carin konzipiert. Einerseits war die Namensgebung »Carinhall« Ausdruck dafür, wie sehr Göring Carin geliebt hatte und wie wirkungsvoll er diese Zuneigung darzustellen wußte: Schon in seiner Berliner Wohnung hatte er ein Zimmer ganz ihrem Andenken gewidmet, und auch im Jagdhaus hing »ein großes Ölgemälde, das Carin vor dem Hintergrund der bayerischen Alpen auf einer Wiese sitzend zeigte«[10]. Andererseits war dieser Name ein Indiz für Görings Hang zum My-

Das Innere der Carin-Gruft mit Sarkophag.

Nicht nur der Name Carinhall war Ausdruck des Totenkults, auch im Arbeitszimmer Görings hing ein Porträt Carins.

stisch-Romantischen und zur Selbstinszenierung. Diese für eine Jagdhütte ungewöhnliche Bezeichnung dürfte aller Wahrscheinlichkeit nach an »Walhall« angelehnt sein, jene große »Halle der Gefallenen« in der nordischen Mythologie, in der Odin (Wotan) die toten Krieger zum Festmahl empfangen haben soll.

Zeitgleich mit dem Bau des Jagdhauses – und nur wenige Minuten Fußweg davon entfernt – ließ Göring ein Grabmal für die sterblichen Überreste Carin Görings errichten. Im Sommer 1933 war er nach Schweden gereist, um an den Hochzeitsfeierlichkeiten von Carins Nichte, Brigitta von Rosen, teilzunehmen. Er nutzte diese Gelegenheit, das Grab seiner verstorbenen Frau zu besuchen und dort ein gewaltiges Bukett aus roten Rosen in Form eines Hakenkreuzes niederzulegen. Nachdem dies bekannt geworden war, hatten Nazigegner das Blumengebinde entfernt und an seinem Platz die an Göring gerichtete Nachricht hinterlassen, daß Schweden empört und beleidigt darüber sei, daß die Grabstätte einer Schwedin zu Propagandazwecken der Nationalsozialisten mißbraucht würde. Göring bauschte den Vorfall auf, sah darin gar eine Mißachtung und Störung der Totenruhe seiner Frau und nahm ihn zum Anlaß, die Tote alsbald nach Deutschland überführen zu lassen.

Oberhalb des steil ansteigenden Hanges in der Mitte des Nordufers am Wuckersee ließ er eine unterirdische Gruft einrichten. Ein schmaler, auch heute noch begehbarer Pfad führte vom Jagdhaus den Wald hindurch nach Südosten zu einem Vorplatz, der auf

Drei Etappen der wie ein Staatsakt inszenierten Umbettung Carin Görings: Ankunft des Sarges in Eberswalde (linke Seite oben), Transport zur Grabanlage in Carinhall (unten), Hitler und Göring beim Verlassen der Gruft (oben).

Veranlassung des Bauherrn links und rechts von je vier riesigen roten Granit-Menhiren, keltischen Kultsteinen, eingesäumt wurde. In der Mitte dieser Lichtung wiederum stand eine mächtige Eiche, um deren Stamm herum eine Ruhebank gebaut worden war. Von hier waren es nur wenige Schritte bis zu einer breiten Steintreppe, die nach unten zu zwei vollflächig mit Bronzebeschlägen verzierten Türflügeln aus schwerem Eichenholz führte.[11] Dahinter lag die etwa vier mal fünf Meter große Gruft, die von dem Eberswalder Bildhauer und Steinmetzmeister Gustav Borsdorf aus mächtigen behauenen Natursteinen gemauert worden war. Vollendet wurde diese architektonische Inszenierung durch ein kleines Fenster mit einem Edelweißmotiv[12] in einer hellblauen Verglasung, das einen schmalen Lichtschein vom Wuckersee her in die gewölbte Grabkammer fallen ließ. In deren Mitte sollte der Sarkophag aufgestellt werden, den der schwedische Architekt Uno Åhren entworfen hatte. Dieser Totenschrein war so ausgelegt, daß er nach seinem Tode auch den Leichnam Hermann Görings aufnehmen konnte.

Am 19. Juni 1934 wurde auf dem kleinen Friedhof der Insel Lovö nahe Stockholm der Sarg mit den sterblichen Überresten Carin Görings exhumiert und in den mächtigen Sarkophag gebettet. Der Trauerzug führte zunächst nach Stockholm, dann auf dem Landweg weiter nach Trelleborg, mit dem Fährschiff über die Ostsee nach Saßnitz/Rügen und von dort aus mit der Eisenbahn nach Eberswalde, bis er schließlich, von zehn Motorradfahrern der Polizei eskortiert, auf dem Chassis eines eigens zu diesem Zweck umgebauten Mannschaftstransportwagens am 20. Juni 1934 in der Schorfheide ankam. Die letzten Kilometer nach Carinhall wurde der Sarg von einer mit sechs Pferden bespannten Lafette transportiert. 20 Männer waren erforderlich, um den schweren Sarg zur Grabstätte zu tragen.

Im *Märkischen Stadt- und Landboten* konnte man über diese wie ein Staatsakt inszenierte Überführung lesen: »Die Stadt Eberswalde hatte zum Empfang der sterblichen Überreste Carin Görings ein festliches und ernst-feierliches Gewand angelegt. In ehrfurchtsvollem Schweigen wartete die Menschenmenge, bis gegen 8.30 Uhr unter dem Geläut der Kirchenglocken Eberswaldes der fahrplanmäßige Schwedenzug mit besonders angehängten Wagen eintraf. Der Sarg Carin Görings wurde, getragen von Mitgliedern der Landespolizei, des Fliegersturmes und Forstbeamten, vom Bahnhof zum Leichenauto gebracht. Ob in Eisenspalterei, Finow, Schöpfurth, Marienwerder oder Groß Schönebeck, überall das gleiche Bild. Die ganze Bevölkerung war da, die große Tote zu ehren. Alle Dörfer trugen Grünschmuck; frisches Grün war auf die Straße gestreut, die der Wagen nahm. An der Ruhestätte hatte eine Ehrenkompanie der Landespolizei und der Flieger Aufstellung genommen. Dumpfer Trommelwirbel rollte, und dann erschien von einer Reitereskorte begleitet auf einem sechsspännigen, mit frischem Eichenlaub geschmückten Wagen der Sarkophag. Getragen klang der Trauermarsch aus ›Götterdämmerung‹, und fest, vertrauend stieg das alte Luther-Lied ›Ein feste Burg ist unser Gott‹ zum Himmel empor. Der Pfarrer verkündete, daß die Tote nun in dieser Erde, die ihr eine zweite Heimat geworden sei, für immer ruhen solle.«[13] In Anwesenheit zahlreicher Trauergäste aus Politik und Wirtschaft, darunter Hitler, Himmler und Goebbels, die hier vor dem »Röhm-Putsch« zehn Tage später vermutlich letztmalig zusammenfanden, wurde der Sarg am späten Vormittag dieses Tages in der Gruft am Wuckersee beigesetzt.

Wald- und Weidmann Göring

Bereits am 9. Mai 1933 war Hermann Göring zum Vorsitzenden des Reichsjagdbundes gewählt worden und hatte gewissermaßen als »Entschädigung« für den Verlust seines Postens als Preußischer Innenminister am 3. Juli 1934 das neugeschaffene Reichsforstamt als Oberste Reichsbehörde übernommen. An dessen Spitze stand er fortan als Reichsforstmeister und hatte das Weisungsrecht über alle Länderforstverwaltungen. In jagdlichen Angelegenheiten führte er nunmehr auch die Amtsbezeichnung Reichsjägermeister, war also zugleich oberster Jagdherr Deutschlands.[14]

Eine seiner ersten Amtshandlungen galt dem Bau eines Schießstandes für Handfeuerwaffen aller Kaliber, der etwa 200 Meter nördlich des Hauptgebäudes von Carinhall lag und bereits aus einer geringen Entfernung zwischen den Bäumen des Uferhanges kaum noch erkennbar war. Nach ihrer Fertigstellung wurde diese Anlage von Göring und seinen Gästen jedoch nur selten genutzt. Laut einem Aktenvermerk vom 14. Dezember 1935 hielt Göring zu jener Zeit mehrere Jagdfalken, für deren Abrichtung verschiedene Utensilien wie Falknerhandschuhe, Falknerstilett und Drahlen gekauft und die von Falkner Lehmann versorgt und dressiert wurden.[15] Ob Göring seine Falken aber jemals bei einer Beizjagd in der Schorfheide eingesetzt hat, ist nicht belegt.

Indem er auf Arbeiten seines Amtsvorgängers als Preußischer Ministerpräsident, des Sozialdemokraten Dr. Otto Braun, zurückgriff – was er wohlweislich nie erwähnte –, leitete Göring ein umfassendes Tier- und Pflanzenschutzprogramm für die Schorfheide ein. Braun hatte bereits 1929 Teile des Gebietes unter Schutz stellen lassen. Er war es auch gewesen, der mit seinen ebenfalls im Jahr 1929 sanktionierten preußischen Tier- und Pflanzenschutzverordnungen die wesentlichen Voraussetzungen für das unter Göring erlassene, allseits als vorbildlich und mustergültig anerkannte Reichsjagdgesetz geschaffen hatte.[16]

1934 wurde der »Natur- und Urwildpark Schorfheide« gegründet. Die östlich des Werbellinsees und des Werbellin-Kanals gelegenen Teile des Naturschutzgebietes Schorfheide waren der Öffentlichkeit zwar zugänglich, es wurden aber westlich des Sees weite Waldreviere eingezäunt, und die Besucher durften nur die öffentlichen Wege benutzen. Bedrohte Tierarten erhielten besondere Hege und Pflege. Außerdem sollten im Rahmen des Programmes einstmals in der Schorfheide beheimatete Tierarten wieder angesiedelt werden. Hierfür wurde unter Görings Patronat am Werbellinsee die »Forschungsstätte deutsches Wild« als zoologische Versuchsstation mit einem 25 Hektar großen Freigehege gegründet, in der Jäger, Zoologen und Wissenschaftler an der Züchtung und Wiedereinbürgerung von Elch, Wi-

sent, Wildpferd, Biber und Fischotter arbeiteten. Leiter dieser Forschungsstätte wurde Dr. Horst-Iwan Siewert.[17]
Während die Ansiedlung aus Ostpreußen, Schweden und Kanada eingeführter Elche keinen großen Erfolg zeitigte, war die Zucht des Wisents ungleich erfolgreicher. Bei Eröffnung des Wisentschaugeheges am 10. Juni 1934 wurden neben zwei reinblütigen Stieren auch sechs Mischlingskühe und drei Kälber ausgesetzt. Bereits vier Jahre später bestand die Herde durch Nachzucht und Zuführung weiterer Kühe aus 76 Tieren. In das ursprünglich allein für die Wisente bestimmte Gehege wurde außerdem ein Rudel Wildpferde eingesetzt, die ebenfalls Ureinwohner deutscher Wälder gewesen waren. Auch das in diesen Wäldern nicht heimische Muffelwild wurde in der Schorfheide angesiedelt und entwickelte sich prächtig.

Neben dem Erlaß des neuen Reichsjagdgesetzes veranlaßte Göring als Maßnahme zur Zentralisierung seiner Tier- und Naturschutzaktivitäten die Gründung einer besonderen Stiftung: Durch das preußische »Gesetz vom 25.1.1936 über die Errichtung der Stiftung Schorfheide« ließ er das im Grenzbereich der Landkreise Niederbarnim, Angermünde und Templin liegende, acht Forstamtsbezirke umfassende und etwa 55 000 Hektar große Gebiet unter Naturschutz stellen. Das nutzbare Ackerland sollte durch zwölf neugegründete Stiftungsgüter bewirtschaftet werden. Hierdurch erhielt der von Braun veranlaßte bisherige lockere Schutz aber lediglich eine neue und straffere Form. Vorsitzender der Stiftung wurde zunächst Paul (»Pili«) Körner, dann Erich Gritzbach.
Eines der ideologischen Ziele der Nazis war es dabei, insbesondere den der Natur und Tierwelt »ent-

Göring war leidenschaftlicher Weidmann. Überall in Carinhall hingen die Trophäen, darunter unzählige Geweihe, des von ihm erlegten Wildes, so auch auf der Terrasse seines Jagdhauses.

Zur Eröffnung des Wisentschaugeheges am 10. Juni 1934 ließ sich der selbsternannte »Herr der Schorfheide« als designierter Reichsforst- und -jägermeister von Forstbeamten begrüßen. Im Hintergrund geladene Diplomaten aus Berlin.

fremdeten« Bewohnern der Großstädte die Schönheit der Heimat wieder zu erschließen. Im Jahr 1936 kamen allein zum Wisentschaugehege etwa 140 000 Besucher.[18]

So sehr sich Göring um Landschafts- und Artenschutz in der Schorfheide verdient machte, so wenig beachtete er selbst die von ihm erlassenen Rechtsvorschriften, wenn es seine Residenz betraf. Ungeachtet der Bestimmungen breitete sich der Landsitz Carinhall zunehmend aus. Doch auch wenn Göring immer wieder betonte, daß alles in der Schorfheide ihm allein gehöre, blieb dieses einzigartige, in seiner Schönheit nur noch mit der Kurischen Nehrung oder der Rominter Heide in Ostpreußen vergleichbare Gebiet stets Eigentum des preußischen Staates.

Über Göring als Jäger in der Schorfheide wird berichtet, daß er in seiner ersten Zeit als selbsternannter »Herr der Schorfheide« häufig auf der Pirsch war. In späteren Jahren habe er nur noch auf besonders starke Hirsche, Dam-Schaufler, Wisente und Muffelwidder »geweidwerkt« oder ihm besonders wichtige Gäste auf der Pirsch begleitet.[19] Ab 1937 zog es Göring dann vor, während der Hirschbrunft in seinem Reichsjägerhof zu residieren und in der Rominter Heide, einem der weltbesten Rotwildreviere, zu jagen.

In Jägerkreisen galt Göring zwar als ausgezeichneter Schütze, war allerdings auch für sein eifersüchtiges Wachen darüber, daß niemand auf kapitalere Stücke zum Schuß kam als er selbst, bekannt.

Göring und eine Abordnung der Levante-Jugend aus Ungarn am 16. Juli 1934 beim Besuch in Carinhall. Das Foto wurde nicht zur Veröffentlichung freigegeben.

»Sonderbotschafter« Hitlers – 1934 bis 1936

Diplomatenempfang in der Schorfheide

Anfang Juni 1934 erhielten eine Reihe der in Berlin akkreditierten Diplomaten sowie verschiedene hohe Würdenträger des Reiches von Hermann Göring ein ungewöhnliches Schreiben. In seiner Eigenschaft als designierter Reichsforstmeister lud der Preußische Ministerpräsident zur feierlichen Eröffnung des neugeschaffenen Naturschutzgebietes in die Schorfheide ein. Zusammen mit etwa vierzig anderen geladenen Gästen, darunter Reichswehrminister General Werner von Blomberg und Reichsfinanzminister Lutz Graf Schwerin von Krosigk, versammelten sich am Sonntag, dem 10. Juni 1934, nachmittags um drei Uhr der amerikanische Botschafter William E. Dodd, sein französischer Kollege André François-Poncet, der Italiener Vittorio Cerruti und der Brite Sir Eric Phipps auf einer Lichtung im märkischen Wald und warteten gespannt auf ihren Gastgeber. Der kam wie immer zu spät, fuhr dann aber in einem großen offenen Sportwagen höchst effektvoll vor.[1] In martialischer Aufmachung, einer grünen Hirschlederhose, einer farblich dazu passenden Weste, hohen Stiefeln, einem langen Jagdmesser im Gürtel und mit einem Speer in der Hand, hielt er zur Begrüßung seiner Gäste zunächst eine lange Ansprache. Ausführlich erklärte Göring, daß er die Schorfheide ausgewählt habe, um hier in einem streng geschützten Gebiet jene Tiere und Pflanzen wieder heimisch werden zu lassen, die früher für den deutschen Wald typisch gewesen seien.

Um dies eindrucksvoll zu illustrieren, führte er seine Gäste zu einem Gatter, in dem mehrere Bisonkühe grasten. Dort war ein Transportkäfig mit einem Bullen aufgestellt worden. Als die geladenen Reporter ihre Kameras in Stellung gebracht hatten, ließ Göring die Käfigtür öffnen. Der Botschafter seiner Majestät Phipps, der in diesem Augenblick an seine Zeit in Spanien zurückdachte, erwartete wie die anderen einen spektakulären Auftritt. Doch zur allgemeinen Enttäuschung dachte »Iwan, der Schreckliche«, wie Göring François-Poncet vergnügt zugeraunt hatte, nicht daran, ihnen diesen Gefallen tun. Schon nach wenigen unsicheren Schritten und einem lustlosen Blick in die Runde schickte er sich an, wieder in seinen Käfig zu trotten. Gezielte Stockhiebe der Wildhüter hielten ihn davon ab. Vorsichtig sondierte er abermals das Terrain, dann schien sein Interesse plötzlich geweckt, und er machte sich anheischig, von seiner neuen Herde Besitz zu ergreifen. Doch dies war seinem Herrn offenkundig auch wieder nicht recht, und mit Rücksicht auf die anwesenden Damen lud er die Gesellschaft zu einer Besichtigung des Waldes ein.

Es folgte eine lange Ausfahrt, bei der Gastgeber Göring die Kutschen immer wieder anhalten ließ, um ausführliche Erläuterungen zur heimischen Tier- und Pflanzenwelt abzugeben. Dann kehrte die Gesellschaft zu den in der Nähe wartenden Autos zurück, Göring verschwand mit seinem Sportwagen unter einer großen Staubwolke, und der Rest folgte ihm in einigem Abstand. Nach weiteren zwanzig Minuten Autofahrt war die Gruppe endlich am eigentlichen Ziel des Ausflugs angelangt – der neuen Jagdhütte Görings, Carinhall.

Der Hausherr hatte sich in der Zwischenzeit umgezogen und bot nach Meinung von François-Poncet nun ein Bild wie »Siegfried in der Wagneroper«. In Begleitung der Schauspielerin Emmy Sonnemann, die er als seine Privatsekretärin vorstellte, führte Göring seine Gäste durch die einzelnen Räume. Höhepunkt und Ende des Rundgangs bildete schließlich das Mausoleum, das er in der Nähe der Jagdhütte hatte anlegen lassen. Hierher wollte er in wenigen Tagen die sterblichen Überreste seiner ersten Frau Carin überführen lassen. Bei dem erläuternden Hinweis, daß der Sarkopharg später einmal auch ihn aufnehmen werde, merkte Phipps in seinem Bericht verwundert an, daß in diesem Augenblick von dem »blonden Fräulein Sonnemann« gar nicht mehr die Rede war.

Der Eindruck, den dieser immerhin fünfstündige Ausflug bei Görings Gästen hinterließ, war überaus zwiespältig. Phipps fühlte sich auf der einen Seite befremdet. Auf der anderen Seite fand er die Mischung aus Rückbesinnung auf alte deutsche Werte und Germanenkult – beim Anblick der vor dem Mausoleum aufgestellten Findlinge dachte er unwillkürlich an Stonehenge – überaus bezeichnend für die Mentalität der NS-Bewegung. Mit stolzgeschwellter Brust, voller Pathos und kindlicher Naivität habe ihnen Göring seine Spielsachen gezeigt. Und plötzlich, so schloß Phipps seinen Bericht, sei ihm ein anderes Spielzeug des Hausherrn eingefallen, weniger unschuldig, dafür aber sehr viel größer und mit Flügeln versehen. Es sei zu befürchten, daß er dieses in dem gleichen kindlichen Geist und mit der gleichen kindlichen Freude eines Tages zur tödlichen Mission losschicken werde. Phipps dachte offensichtlich daran, daß Reichsluftfahrtminister Göring bei verschiedenen Gelegenheiten den Aufbau einer Luftwaffe offen zugegeben und sich dabei nicht im geringsten daran gestört hatte, daß Deutschland durch den Versailler Vertrag der Besitz von Militärflugzeugen strengstens untersagt war.

Per Kurier ging Phipps' vertraulicher und wenig respektvoller Bericht von Berlin nach London, wo er als »Bison-Dispatch« – über Mitglieder der Regierung und vermutlich französische Kanäle[2] – eine so große Aufmerksamkeit erlangte, daß über sein »Forschungsamt« schließlich Göring von ihm erfuhr. Auch wenn das britische Botschafterehepaar selbstverständlich weiterhin zu seinen Gästen gehörte, stand Göring Phipps als Gesprächspartner fortan nicht mehr zur Verfügung.

Zu einer Zeit, als in den Beziehungen zwischen den Staaten häufige Treffen der führenden Staatsmänner oder gar regelmäßige Telefonate noch eine Ausnahme waren, beschränkte sich die Aufgabe eines Botschafters nicht auf die angemessene Repräsentation des eigenen Landes, sondern war höchst politisch. Vor allem diente sie der Verbesserung und Pflege persönlicher Kontakte und Beziehungen sowie dem Beschaffen bzw. bewußten Lancieren vertraulicher Informationen, etwa bei offiziellen Veranstaltungen. Wegen seines hohen Alters hatte sich Reichspräsident von Hindenburg in den letzten Jahren vor seinem Tod mehr und mehr aus dem öffentlichen Leben zurückgezogen. Hitler wiederum hatte für die repräsentative Seite seines Amtes als Staatsoberhaupt nicht viel übrig. So gab er sein erstes offizielles Essen für das diplomatische Corps vier Jahre nach seiner Ernennung am 3. Februar 1937.[3] Diese

Eine Ausfahrt in die Schorfheide gehörte zum Pflichtprogramm eines jeden Besuchers von Carinhall.

Lücke wollte Göring nutzen, um die Rolle des obersten Repräsentanten des Reiches so weit wie möglich zu übernehmen. Im Unterschied zu seinem »Führer« hatte er bereits eine ganze Reihe von Ländern bereist und verfügte mit Englisch und Französisch, Italienisch und Schwedisch über Kenntnisse in vier Sprachen.[4] Die Einladung an das diplomatische Corps in die Schorfheide bildete daher nur den Auftakt auf dem Weg zu höheren Weihen. Auf die Generalprobe folgte vierzehn Tage später die feierliche Beisetzung des Sarges seiner ersten Frau in Carinhall.

Vier Monate nach dem Tod des Reichspräsidenten bestimmte Hitler General Blomberg für Reichswehr und Verteidigung, Rudolf Heß für die Partei und Göring für »alle übrigen Angelegenheiten der Staatsführung« zu seinen Stellvertretern.[5] Als er ihn am 19. Dezember 1934 auch noch zu seinem Nachfolger bestellte, war der Aufstieg zum »zweiten Mann« in der Hierarchie des Reiches endgültig besiegelt.

Als »Reisediplomat« unterwegs

Außenpolitisch befand sich das Deutsche Reich im Jahre 1933 in einer schwierigen Lage. Hitlers Regierungsantritt war überall in Europa mit Mißtrauen beobachtet worden. In Paris, London und selbst in Rom wollte man zunächst abwarten und die weitere Entwicklung sorgfältig beobachten. Im allgemeinen wurde bezweifelt, daß es den Nationalsozialisten in Berlin gelingen würde, sich lange an der Macht zu halten. Diese Phase endete abrupt am 14. Oktober 1933, als Hitler die Genfer Abrüstungskonferenz verließ und den Austritt aus dem Völkerbund verkündete. Mit einem Schlag hatte sich Deutschland vollständig isoliert.

Die Bemühungen des Reiches um eine außenpolitische Neuorientierung waren bis zu diesem Zeitpunkt erfolglos geblieben. Hitler hatte es lediglich geschafft, mit dem Vatikan ein Konkordat zu schließen. Besonders enttäuschend für ihn war, daß auch der von ihm bewunderte italienische »Duce« keinen Kontakt wünschte. Göring witterte Morgenluft und besuchte im April, Mai und November 1933 Italien, doch der Erfolg seiner Vermittlungsbemühungen bestand allein darin, daß er das Auswärtige Amt erboste und auf beiden Seiten eine solche Verwirrung stiftete, daß Mussolini schließlich seinen Unterstaatssekretär Fulvio Suvich im Dezember 1933 nach Berlin entsandte, um die deutsche Position zu klären.

In dem Bemühen, das Vertrauen des Unterstaatssekretärs und Italien als verläßlichen Partner für das Reich zu gewinnen, gab Göring Suvich anläßlich seines Besuches am 13. Dezember ein Essen und lud ihn am folgenden Tag in die Schorfheide ein.[6] Der Italiener dürfte damit einer der ersten ausländischen Besucher gewesen sein, dem Göring seine noch im Bau befindliche Jagdhütte zeigte. Als sich im Zuge der Gespräche jedoch herausstellte, daß Mussolini als Preis für seine Unterstützung Zugeständnisse in der Rüstungsfrage verlangte, lehnte Hitler ab. Im Juni 1934 reiste er selbst nach Italien. Doch die erste persönliche Begegnung der beiden Diktatoren in Venedig blieb erneut ohne greifbares Ergebnis.

Nachdem Hitler sich persönlich der Frage der künftigen Beziehungen zu Italien angenommen hatte, mußte sich Göring nach einem neuen Betätigungsfeld umsehen. In den Planungen des Auswärtigen Amtes spielte die traditionelle Unruheregion Südosteuropa eine wichtige Rolle. Göring sah seine Chance und startete nach dem Fehlschlag der Italienmission im Mai 1934 zu einer ausgedehnten »privaten« Rundreise in diesen Teil des Kontinents, die ihn über Belgrad nach Athen führte. In Italien und in Ungarn hegte man sofort den Verdacht, daß die Reise in erster Linie Jugoslawien galt, das mit der Tschechoslowakei und Rumänien in der »Kleinen Entente« verbündet war. Die besorgte Reaktion auf seine Gespräche mit der jugoslawischen Regierung und König Alexander I. bewogen Göring dazu, auf der Rückreise einen kurzen Abstecher nach Budapest zu unternehmen. Dort gelang es ihm aber nicht, die Befürchtungen des Reichsverwesers Admiral von Horthy und seines Regierungschefs Gyula Gömbös zu zerstreuen.

Dank seines gewinnenden Auftretens war es dem »Reisediplomaten« Göring aber dennoch anscheinend mühelos und fast überall gelungen, sofort erste persönliche Kontakte zu knüpfen, auf denen er später aufbauen konnte. Mit Blick auf die Zukunft versäumte es Göring nie, spätestens beim Abschied seine Gastgeber zu einem Gegenbesuch nach Deutschland einzuladen. Nach seiner Rückkehr in Berlin konnte er sich dank des »Forschungsamtes« bald ein Bild von der Wirkung seiner Reise machen, da die Berliner Diplomaten in der Regel bereits wenige Tage später jeweils eine Kopie der Depeschen des betreffenden Botschafters vor Ort erhielten.

Göring gestaltete seine »Nebenaußenpolitik« ohne Konsultation mit Außenminister von Neurath. Entsprechend ungehalten reagierte der Chef des Auswärtigen Amtes, als er erst im nachhinein von Görings nächstem Auftritt in Jugoslawien erfuhr. Am Rande der Beisetzungsfeierlichkeiten für den am 9. Oktober 1934 in Marseille ermordeten König Alexander I. war »Sonderbotschafter« Göring am 18. Oktober in Belgrad mit dem rumänischen König Carol zusammengetroffen. Nach allgemeinen Sympathiebekundungen hatte er diesem offen erklärt, daß das Deutsche Reich der von Ungarn immer wieder geforderten Revision der rumänischen Grenzen niemals zustimmen werde.[7] Mit dieser spektakulären Äußerung Görings, die André François-Poncet mit dem berühmten »Panthersprung nach Agadir«[8]

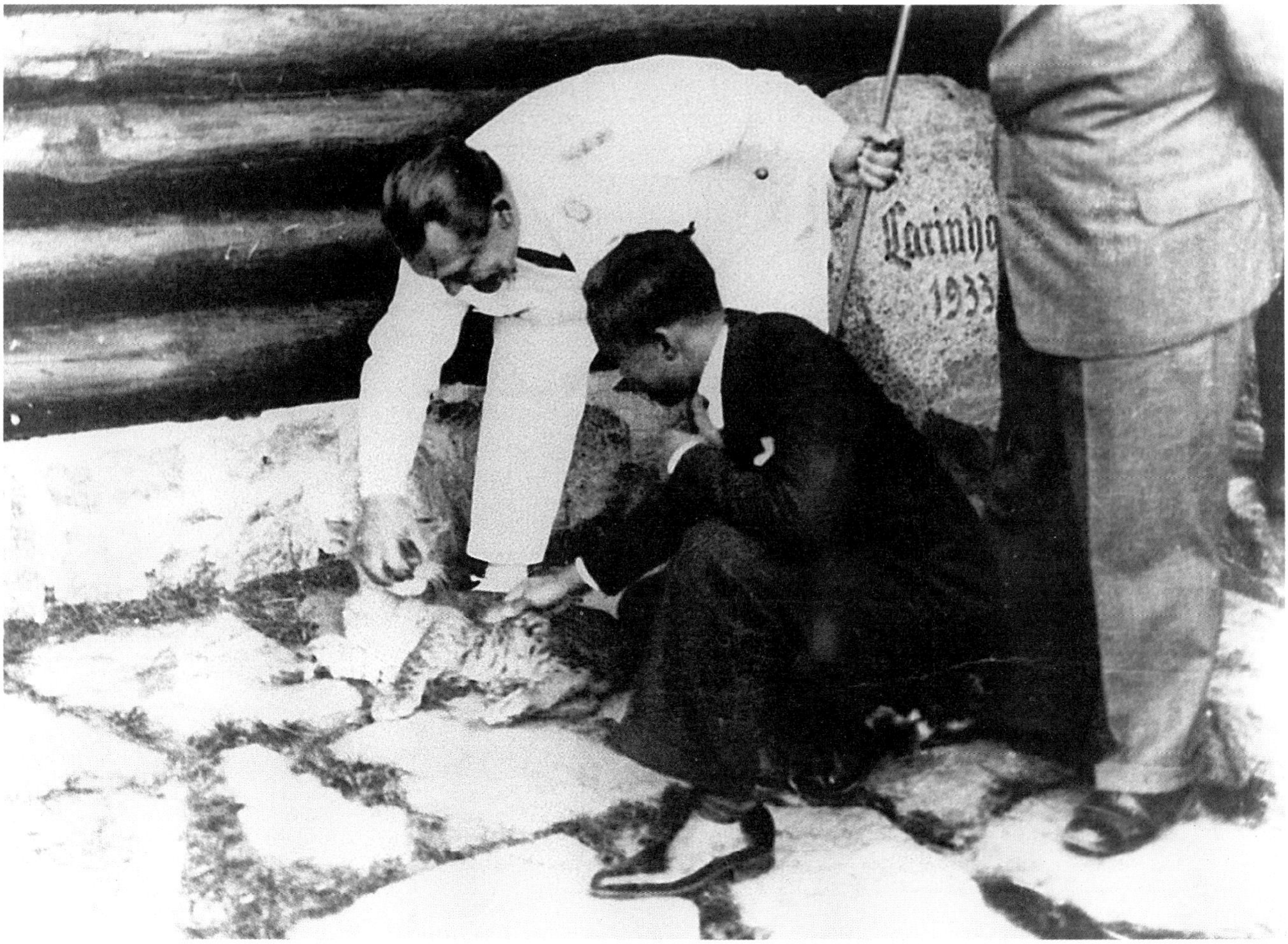

Beim Besuch des Königs von Siam (Thailand) am 7. Juli 1934 präsentierte Göring voller Stolz auch einen seiner jungen Löwen, von denen er bis 1940 sieben Stück großzog.

Wilhelms II. verglich, hatte Deutschland offen Partei für die Sache der »Kleinen Entente« ergriffen und schlug sich damit indirekt auf die Seite Frankreichs, das dieses Bündnis unterstützte. Im Vorfeld der für Januar 1935 anberaumten Volksabstimmung, in der die Saarländer über ihre politische Zukunft entscheiden sollten, konnte ein solcher Beweis für die Bereitschaft zur Entspannung in den Beziehungen zu Paris nur von Vorteil sein.

In Hitlers Augen zählte einzig und allein das Ergebnis, und es nutzte von Neurath daher wenig, über die Ignoranz und fachliche Inkompetenz seines gewichtigen Gegenspielers zu klagen, der sich in ureigenste Belange des Auswärtigen Amtes rücksichtslos hineingedrängt und mit seinem Vorgehen allen diplomatischen Gepflogenheiten widersprochen habe, ohne dabei auch nur der geringsten Kontrolle zu unterliegen. Göring blieb die Antwort nicht schuldig: »Was macht denn so ein Legationsrat eigentlich den ganzen Tag über? ... am Vormittag spitzt er Bleistifte und nachmittags geht er irgendwo zum Tee.«[9]

Es war für Hitler naheliegend, Göring nun auch die Pflege der Beziehungen zu Polen zu übertragen. Am 26. Januar 1934 hatten Berlin und Warschau einen auf zehn Jahre befristeten Nichtangriffspakt unterzeichnet. Fast auf den Tag genau ein Jahr nach seinem Regierungsantritt war es Hitler mit diesem Schachzug gelungen, die bis dahin fast lückenlose politische Isolierung des Reiches zum ersten Mal an einer wichtigen Nahtstelle zu durchbrechen. Für Frankreich kam die Nachricht wie ein Schock, und auch die übrige Welt war mehr als überrascht, denn bis zu diesem Zeitpunkt hatten die beiden Länder – wegen des Streits um Oberschlesien und den sogenannten Korridor, der Ostpreußen vom übrigen Reich trennte, – als unversöhnliche Feinde gegolten.

Nach bewährtem Muster fuhr Göring im Januar 1935 zu einem Besuch nach Polen, wo ihn in Warschau die gesamte politische und militärische Führung des Landes, einschließlich des Staatspräsidenten General Piłsudski, empfing. Anschließend reiste er in das ausgedehnte Waldgebiet von Białowieża weiter, wo man ihm zu Ehren eine große Staatsjagd ausrichtete. Während der gemeinsamen Jagdausflüge und Kaminabende konnte Göring mit seinen Gesprächspartnern fernab von Protokollfragen und diplomatischen Spitzfindigkeiten über Politik plaudern. Er kehrte von seinem Ausflug mit dem Vorsatz zurück, Carinhall zu einem ähnlichen Refugium umzugestalten.

Am 16. März 1935 verkündete Hitler die Wiedereinführung der allgemeinen Wehrpflicht. Für diesen eklatanten Verstoß gegen die Bestimmungen des Versailler Vertrages wurde Deutschland einen Monat später vom Völkerbund förmlich verurteilt. Auch Polens Außenminister Józef Beck hatte in Genf für die Resolution gestimmt, zuvor aber in einer Rede erklärt, daß sich Warschau dennoch weiterhin um eine Politik der Entspannung mit seinem Nachbarn bemühen werde. Göring lud daraufhin postwendend den polnischen Botschafter in Berlin, Józef Lipski, zu einem Besuch in die Schorfheide ein.[10] Die beiden Männer hatten sich bereits in der Białowieża kennen- und schätzengelernt. Gemeinsam überlegten sie, welche Möglichkeiten für eine Verbesserung der Beziehungen zur Verfügung standen, ohne daß man Gefahr lief, Frankreich zu brüskieren. Dessen Ministerpräsident Laval hatte nach Italien inzwischen auch Verhandlungen mit der Sowjetunion aufgenommen. Eine Annäherung zwischen Paris und Moskau lag weder im Interesse Berlins noch Warschaus. Göring schlug zum Abschied vor, den polnischen Außenminister Beck in die Schorfheide einzuladen.[11] Im kommenden Jahr, so seine Hoffnung, könnte er dann seinerseits wieder zur Jagd nach Polen reisen.

Hochstimmung in den Jahren 1935/36

Einen Monat vor seiner Hochzeit mit Emmy Sonnemann[12] führte Göring seine künftige Frau mit einem großen Diner offiziell in die Berliner Gesellschaft ein und erklärte bei dieser Gelegenheit den anwesenden Vertretern des diplomatischen Corps, daß er die durch den »Röhm-Putsch« vorübergehend unterbrochene Tradition festlicher Bankette wiederaufleben lassen wolle. In ihren Memoiren beschrieb Emmy Göring, daß Hitler ihr schon früh die Rolle der »ersten Frau im Staate« zugedacht habe und wie schwer ihr die Entscheidung gefallen sei, ihre Bühnenkarriere – Ministerpräsident Göring hatte sie aus der Provinz an das Preußische Staatstheater in Berlin geholt – dafür nach zwanzig Jahren zu opfern. Ihre Ankündigung versah Botschafter Phipps in seinem Bericht nach London vom 22. März 1935 mit dem trockenen Kommentar, daß die Berliner diesen Verlust wohl verschmerzen würden.[13]

Am 10. April 1935 heiratete Göring dann Emmy Sonnemann. Diese »Hochzeit des Jahres« – im Berliner Dom von Reichsbischof Müller vollzogen, als Trauzeuge fungierte der »Führer« – wurde wie die Umbettung von Carin im Jahr zuvor als ein pompöser Staatsakt inszeniert und erregte entsprechendes internationales Aufsehen. Die Heirat gab Göring die Gelegenheit, erneut zu einer ausgedehnten Reise ins Ausland aufzubrechen, deren Ziel abermals Südosteuropa war. Wegen des überraschenden Todes des polnischen Staatschefs Piłsudski am 12. Mai mußte Göring seine Pläne zunächst jedoch verschieben. Nach einem Kondolenzbesuch bei Lipski in der polnischen Botschaft reiste Göring zu den Feierlichkeiten nach Warschau und Krakau, wo er sich von der neuen Regierung versichern ließ, daß sich an der grundsätzlichen Einstellung Polens gegenüber Deutschland nichts geändert habe. Am Abend des 18. Mai traf Göring in Krakau den französischen Premier Laval und versuchte, diesen während einer dreistündigen Unterredung vom deutschen Wunsch zu überzeugen, »den jahrhundertelangen Streit mit dem französischen Nachbarn nun endlich zu begraben«[14]. Dieses Treffen war aber im Unterschied zu seinem spektakulären Auftritt in Belgrad acht Monate zuvor kein Alleingang Görings, er war nunmehr auf Hitlers Linie eingeschwenkt.

Im Sommer 1935, als Göring endlich zu seiner Hochzeitsreise aufbrach, die ihn über Budapest und Sofia zunächst nach Dubrovnik führen sollte, schienen die Rollen zwischen ihm, Hitler und von Neurath dann erstmals klar verteilt. Überall dort, wo der übliche diplomatische Weg schwer gangbar war, wurde fortan Göring »als Dolmetscher des Führers« eingesetzt.[15] Während der frischvermählte Preußische Ministerpräsident in Budapest bei Reichsverweser von Horthy auf einen Ausgleich mit Jugoslawien drängte, hoffte er bei seinen Gesprächen in Sofia mit Boris III. auf einen Kurswechsel. Der Zar, der selbst die Regierung übernommen hatte, schien seinem Werben um eine baldige Annäherung zwischen Bulgarien und dem Reich keineswegs abgeneigt. Hochwertige Industrieprodukte bis hin zu modernen Waffen und anderen Rüstungsgütern im Tausch für Agrarerzeugnisse und Rohstofflieferungen waren angesichts knapper Devisen ein verlockendes Angebot und wurden von Göring je nach Land und jeweiligem Bedarf virtuos immer wieder ins Gespräch gebracht.

Das wichtigste Ziel seiner Reise war jedoch, den von Frankreich und Italien betriebenen Plan einer politischen Neuordnung Südosteuropas in Form einer Erweiterung der »Kleinen Entente« durch Aufnahme Österreichs und Ungarns zu einem »Donaupakt« zu hintertreiben, was Göring bei einem Besuch in Bel-

Trotz der Spannungen zwischen dem Deutschen Reich und Polen versuchte »Sonderbotschafter« Göring zu vermitteln. Im Juli 1935 empfing er den polnischen Außenminister Beck in Carinhall.

»Führer« Hitler war ein eher seltener Gast in der Schorfheide. Doch im Sommer 1935 standen der »erste und der zweite Mann im Reich« noch fest zusammen, wie hier auf der Terrasse von Carinhall.

grad auf dem Rückweg nach Berlin insofern gelang, als es ihm zumindest glückte, zur Aufrechterhaltung des Status quo beizutragen.

Nach Deutschland zurückgekehrt, mußte Göring feststellen, daß sich während seiner Abwesenheit ein Konflikt um die Transitgebühren für den Verkehr mit der Freien Stadt Danzig entwickelt hatte, der die Beziehungen zwischen Berlin und Warschau ernsthaft zu belasten drohte. Ohne Rücksicht auf die Sachargumente entschied er pragmatisch und sprach bei diesem wie bei späteren Zwischenfällen ein Machtwort zugunsten Polens. Am 21. September 1935 empfing Göring dann zwei polnische Generäle in der Schorfheide, wenige Tage später traf auch der ungarische Ministerpräsident Gyula Gömbös zu einem Jagdbesuch in Deutschland ein. Der französische Botschafter François-Poncet, der dieses rege Kommen und Gehen in Carinhall aufmerksam beobachtete, sah darin bereits die Schreckensvision einer sich anbahnenden ungarisch-polnisch-rumänischen Allianz gegen die Tschechoslowakei mit entsprechenden Gebietsansprüchen heraufziehen.[16]

Während der französische Botschafter sorgenvoll in die Zukunft blickte, zeigte sich sein polnischer Kollege Lipski höchst zufrieden. Auch wenn das gegenseitige Mißtrauen nie völlig verschwand, entwickelte

sich zwischen ihm und Göring allmählich so etwas wie ein Freundschaftsverhältnis, das im Zusammenspiel mit der gemeinsamen Leidenschaft für die Jagd dafür sorgte, daß Botschafter Lipski bald zu einem der regelmäßigen Gäste Görings gehörte. Wie der Hausherr bei diesen Gelegenheiten immer wieder betonte, betrachtete er die gemeinsamen Ausflüge in die Schorfheide, den Spreewald, auf den Darß oder in die Rominter Heide als Gelegenheit zum offenen Meinungsaustausch. Aus eben diesem Grund gesellte sich schon bald auch Außenminister von Neurath hinzu. Andere Besucher waren der schwedische Botschafter Carl Einar Thure af Wirsén, und selbst der vornehme François-Poncet konnte sich dem Reiz solcher Besuche in der Schorfheide nicht entziehen.[17]
In seinen Memoiren schrieb er später über Göring: »Für uns Diplomaten war er von großem Wert. Nicht nur vermied er es nicht, mit uns zusammenzutreffen, er suchte unseren Verkehr. Er nahm unsere Einladungen an und erwiderte sie. An diesen Abenden, deren Glanz und Aufmachung er ebenso schätzte wie das gute Essen und Trinken, plauderte er vertraulich und antwortete auf indiskrete Fragen. Er verabscheute vorsichtige Formulierungen und Umschreibungen, er sprach geradeheraus und frei, er lüftete einen Zipfel des Schleiers, mit dem die Wilhelmstraße und die Goebbelspresse die Wirklichkeit umhüllten. Wir wußten ihm Dank dafür und taten gern seiner Eitelkeit genüge, wofür er sehr empfänglich war.«[18]
Doch nicht für jeden der in Berlin akkreditierten Diplomaten war die Vorstellung einer gemeinsamen Pirsch mit dem Reichsjägermeister durch dichtes Unterholz, das Gewehr schußbereit im Anschlag, verlockend. Bei Sir Eric Phipps, dem britischen Botschafter, beispielsweise rechnete Göring nach dem »Bison-Dispatch« ohnehin nicht mehr auf Verständnis. In Berlin wurde gern kolportiert, Phipps habe Göring einmal auf dessen Entschuldigung, daß er sich leider wegen einer Jagdpartie verspätet habe, lediglich geantwortet: »Animals, I hope.«
Am 7. März 1936, einem Sonnabend, marschierten deutsche Truppen in die entmilitarisierte Zone des Rheinlandes ein, womit die letzte Klausel des Versailler Vertrages gefallen war. Nach seiner Rede vor dem Reichstag wartete Hitler am Nachmittag nervös und »angespannt wie nie zuvor in seinem Leben«[19] darauf, wie die Regierungen in London und Paris auf diesen Verstoß gegen die bestehende Friedensordnung reagieren würden. Doch die kritischen Stunden verstrichen, ohne daß etwas Entscheidendes geschah. »Der Führer strahlt«, notierte Goebbels am nächsten Morgen in sein Tagebuch, »England bleibt passiv. Frankreich handelt nicht allein, Italien ist enttäuscht und Amerika uninteressiert. Wir haben wieder die Souveränität über unser eigenes Land.«[20] Die Politik der »kollektiven Sicherheit« in Europa war damit gescheitert. Wie die Volksabstimmung zeigte, die die Nationalsozialisten im Anschluß an die »Rheinlandaktion« abhielten, saß Hitler in Deutschland fest im Sattel, und in Paris und London begann die Zeit des Nachdenkens darüber, wie man künftig die Beziehungen zu Deutschland gestalten sollte.
Anläßlich der Olympischen Spiele im Sommer 1936 nutzte neben zahllosen Gästen aus aller Welt auch eine Reihe von Politikern und Diplomaten die Gelegenheit, um sich selbst ein Bild von den Verhältnissen in Deutschland zu machen. Instinktiv hatte Hitler die Chance, die sich ihm hier bot, frühzeitig erkannt. Während man sich in den Straßen Berlins um ein freundliches Erscheinungsbild bemühte und deshalb zum Beispiel einen Teil der Maßnahmen gegen die Juden vorübergehend zurücknahm, entwickelten die verschiedenen Potentaten des Dritten Reiches hektische Aktivitäten. Parallel zu den Wettkämpfen im Stadion lieferten sich Göring und Goebbels ein erbittertes Duell um die Ehre, den in Berlin anwesenden Gästen die größte und beeindruckendste Festveranstaltung auszurichten. Anläßlich des Empfangs der Mitglieder des Olympischen Komitees gab Göring ein Gartenfest im Park hinter dem neuerbauten Reichsluftfahrtministerium. Dort hatte er eine regelrechte Kleinstadt aufbauen lassen: Von der Mühle aus dem Schwarzwald und der Hamburger Hafenschenke über die im Kleinformat originalgetreu nachgebaute Nürnberger Bratwurststube und den wellenschlagenden Rheindampfer bis hin zu Schießbuden und Karussells hatte er kein Klischee ausgelassen. Zur Inszenierung »ungezwungener herzlicher deutscher Fröhlichkeit« war eigens auch eine »Kunstflugmaschine« von einem Rummelplatz herbeigeholt worden, die Generalluftzeugmeister Udet bediente. Selbst das große Ballett der Staatsoper tanzte einen »Elfenreigen«.[21] Zwei Tage später gab

Konkurrent Goebbels auf der Pfaueninsel 2700 geladenen Gästen ein rauschendes Fest mit Musik, Ballett und Feuerwerk. In seinem Tagebuch gab sich der Propagandaminister am nächsten Morgen sicher, daß seine Präsentation Deutschlands den größeren Eindruck hinterlassen habe.[22]

In jenen schwülwarmen Sommertagen schienen die Zeitläufte noch einmal stillzustehen. Doch am Horizont waren bereits die ersten Gewitterwolken aufgezogen. Im Anschluß an seine Militärrevolte hatte sich der spanische General Franco an Italien und Deutschland gewandt. Hitler entschied am 25. Juli 1936, ihm die erforderlichen Flugzeuge zur Verfügung zu stellen, um die Verstärkungen aus Spanisch-Marokko herantransportieren zu können. Göring wollte zunächst abraten, weil er Schwierigkeiten mit Frankreich fürchtete.[23] Als ihm aber klar wurde, daß Hitler seine Entscheidung bereits getroffen hatte, machte er sich mit der Aufstellung der ersten Einheiten der »Legion Condor« umgehend daran, den Auftrag in gewohnter Manier möglichst rasch und erfolgreich auszuführen. Der Einsatz in Spanien kam für die noch immer im Aufbau befindliche Luftwaffe zu einem idealen Zeitpunkt. Während des nun folgenden dreijährigen Bürgerkrieges konnten sowohl die neue Taktik als auch Menschen und Material unter realistischen Bedingungen ausgiebig getestet werden. Die neue französische Volksfrontregierung unter Léon Blum sympathisierte mit der republikanischen Seite, ergriff in Abstimmung mit Großbritannien aber nicht direkt Partei. London plädierte für eine Politik der Nichteinmischung, während Italien Franco und die UdSSR wiederum die Regierung in Madrid offen unterstützten. Nachdem sich Deutschland offiziell zur Wahrung der Neutralität verpflichtet hatte, hielt es Göring für einen großen Fehler, als Mussolini am 1. November 1936, ohne sich vorher mit Hitler abgesprochen zu haben, in einer Rede in Mailand die »weltpolitische ›Achse‹ Berlin – Rom« aus der Taufe hob.

Vor einem Empfang in Carinhall begrüßte Göring internationale Besucher gewöhnlich zunächst in seiner Villa am Leipziger Platz in Berlin. Am 28. Juli 1936 weilte dort der Ozeanflieger und Nazi-Sympatisant Charles Lindbergh.

Der »Zuständigkeitsgigant«

Bereits 1935 hatte der Präsident der Reichsbank, Hjalmar Schacht, Hitler davor gewarnt, daß Deutschland bei einer Fortsetzung seiner Politik der ungehemmten Aufrüstung unweigerlich auf eine schwere Finanzkrise zusteuern würde. Im Frühjahr 1936 war die Lage dann so ernst geworden, daß das Reich wegen akuten Mangels an Devisen seinen internationalen Zahlungsverpflichtungen nicht mehr nachkommen konnte.
Wie es inzwischen schon fast zur Gewohnheit geworden war, erhielt Göring von Hitler den Auftrag, die Lage möglichst schnell zu bereinigen. Nach dem gelungenen »Rheinlandabenteuer« war Hitler nicht nur nicht bereit, die Rüstungsproduktion zu drosseln, sondern forderte unmißverständlich, daß Deutschland spätestens nach vier Jahren sowohl wirtschaftlich als auch militärisch kriegsbereit sein müsse.[24] Am 9. September 1936 verkündete Hitler auf dem Nürnberger Parteitag, daß er Göring zum Beauftragten für den Vierjahresplan ernannt habe.
Göring dürfte Hitlers Vorgaben für realisierbar gehalten haben. Getreu dessen Motto, daß Erfolg in erster Linie eine Frage des Willens sei, machte er sich umgehend daran, ein umfangreiches Programm zur Erschließung und Nutzung heimischer Roh- und Ersatzstoffe aufzulegen. Das Amt für den Vierjahresplan wuchs alsbald zu einer gewaltigen Behörde an. Hjalmar Schacht, der sich durch Göring in seiner Kompetenz als Wirtschaftsminister beschnitten sah, drohte bei Hitler mit seinem Rücktritt. Zu Schachts Überraschung nahm Hitler das Angebot an. Damit hatte Göring vollends freie Bahn und war endgültig

Der erste Chef des Stabsamts Oberst Karl Bodenschatz (ganz rechts von Göring) und sein Nachfolger Staatssekretär Erich Gritzbach (links, mit Brille), ganz links: Paul (»Pili«) Körner – anläßlich des Geburtstages Görings 1935 in Berlin.

der »Zuständigkeitsgigant«[25] des Dritten Reiches geworden.
Die Vielfalt der Ämter, die Göring mittlerweile um seine Person konzentriert hatte, vermochte er allein nicht mehr zu verwalten. Daher war auf seinen Erlaß vom 4. Juli 1936 hin das »Stabsamt des Preußischen Ministerpräsidenten Generaloberst Göring« gegründet worden, das zugleich Macht- und Schaltzentrale sowie Koordinierungsstelle seiner verschiedenen politischen Tätigkeiten war. Es wurde im Preußischen Staatsministerium in Berlin, Leipziger Straße 3, untergebracht, zwischen dem Preußischen Herrenhaus und dem Haus der Flieger[26]. Im Erdgeschoß befanden sich die Diensträume für die Wachmannschaften, die für die Sicherheit von Görings Villa im Park hinter dem Reichsluftfahrtministerium zuständig waren. In den oberen Etagen lagen die Büros des Stabsamtes, in denen etwa 25 Referenten samt Arbeitsstäben und Bürokräften tätig waren. Der erste Leiter des Stabsamtes war für kurze Zeit Oberst Karl Bodenschatz, Duzfreund und Adjutant Görings während des Ersten Weltkrieges. Doch Bodenschatz war zu sehr Militär und zu wenig Verwaltungsbeamter für diese Aufgabe. Deshalb übernahm noch im selben Jahr Staatsrat Dr. Erich Gritzbach die Leitung und »bedankte« sich bald darauf für den Posten mit einer schwülstig-elegischen Biographie seines Dienstherrn[27], für die allerdings Göring die Tantiemen einstrich.[28] Das Stabsamt bestand aus drei Abteilungen: I. Politische Abteilung, II. Zentralsekretariat und privater Sektor, III. Militärische Abteilung, denen die Abteilung A mit ihrem Leiter Gritzbach übergeordnet war.[29] Dessen Stellvertreter wiederum wurde Staatsrat Paul Pleiger, der – im Rahmen des Vierjahresplans für die deutsche Wirtschaft – am 15. Juli 1937 die Reichswerke »Hermann Göring« in Salzgitter gründete, diese leitete sowie der Aktiengesellschaft für Erzbergbau und Eisenhütten »Hermann Göring« vorstand. Aufsichtsratsvorsitzender der Reichswerke war Göring selbst.
In Paris, insbesondere aber in London, wo man über Göring wegen seiner Methoden und seines Auftretens bislang eher die Nase gerümpft hatte, stellte man sich nun immer häufiger die Frage, ob man Göring nicht doch als eigenen politischen Faktor in die Überlegungen einbeziehen müsse. Bereits im Februar 1936 hatte Göring den ehemaligen britischen Luftfahrtminister Lord Londonderry zur Jagd nach Carinhall eingeladen und sich auf Anhieb mit ihm gut verstanden. »Wenn Deutschland und England zusammengehen«, betonte der Gastgeber dabei mehr als einmal, »dann gibt es auf der ganzen Welt keine Mächtekombination, die uns entgegentreten kann.«
In seinen Memoiren beschrieb Dolmetscher Paul Schmidt auch die für Besuche in der Schorfheide charakteristische Atmosphäre: »Mit einem riesigen Jägerhut und einer Art altgermanischen Speer als Spazierstock in der Hand schritt der massige deutsche Luftfahrtminister und Preußische Ministerpräsident im Lederwams und weiten, weißen Hemdsärmeln mit dem englischen Lord und der Lady Londonderry, die manchmal auch von ihrer Tochter begleitet waren, durch die märkische Heide. Am Wisentgehege stieß er durch ein Horn Schreie aus, durch die die riesigen Tiere angelockt wurden, so daß man fast den Eindruck haben konnte, als seien sie persönlich mit Göring bekannt. Aber bösartig blinzelten die kleinen Augen beim Näherkommen, krachend fuhr das Gehörn gegen die Stangen der Umzäunung, die unter dem Anprall fast zerbrachen. Dröhnend lachte der Herr der Schorfheide und wandte sich voller Stolz seinen englischen Gästen zu, die diesem eigenartigen Schauspiel mit lächelndem Interesse folgten. Sie hatten etwas derartiges in ihren englischen Adelskreisen sicherlich noch nie erlebt und amüsierten sich offensichtlich über die Art, wie sich der Gastgeber gab und wie er sich ausstaffiert hatte. Aber ihr Lachen war nicht herablassend oder verächtlich. Der Mann in den weiten Hemdärmeln und dem sonderbaren Speer, der sich fast wie ein Kind benahm und sich nicht scheute, seine Freude an diesen Dingen offen zu zeigen, war ihnen bestimmt nicht unsympathisch. Sie betrachteten ihn mit einer gewissen mitfühlenden Unvoreingenommenheit, mit der man in England Originalen und Exzentrikern zu begegnen pflegt.«[30]
Doch zu Görings Leidwesen war Lord Londonderry 1936 nicht mehr im Amt. Als Robert Vansittart, der ständige Unterstaatssekretär im Foreign Office, im Sommer zu den Olympischen Spielen in Berlin weilte, war die Begegnung für Göring derart enttäuschend verlaufen, daß er den Engländer zum Abschied warnte: Es gebe eine Grenze für Deutschlands Werben um Großbritannien. In London verstärkte

sich der Eindruck, daß Hitlers »Erster Paladin« ernsthaft Möglichkeiten zum Gespräch suchte.
Mit dem überraschenden Thronverzicht Edwards VIII. und der für Mai 1937 geplanten Krönung Georgs VI. schien für Göring endlich die Gelegenheit gekommen, den langersehnten persönlichen Kontakt aufzunehmen. Lord Londonderry ergriff kurzerhand die Initiative und schickte dem Preußischen Ministerpräsidenten eine Einladung. Um so größer war Görings Enttäuschung, als ihm durch die Anfrage der Abgeordenten Ellen Wilkinson im Unterhaus signalisiert wurde, daß ein offizieller Besuch des Generals mit den »blutbefleckten Stiefeln«[31] in Großbritannien nicht erwünscht war. Göring fühlte sich persönlich verletzt. Am 9. April 1937 suchte ihn Botschafter Phipps vor seinem Weggang nach Paris ein letztes Mal auf, um sich von ihm zu verabschieden. Göring klagte, daß jedesmal wenn Deutschland eine Blume zu pflücken versuche, es vom englischen Stiefel vertrieben werde. Daß es sich bei dieser Blume um Österreich handelte, war ein offenes Geheimnis. London wurde hellhörig und vermutete Zwist, weil sich Deutschlands »Achsen«-Partner Italien bisher stets für die Unabhängigkeit der Alpenrepublik stark gemacht hatte. Als seine Frau Emmy für mehrere Wochen nach Italien zur Erholung fuhr, brachte Göring sie persönlich nach Neapel. Auf der Rückreise machte er in Rom Station und stattete Mussolini am 25. April 1937 einen kurzen Besuch ab, bei dem er die »Anschluß«-Frage offen ansprach. Ein energisches Kopfschütteln war alles, was der »Duce« an diesem Tag an Opposition zu erkennen gab, vermerkte Dolmetscher Schmidt.[32]
Am 28. Mai 1937 löste Neville Chamberlain Stanley Baldwin im Amt des Premierministers ab. Der neue Regierungschef fand neben dem Abschlußbericht von Phipps ein weiteres Memorandum von Lord Lothian vor. Göring hatte den einflußreichen britischen Kolonialpolitker unmittelbar nach seiner Rückkehr aus Rom am 4. Mai in Berlin empfangen und mit ihm, nachdem er seine Vorwürfe wiederholt hatte, ausführlich die Möglichkeiten für eine dauerhafte deutsch-britische Verständigung erörtert. Im Grunde, so sein Kalkül, konnten sich beide Länder das Risiko einer militärischen Konfrontation nicht leisten. Sorge bereitete ihm, neben den wachsenden wirtschaftlichen Schwierigkeiten im eigenen Land, die latente Bedrohung durch die Konflikte in Spanien auf der einen sowie zwischen Japan und China auf der anderen Seite. Frankreich und Italien erachtete Göring in diesem Zusammenhang als zusätzliche Unsicherheitsfaktoren.
Weil nach seiner Überzeugung im Augenblick nur Hitler und Göring zählten, gab Chamberlain seinem neuen Botschafter in Berlin, Sir Nevile Henderson, den Auftrag, beim »zweiten Mann« die Lage vorsichtig zu sondieren. Bei ihrer ersten offiziellen Begegnung am 24. Mai 1937 beklagte sich Göring erneut über die seiner Meinung nach völlig unnötig feindliche Haltung Großbritanniens. Als Henderson ihm lebhaft widersprach, lud er ihn auf den 20. Juli nach Carinhall ein – zur offiziellen Einweihung des Erweiterungsbaues. Henderson dürfte somit der erste Ausländer gewesen sein, der den neugestalteten »Waldhof« zu Gesicht bekam. Chamberlain setzte in diese Begegnung große Hoffnungen. Außenminister Anthony Eden, der dem neuen Kurs eher skeptisch gegenüberstand, gab Henderson genaue Instruktionen. Er sollte bei dieser Gelegenheit Göring eine Note überreichen: Großbritannien wünsche die Vorwürfe und konkreten Forderungen Deutschlands zu erfahren, um auf diese Weise in Verhandlungen eintreten zu können. Sichtlich überrascht, versprach Göring, mit Hitler über diese Fragen im Detail zu sprechen, und stellte Henderson ein baldiges neues Treffen in Aussicht.[33]
Dem Engländer war es offensichtlich gelungen, das Vertrauen Görings zu gewinnen. Ihm kam dabei zustatten, daß er – im Gegensatz zu seinem Vorgänger Phipps – mit seinen Fertigkeiten als passionierter Jäger selbst den Reichsjägermeister zu beeindrucken vermochte. So hatte Henderson bei der Jagd den Hochsitz verlassen und sich statt dessen auf allen Vieren kriechend angeschlichen, um erfolgreich zum Schuß zu kommen. So viel »sportlichen Ehrgeiz« hatte Göring dem hageren Briten offenkundig nicht zugetraut, obwohl ja, wie er sarkastisch meinte, diese Art der Fortbewegung für einen Diplomaten im Grunde durchaus angemessen sei.[34] Henderson fühlte sich durch den derben Humor des Hausherrn keineswegs verletzt. Er lernte schnell, daß sich Göring im persönlichen Umgang von den übrigen »Größen« des Reiches deutlich unterschied. Er schätzte offene Worte und konnte sogar dröhnend lachen, wenn man

ihm Witze erzählte, die seine Prunksucht und seine Ordensmanie aufs Korn nahmen. Der Spaß war für ihn allerdings vorbei, wenn sein Familienleben ins Spiel kam. Es waren nicht zuletzt seine menschlichen Schwächen, die Göring bei der Bevölkerung – im Unterschied zu dem stets verkniffen wirkenden Goebbels etwa – so beliebt machten. Gleichgültig, ob in prächtiger Phantasieuniform auf dem Weg zum alljährlich von ihm ausgerichteten rauschenden Opernball oder in schwarzverschmierter Bergmannskluft am Ende einer Grubenfahrt, Göring verstand es stets, sich volkstümlich zu geben. Dennoch wäre es ein Trugschluß gewesen, »unseren Hermann« zu unterschätzen. Henderson war nicht der

Die Teegesellschaften in Carinhall waren bald legendär. Während die Männer über Politik berieten, plauderten die Damen ungezwungen, hier Emmy Göring und Madame François-Poncet, Gattin des französischen Botschafters (vorn mit Hut).

Volksnähe gehörte zum Kalkül des Machtmenschen Göring, und er wußte seine Beliebtheit in der Bevölkerung wirkungsvoll zur Schau zu stellen. Typisches Beispiel war solch ein Fototermin »bei den Kumpels«.

einzige, der Görings schnelle Auffassungsgabe und sein Organisationstalent bewunderte, auch Hitler tat dies. Doch Göring war ebenso ein rücksichtsloser Erfüllungsgehilfe, wenn er zum Beispiel mit schnarrender Stimme am 15. September 1935 auf dem Nürnberger Parteitag die neuen Rassegesetze verlas, mit denen die Juden aus der »deutschen Volksgemeinschaft« endgültig ausgeschlossen wurden.
Sah Henderson über Görings »persönliche Allüren« hinweg, hatte sein amerikanischer Kollege in Paris und Vertreter Präsident Roosevelts bei der Beerdigung Piłsudskis im Jahr 1935, William C. Bullitt, eine ganz andere Einstellung:
»Göring schwebte in die Warschauer Kathedrale verspätet ein wie ein Siegfried spielender Tenor. Er hat die üblichen Proportionen eines deutschen Tenors. Sein Hinterteil hat einen Umfang von mindestens einem Yard. Um seine Schultern so breit zu machen wie seine Hüften, trägt er auf beiden Seiten zwei Zoll breite Polster. Aber es ist zwecklos. So breit können die Schultern nie sein. Da er nicht einmal so groß ist wie ich und sich in eine hautenge Uniform gezwängt hat, ist die Wirkung einmalig. Offensichtlich hat er immer einen Kosmetiker bei sich, da seine Finger, die etwa so dick wie lang sind, lange, spitze und sorgfältig lackierte Nägel haben und sein rosa Teint tägliche Pflege verrät. Seine Augen quellen wild hervor, so als ob er entweder unter Drüsenstörungen leiden oder aber noch immer Kokain nehmen würde. Seine Lippen sind schmal wie die eines unmündigen Kindes. Als er 250 Pfund leichter war, muß er eine blonde Schönheit von der unangenehmsten Sorte gewesen sein. Er ist wirklich der unsympathischste Vertreter einer Nation, den ich je erblickt habe. Er gab mir das Gefühl, daß die Deutschen nichts anderes erreichen werden als eine Serie von nationalen Katastrophen, wenn sie nicht endlich das ›Nibelungenlied‹ ernstnehmen.«[35]

Familien- und Repräsentationssitz – Waldhof Carinhall 1936 bis 1939

Aufgrund seiner Machtposition und der neuen familiären Verhältnisse faßte Göring den Entschluß, das Anwesen in der Schorfheide zu seinem Hauptwohn- und Präsentationssitz zu erweitern: Carinhall sollte zu einer prunkvollen, mit allem erdenklichen Komfort und Luxus ausgestatteten Residenz werden. Vom 19. bis 24. August 1936 beräumte die Transportfirma Walther Prenzlau aus Berlin-Schöneberg das Jagdhaus und brachte die Möbel unter anderem zum Berliner Wohnsitz Görings, der Villa Leipziger Platz 11 im Park hinter dem Reichsluftfahrtministerium (RLM), dem vormaligen Amtssitz des Preußischen Handelsministers. Diese Villa war bereits in den Jahren 1933/34 von Albert Speer für Göring umgebaut worden.[1]

Der erste Erweiterungsbau 1936/37

Anfang September 1936 begannen die ausgedehnten Umbauarbeiten in Carinhall; als letzter räumte Hausmeister Roßius am 5. Dezember seine Wohnung in der Adjutantur. Bis zum Juli 1937 verschwand der kleine Jagdsitz und wich einem »Prachtbau«, der nichts mehr mit dem ursprünglichen Carinhall gemein hatte. Die alte Jagdhütte wurde dabei allerdings nicht abgerissen, sondern in ihrer Grundstruktur erhalten und in den Neubau integriert.

Gritzbach, der Leiter des Göringschen Stabsamtes, feierte seinen Dienstherrn für dieses Bauwerk als genialen Denker und Baumeister. Da diese Hymne auf Carinhall und Göring als »Ausdruck der baukünstlerischen Vorstellungskraft eines Nationalsozialisten, der als führender Mann des Dritten Reiches der Zukunft einen bleibenden Kulturwert hinterlassen will«[2], typisch ist für Gritzbachs parteiamtlich genehmigte Biographie »Hermann Göring. Werk und Mensch«, sei sie an dieser Stelle etwas ausführlicher zitiert:

»Die Schöpfung Karinhall, die in der ganzen Welt kein Vorbild hat, die wohl auch ein konstruktiver Denker wie Göring nur einmal in seinem Leben so wirkungsvoll gestalten kann, ist die Erfüllung einer Sehnsucht, die Hermann Göring durch Jahrzehnte in seinem Innern getragen hat. Von diesem Bauwerk hat er ein Menschenleben lang geträumt, an dieser Idee hat er gearbeitet, ohne sich bewußt zu sein, daß aus Traum einmal Wirklichkeit werden sollte. Nur weil er alle Schwierigkeiten jahrelang innerlich durcharbeitet hatte, weil ihm Gestalt, Aussehen und Einrichtung dieses Hauses bis in jede Einzelheit plastisch vorschwebten, kurz, weil er ›alles im Kopfe‹ hatte, wie der Volksmund sich ausdrückt, war es möglich, dieses Bauwerk in zehn Monaten entstehen zu lassen. Als sein eigener Architekt hat Hermann Göring diese Leistung vollbracht. In bewundernswerter Meisterschaft hat er seine Gedanken in exakte Werkpläne umgeformt. Alles, den Bau selbst, die gärtnerischen Anlagen, die Möbel, die Stoffe, die Teppiche, die Beleuchtungskörper, die Beschläge, selbst die Türgriffe hat er erdacht und entworfen, genau so wie er auch alle Bilder und Kunstgegenstände selber ausgesucht hat. Kurzum, er hat auch dieses Haus selbst gestaltet. [...] Karinhall ist kein Wochenendsitz – dieser Waldhof ist eine Lebensnotwendigkeit für den Arbeitsmenschen Hermann Göring, es ist seine Werkstatt. Der Ministerpräsident hat Pflichten wie jeder andere. Eine Pflicht aber hat er zuvörderst zu erfüllen, nämlich die, seine Kraft und Stärke dem Führer und dem Reich zu erhalten. Aus dieser Verpflichtung heraus ist er Baumeister in der Schorfheide geworden.«[3]

Diese Darstellung entsprach allerdings lediglich dem Trugbild, das Göring von sich selbst hatte und vorzugeben suchte, mit der Wirklichkeit hatte es nur insofern etwas gemein, daß Göring sich als Baumeister fühlte und entsprechend aufführte.

In zwei jungen Bauräten der Staatlichen Bauverwaltung für Sonderaufgaben in Berlin, Friedrich Hetzelt und Hermann Tuch, fand Göring geeignete Architekten, die seine Ideen in die Realität umzusetzen vermochten und gleichzeitig die Baumaßnahmen mit höchster Eile vorantrieben. Beim Bau wurde mit den

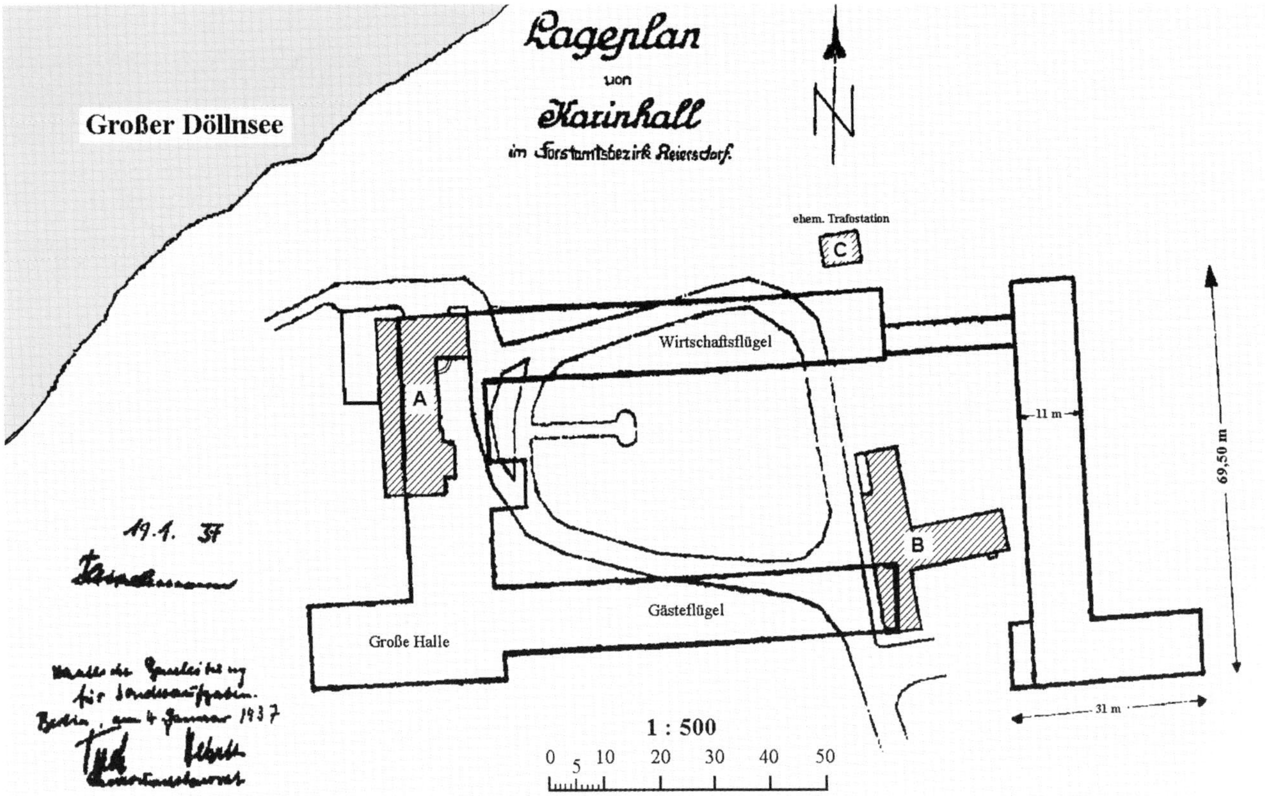

1936/37 wurde Carinhall erheblich erweitert. Der Plan zeigt die Lage der ursprünglichen Gebäude (A: Jagdhaus, B: abgerissene Adjutantur, C: Trafostation) und die vormaligen Zufahrtswege in bezug zu den Neubauten.

besten Materialien gearbeitet, die zur damaligen Zeit erhältlich waren. Es dürfte schon den Zeitgenossen reichlich schwer gefallen sein, in ihnen die offiziell propagierte »gemessene Zurückhaltung und Schlichtheit«[4] zu erkennen. Göring hatte auf die erforderlichen Geldmittel nur wenige Gedanken zu verschwenden, da Hitler selbst den Befehl gegeben haben soll, Carinhall zu einem Sommerpalais auszubauen, und die Kosten dafür »auf seinen ausdrücklichen Befehl vom Staate getragen« werden sollten.[5]

Als Bauherr kümmerte sich Göring wenig um die einvernehmlich mit ihm aufgestellten Planungsvorgaben und verzögerte den Fortgang der Arbeiten ständig mit Sonderwünschen. Er schreckte selbst davor nicht zurück, gerade erst plangerecht erstellte Gebäudeteile einreißen und in abgeänderter Weise wieder aufbauen zu lassen. Dennoch gelang es den beiden Bauleitern, auch die ausgefallensten Wünsche Görings zu befriedigen und die in Tag- und Nachtschicht am Bau beschäftigten Arbeiter zu Höchstleistungen anzutreiben.

Bereits am 11. Dezember 1936 wurde Richtfest gefeiert. Dazu hatte der Hausherr 540 Personen, hauptsächlich Arbeiter aller am Bau beteiligten Gewerke, zur Richtfeier auf das Baugelände und anschließend in den Saal der Gastwirtschaft Braune (heute: Gaststätte »Schorfheide«) nach Groß Schönebeck eingeladen.

Sieben Monate später hatten Architekten und Bauarbeiter ihr Werk vollendet. Vom 5. bis 19. Juli 1937 wurde das Umzugsgut in 15 großen Lastwagen samt Anhängern von derselben Transportfirma wie im Jahr zuvor in das »neue« Carinhall gebracht und der Neubau bezogen. In Anwesenheit zahlreicher Gäste fand am 20. Juli die offizielle Einweihungszeremonie mit Schlüsselübergabe statt.

Das neue Anwesen

Der »Waldhof« Carinhall, wie Göring das neu entstandene Anwesen fortan bezeichnete, war ein gewaltiger zweigeschossiger Mittelbau, der von zwei langen Seitenflügeln flankiert wurde. Zum Hauptgebäude führte ein mächtiges Portal, dessen Vorbau mit einer begehbaren Dachterrasse etwa sieben Meter in den Innenhof hineinragte. Zu beiden Seiten dieses Portals lagen zwei Rothirsche aus Bronze, die der Berliner Bildhauer Harry Christlieb gegossen hatte. Wenn Göring in Carinhall weilte, wehten von zwei Fahnenmasten links und rechts auf der Dachterrasse die Standarten des Oberbefehlshabers der Luftwaffe[6] und die des Reichsjägermeisters[7], die im Juli 1940 durch die Standarte des Reichsmarschalls ersetzt wurde.

Den zentralen Bereich des Innenhofes bildete eine von Rosensträuchern umsäumte Rasenfläche, in deren Zentrum ein rechteckiger Seerosenteich angelegt war. Hier war anfänglich die Bronzestatue »Reitende Amazone« des Münchener Malers und Bildhauers Franz von Stuck aufgestellt, die später gegen den ebenfalls aus Bronze gegossenen »Florenzer Porcellino« ausgetauscht wurde, einen dem Original aus den Uffizien in Florenz nachempfundenen liegenden Keiler. Ein überdeckter Bogengang, gestützt von mächtigen Eichenbalken, schloß an der Ostseite das Rechteck um den großen Innenhof.

Alle Gebäudedächer waren etwa 30 Zentimeter dick mit Reet gedeckt. Rundherum war der riesige Gebäudekomplex von einem kunstvoll gepflegten Park umgeben, in dem überall lebensgroße Tier- und Menschenstatuen standen.

Der Wirtschaftsflügel

Die beiden Seitenflügel, die den Innenhof links und rechts umschlossen, verfügten über mehrere separate Zugänge, die über eine überdachte, zum Innenhof hin gelegene Galerie betreten werden konnten. Der rechte Flügel (Nordseite) erhielt die Bezeichnung Wirtschaftsflügel. Dieser war vom Innenhof her über einen Flur zu betreten, der sich an der Hofseite entlang durch den gesamten Gebäudetrakt zog und von dem man in alle übrigen Räume gelangte. Im Erdgeschoß befanden sich sechs Zimmer sowie zwei große Kasinos, Speisezimmer und Aufenthaltsräume für die Bediensteten des Waldhofes.

Die Architekten Hetzelt und Tuch bei der Schlüsselübergabe an Göring am 20. Juli 1937.

Von den Kasinos aus gelangte man in eine der beiden Küchen, die wie eine moderne Hotelgroßküche eingerichtet war. Hier arbeiteten Görings Koch, Fedor Rathmann, und seine fünf Gehilfen sowie einige Küchenmädchen. Ein Lastenaufzug verband die Küche mit den darunter liegenden Vorrats- und Kühlräumen. Neben der Küche lag eine kleine Anrichte, dahinter das Kleine Speisezimmer (90 Quadratmeter) mit einer Tafel für etwa 20 Personen. Durch die Fenster aller Räume in diesem Flügel blickte man auf den Großen Döllnsee. Aus dem Kleinen Speisezimmer wiederum gelangte man in den Wintergarten (68 Quadratmeter), in dessen Mitte ein kleiner Springbrunnen mit Goldfischen stand. Hier empfing

Oben: Im Innenhof gab es einen Seerosenteich, in dessen Mitte eine »Reitende Amazone« stand. Rechte Seite oben: Blick vom Hauptportal in den Innenhof, rechts der Gästeflügel, links der Wirtschaftsflügel. Unten: Blick zum Hauptportal.

Emmy Göring gewöhnlich ihre Gäste zum Damenkränzchen.
Im Kellergeschoß des Wirtschaftsflügels gab es neben mehreren Wirtschaftsräumen, den Kühlzellen und Vorratslagern für Lebensmittel auch eine altdeutsch eingerichtete Trinkstube (51 Quadratmeter) und eine zur Hofseite hin gelegene moderne Kegelbahn, die von Göring und seinen Gästen oft genutzt wurde. Mit wenigen Handgriffen konnte diese Kegelbahn zu einem Schießstand für Kleinkaliber-Waffen umgebaut werden. Vor dem Übergang in den Keller des Mittelbaus lag ein großer Gymnastikraum (64 Quadratmeter) mit verschiedenen Sportgeräten, die ein Geschenk der Kosmetikfabrikantin Elizabeth Arden waren.[8] Hier konnte Göring unter anderem auf einem mechanischen Reitsimulator trainieren, der mit Hilfe eines Elektromotors alle Gangarten eines Pferdes nachzuahmen vermochte. Dieser Sportraum wurde durch ein Schwitzbad und eine Sauna ergänzt, die schon unter dem alten Carinhall lagen.
Ganz in der Nähe dieser Räumlichkeiten befand sich ein Löwenzwinger (elf Quadratmeter), der von den Hausangestellten »stets peinlich sauber gehalten werden mußte«[9]. Hier war die Attraktion von Carinhall untergebracht – junge Löwen, von denen Göring, darin ein wirklich »fanatischer Tierfreund«[10], bis 1940 nacheinander sieben Stück großzog und sie, ehe sie ausgewachsen waren, an Tierparks abgab.

Oben: Hauptportal mit Fahnenmasten und Bronzehirschen. Unten: Südseite des Gästeflügels, rechts: Adjutantur.

Oben: Der »Florenzer Porcellino«. Unten: Blick vom Balkon »Alt-Carinhalls«, rechts: »Reitende Amazone«.

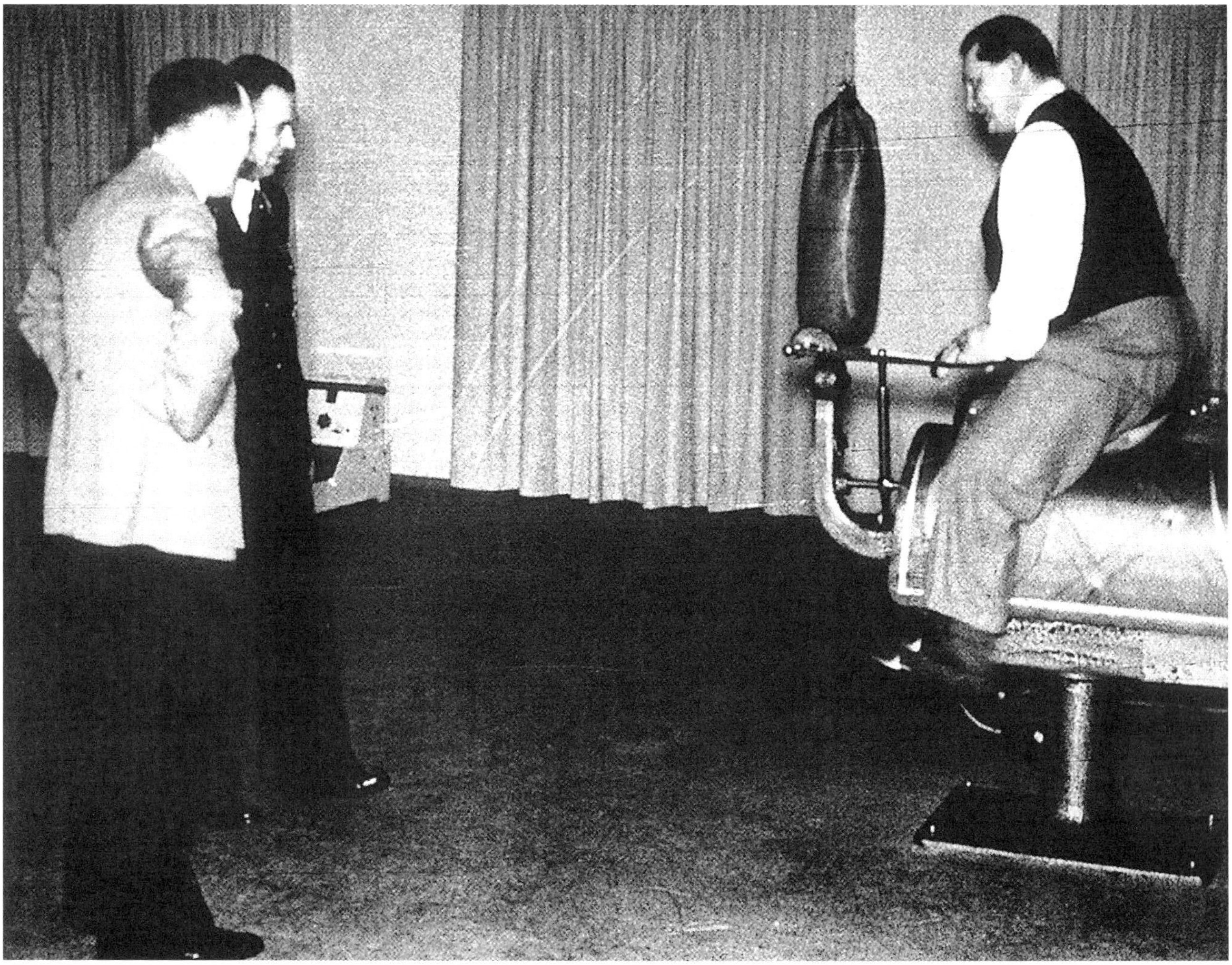

Oben: Am 2. Oktober 1937 »durften« Hitler und sein Adjutant Julius Schaub im Gymnastikraum dem »zweiten Mann« bei seinen Leibesübungen auf dem mechanischen Pferd zuschauen.
Rechte Seite: Beim Spiel mit der elektrischen Eisenbahn auf dem Dachboden, zusammen mit Neffe Klaus.

Außerdem stand ihnen auch ein Freigehege zur Verfügung, das der Hausherr schon 1935 westlich des Jagdhauses hatte errichten lassen, wobei die Löwen sich jedoch meist frei auf dem Gelände bewegen konnten. Ebenso gab es im Obergeschoß des Hauptgebäudes, nahe den Schlafzimmern der Görings, einen Raum, in dem die Löwen verwahrt werden konnten. Auch auf seine Reisen, sei es zur Jagd in den Reichsjägerhof Rominten oder in sein Haus auf dem Obersalzberg, nahm Göring die jungen Raubkatzen mit.

Im großzügig ausgebauten Dachgeschoß des Wirtschaftsflügels (zur Ostseite hin) befand sich der Spielboden, wo die riesige Anlage der elektrischen Modelleisenbahn Görings stand. »Hundert Quadratmeter ist die Anlage groß, das Schienennetz ist insgesamt 600 Meter lang«, erklärte Göring dem japanischen Außenminister Yosuke Matsuoka.[11] Kaum einem der zahlreichen Gäste in Carinhall gelang es, während seiner Besichtigungstour durch das Haus an dieser Eisenbahn vorbeizugehen. Dabei soll die Begeisterung Görings als »Eisenbahner« zumeist auch

22

In Görings Schlafzimmer, das von dem seiner Frau getrennt war, hing ein lebensgroßer weiblicher Akt.

auf seine Gäste – beispielsweise den britischen Botschafter in Berlin, Sir Neville Henderson, Mussolini und Italiens Außenminister Graf Ciano – übergesprungen sein. Selbst der Herzog von Windsor ließ es sich bei seinem Besuch 1937 nicht nehmen, Züge, die Göring in seinem Spieleifer entgleist waren, auf Zehenspitzen inmitten der Anlage wieder auf ihre Schienen zu stellen.[12] Sogar Hitler besichtigte die Modelleisenbahn, als er am 2. Oktober 1937 zusammen mit seinem Adjutanten Julius Schaub zu einem kurzen Besuch in Carinhall weilte.[13]

Der Spielboden schloß mit einem Abstellraum und dem Treppenhaus ab. Nach Westen daran anschließend befanden sich die Wohnräume von Görings Kammerdiener Robert Kropp (65 Quadratmeter), ein Radiozimmer (15 Quadratmeter), das Kartenzimmer (26 Quadratmeter), ein kleineres Arbeitszimmer Görings (39 Quadratmeter) und das Vorzimmer der Jagdgalerie (118 Quadratmeter), die sich bereits im Obergeschoß des Mittelbaus befand. Diese lag zwischen der Dachterrasse des Eingangs und dem Übergang des Wirtschaftsflügels in den Mittelbau und war vom Erdgeschoß über eine breite Treppe erreichbar. Durch vier große Fenster konnte man in den Innenhof hinunterblicken. Fresken mit Ornamenten und Jagdmotiven zierten die in mehrere Segmente aufgeteilte Gewölbedecke. An den Wänden hingen Jagdtrophäen, die im Verlauf der Jahre 1942/43 durch in mehreren Reihen übereinander hängende Gemälde ersetzt wurden.

Von hier aus gelangte man in die Privaträume Görings und seiner Familie. Zur Westseite hin lagen

Toilette, Bad, Garderobenräume und Ankleidezimmer des Hausherrn, denen sich sein Schlafzimmer (Gartenseite) mit einem Himmelbett anschloß, über dessen Kopfende der lebensgroße weibliche Akt »Europa« hing.[14] Daneben, durch eine dick gepolsterte Schiebetür getrennt, befand sich das Schlafzimmer Emmy Görings (beide je 33 Quadratmeter). Vor diesen Räumen bezogen zur Nacht Wachsoldaten »Schlafzimmerposten«, die Filzpantinen über ihren Stiefeln tragen mußten, damit ihre Schritte keinen Lärm verursachten.[15] An das Schlafzimmer von Emmy Göring schlossen sich deren private Gemächer und Wohnräume (150 Quadratmeter) an. Görings Schlafzimmer gegenüber, zur Hofseite hin, lag das Frühstückszimmer (35 Quadratmeter), von dem man auf die Dachterrasse über dem Eingang gelangte.

Der Mittelbau: Große Galerie und Große Jagdhalle

Dominierender Gebäudeteil des Waldhofes war jedoch der mit seiner Front nach Westen ausgerichtete Mittelbau. Aus dem Wintergarten im Erdgeschoß betrat man eine kleine Vorhalle (40 Quadratmeter), die geradeaus in das alte Carinhall führte. Der Giebel des Hauptgebäudes, in dessen nordwestlicher Ecke die Jagdhütte integriert worden war, hatte mit über 17 Metern fast die doppelte Höhe des alten Blockhauses, dessen Grundfläche nunmehr einen verschwindend geringen Anteil an der überbauten Gesamtfläche des Anwesens ausmachte. Es gab aber kaum einen Gast, der bei einer Besichtigung vom Hausherrn nicht auch durch die ehemalige Jagdhütte geführt wurde. Aus der alten Jagdhalle des Blockhauses war das Prunkzimmer eines reichen Jägers ge-

Die Große Galerie glich einem Museum. Hier hingen riesige Gobelins und Gemälde Alter Meister.

Neben Jagdtrophäen hingen und standen in der Großen Jagdhalle zahlreiche Kunstwerke. Hinter dem Holzgitter über dem Kamin war eine Orgel verborgen, die vom Obergeschoß aus bespielt werden konnte.

worden – eingerichtet mit neuen, nach Maß gefertigten Möbeln, kostbaren Fellen, großen Gemälden, schweren Teppichen und prachtvollen Jagdtrophäen. Wo sich einst das Arbeitszimmer und die Schlafnische Görings befunden hatten, durchschritt man jetzt »ein kleines, völlig zeitechtes Zimmer Tiroler Gotik, geschmückt mit wundervollen gotischen Kunstschätzen«[16]. Dahinter lag ein Balkon, der den Blick zum Döllnsee freigab.

Ging man von der Vorhalle im Erdgeschoß nach links, gelangte man in die etwas tiefer liegende Große Galerie. Sie verlief quer durch den Mittelbau, war 34 Meter lang und fünf Meter breit. Auf dem Boden aus kostbaren Marmorplatten lag auf gesamter Länge ein wertvoller Teppich. Rechts hingen, in mehreren Reihen übereinander, zahlreiche Gemälde alter Meister und riesige Gobelins, die zum Teil speziell für diese Wände angefertigt worden waren. Die Große Galerie glich einem Museum; selbst ein mittelalterlicher Chorstuhl hatte neben antiken Amphoren und Marmorbüsten darin einen neuen, wenn auch unpassenden, Platz gefunden.

Die hohe Fensterfront links dieser Galerie, die den Blick in den Innenhof freigab, wurde durch das Hauptportal unterbrochen, in dessen Eingangsbereich zu beiden Seiten kleine Garderobenräume untergebracht waren. An der Westseite der Großen Galerie lagen zwischen zwei Treppenaufgängen die

Zum Garten hin verfügte die Große Jagdhalle über ein Fenster, das sich per Knopfdruck versenken ließ. Göring wollte hier offensichtlich mit Hitlers Panoramafenster im »Berghof« auf dem Obersalzberg konkurrieren.

Bibliothek (80 Quadratmeter), das Arbeitszimmer Görings (96 Quadratmeter) sowie ein achteckiger Vitrinenraum (18 Quadratmeter), in dessen in die Ecken eingelassenen Wandschränken der Hausherr seine zahlreichen Ehrenurkunden und Ehrenbürgerbriefe – wie zum Beispiel der Städte Braunschweig, Königsberg und Lübeck – aufbewahrte.[17]

An der südwestlichen Gebäudeecke lag die Große Jagdhalle (288 Quadratmeter), deren nach oben bis in den First offene Decke von einer mächtigen Balkenkonstruktion gestützt wurde, die gleichzeitig die Bedachung dieses Gebäudeteils trug und den gewaltigen Eindruck noch verstärkte, den dieser riesige Raum dem Betrachter vermitteln sollte. Der glattpolierte Steinfußboden dieses 24 mal zwölf Meter großen Raumes war weitgehend von schweren Teppichen bedeckt. Außerdem sorgte eine zusätzlich installierte und für damalige Verhältnisse hochmoderne Fußbodenheizung dafür, daß der Hausherr in der kalten Jahreszeit nicht frieren mußte. Wie überall im Haus waren auch hier die Wände mit Kunstwerken überhäuft: Zwischen den obligatorischen Jagdtrophäen hingen wertvolle Gemälde und Gobelins. Die Halle war mit Sitzgruppen aus Brokat und Leder sowie runden Couchtischen und hohen Stehlampen möbliert, die so massiv waren, daß man mit ihnen »einen Stier hätte erschlagen können«[18], wie Dolmetscher Schmidt bemerkte. Allein der Wert der hier

Oben: Wintergarten im Wirtschaftsflügel mit Springbrunnen. Unten: Jagdgalerie im Obergeschoß.

Oben: Kleines Speisezimmer im Wirtschaftsflügel. Unten: Musikzimmer im Gästeflügel.

Auch in Görings bis 1940 genutztem Arbeitszimmer herrschte der Prunk vor: Gobelins, schwere Teppiche und massive Möbel bestimmten das Interieur, rechts die Tür zum Vitrinenraum.

und in der Großen Galerie aufgehängten Gemälde belief sich auf rund 290 000 RM.[19]
Zum Garten hin blickte man durch ein 6,50 Meter breites und 3,80 Meter hohes Fenster[20], das sich auf Knopfdruck elektrisch nach unten senken ließ, um völlig in der Fensterbank zu verschwinden. Göring wollte hier offensichtlich Hitlers Panoramafenster im »Berghof« auf dem Obersalzberg Konkurrenz machen.[21] An der dem Fenster gegenüberliegenden Seite der Halle standen wuchtige Ledersessel vor einem großen offenen Kamin, über dem – von einem schweren Holzgitter verdeckt – eine große Orgel stand, die vom Obergeschoß aus gespielt werden konnte. Diese Halle, in der Göring seine Gäste zu empfangen pflegte, bildete den Abschluß des Mittelflügels nach Süden hin, wo es einen gesonderten Eingang gab.

Der Gästeflügel

Im linken Seitenflügel auf der Südseite befanden sich zwölf Zimmer, in denen Göring seine zahlreichen Besucher unterbrachte und die er nach ihm wichtigen Orten benannt hatte: So zum Beispiel »Pait«, wie seine Jagdhütte in der Elchniederung/Ostpreußen hieß, und »Weimar«, wo er 1932 seine Frau Emmy kennengelernt hatte.[22] Diese wurden von den

Berlin–Carinhall

Bei Feuer in Carinhall sofort anrufen:

Hausapparat 218

(Hausfeuerwehr)

Bei Krankheit oder Unfall

nächstes Krankenhaus:

Kreiskrankenhaus Templin

Anruf: Templin 381

oder

Krankenhaus Eberswalde

Anruf: Eberswalde 30 65

Wohnhaus
Generalfeldmarschall
Carinhall

Wirtschaftsflügel
Gästeflügel
Carinhall

Nebengebäude
Carinhall

Bereitschaftshaus
Carinhall

Häuser Döllnsee
Wohnhaus Schade

Wirtschaftsflügel

Küche	5 156
Küche über Postamt Berlin	27 71 77
Anrichte	5 157
Angestellten-Speiseraum	5 158
Haushofmeister Köhne	5 260
Cilly	5 151
Angestelltenzimmer 1	5 268
Angestelltenzimmer 2	5 269
Angestelltenzimmer 3	5 146

Gästeflügel

Gästezimmer 1 Pait	5 271
Gästezimmer 2 Weimar	5 272
Gästezimmer 3 Rockelstad	5 274
Gästezimmer 4 (Besonderer Gast) Rominten	5 274
Gästezimmer 5 Veldenstein	5 275
Gästezimmer 6 Mauterndorf	5 276
Gästezimmer 7 Röth	5 277
Gästezimmer 8 Berchtesgaden	5 278
Gästezimmer 9 Darß	5 279
Gästezimmer 10 Wenningstedt	5 270
Gästezimmer 11 Hochkreut	5 265
Gästezimmer 12 Riddachshausen	5 263
Frisierraum	5 261

Wirtschaftsflügel
Gästeflügel
Carinhall

Nebengebäude
Carinhall

Bereitschaftshaus
Carinhall

Häuser Döllnsee
Wohnhaus Schade

Seiten aus dem Fernsprechverzeichnis Stabsamt Ministerpräsident Generalfeldmarschall Göring »Von Berlin nach Carinhall« (Stand um 1938).

Jagdhaus am Südufer des Kleinen Döllnsees. Blick vom Gästehaus (1937).

Schwiegereltern Görings bewohnt, wenn Familie Sonnemann aus Hamburg zu Besuch weilte. Auch die beiden Schwestern Görings, Paula Hueber und Olga Rigele, sowie seine Nichte Ilse waren Gäste, die häufig und lange in Carinhall wohnten. Sofern sie nicht im Gästeflügel des Waldhofes selbst untergebracht wurden, standen für Görings Besucher samt deren Begleitung auf einem 42 Hektar großen Gelände am Südufer des Kleinen Döllnsees zusätzlich ein Jagdhaus und ein Gästehaus zur Verfügung, die zeitgleich mit der ersten Erweiterung von Carinhall erbaut worden waren und von dem für Görings Jagdangelegenheiten in der Schorfheide zuständigen Oberforstmeister Willi Schade und seiner Schwester Marianne bewohnt und verwaltet wurden.[23]

An dem zur Ostseite hin gelegenen Ende des Gästeflügels befanden sich ein Friseursalon und eine komplett eingerichtete Zahnstation samt Röntgeneinrichtung, die von Feldwebel Riedmann, einem Dentisten, betreut wurde. Görings Zahnarzt war der in Berlin praktizierende Professor Dr. Hugo Blaschke, zu dessen Patienten neben Heinrich Himmler, Joachim von Ribbentrop, Robert Ley und Martin Bormann auch Adolf Hitler und Eva Braun zählten.[24] Neben der Zahnstation lagen die Ordinationsräume von Görings Leibarzt, Dr. Ramon von Ondarza.

Im Obergeschoß des Gästeflügels, zum Mittelbau hin gelegen, wurden nach ihrer Geburt im Juni 1938

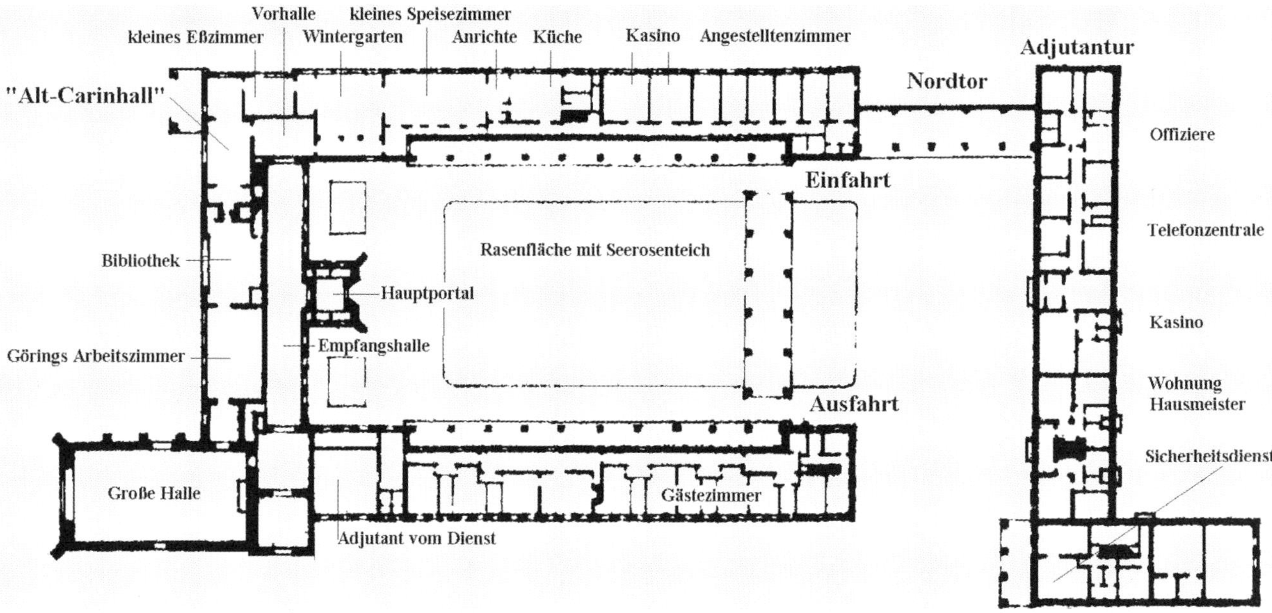

Aufteilung der Räume im Erdgeschoß des Waldhofes (1937–1939).

die Zimmer für Görings Tochter Edda eingerichtet. Das Mädchen verfügte über mehrere Räume, die mit weißen Schleiflackmöbeln ausgestattet waren; ihr großes Spielzimmer glich aber eher einer Spielzeugausstellung als einem Kleinkinderzimmer.[25]

Daneben lagen die Räume ihres Kindermädchens Martha Mäder[26] und einer Zofe Emmy Görings. Auch die persönliche Krankenschwester des Hausherrn, Schwester Christa Gormanns, hatte hier ihre Wohnräume. Außerdem gab es ein Zimmer mit Blickrichtung auf die Gruft, das ganz im Andenken Carin Görings eingerichtet und ausgestattet war. Hier wurden all die Erinnerungsstücke aufbewahrt, die ihr einst gehört hatten.[27]

Im Kellergeschoß des Gästeflügels befand sich ein Kinosaal (103 Quadratmeter) mit 50 Sitzplätzen, der von den Hausbewohnern zur allabendlichen Entspannung gern in Anspruch genommen wurde. Auf einer Empore im hinteren Bereich dieses Saales standen neben kleinen Beistelltischen mehrere schwere Sessel, die ausschließlich dem Hausherrn, seiner Frau und seinen Ehrengästen vorbehalten waren. Göring pflegte den Saal stets als letzter zu betreten. Dabei trug er meist einen seiner langen Hausmäntel aus Seide oder Brokat und grüßte, während er die Sesselreihen entlang zu seinem Platz schritt, die Anwesenden mit seinem Marschallstab.[28] Die *Wochenschau* wurde in Carinhall nicht gezeigt; Göring bevorzugte Abenteuer- und Spielfilme.[29]

Vom Kinosaal mit seinen drei Vorführ- und Apparateräumen abgesehen, war der Gästeflügel nicht unterkellert, sondern lediglich durch einen 1,60 Meter breiten und 2,25 Meter hohen, begehbaren Versorgungskanal mit der Adjutantur verbunden, durch den neben Stromleitungen auch die Warmwasserrohre verliefen, die die Radiatoren und die Fußbodenheizung des Waldhofes versorgten.

Adjutantur und Luftschutzbunker

In östlicher Richtung gegenüber dem Haupthaus, quer zu den Seitenflügeln verlaufend, lag der L-förmige Bau der Adjutantur. Im Zuge des Umbaues war auch die alte Adjutantur abgerissen und durch ein wesentlich größeres Gebäude ersetzt worden. Im Erd- und Obergeschoß hatten, entsprechend der Ämtervielfalt Görings, die verschiedenen Arbeitsstäbe und diensthabenden Offiziere seines Stabsamtes, der neue Hausmeister des Waldhofes, Richard Schulz, und dessen Bruder Willi, Görings persönlicher Chauffeur, sowie die anderen Kraftfahrer ihre

Wohn- und Arbeitsräume. Hier befand sich auch die Telefonzentrale und Fernschreibstelle von Carinhall. Nebenan hatte der Reichssicherheitsdienst (RSD), ein Kommando der Kriminalpolizei zum Schutz der Familie Göring, seine Diensträume.[30] Im Obergeschoß gab es einige Zimmer, in denen Angehörige des Hauspersonals übernachten konnten, wenn sie länger arbeiten mußten, weil Göring Gäste hatte.[31] Im Keller befanden sich Maschinen- und Heizräume, Wasch- und Trockenräume sowie ein Weinkeller mit Probierstube und eine Tischtennisplatte.

Göring, der bekanntlich Meier heißen und »einen Besen fressen« wollte, wenn jemals feindliche Flieger in den deutschen Luftraum eindringen sollten, glaubte seinen vollmundigen Phrasen selbst am allerwenigsten. So gab es für das Personal Carinhalls bereits zu diesem Zeitpunkt Luftschutzräume unter der Adjutantur sowie den etwa 60 Meter nordöstlich davon gelegenen »Pilzbunker«[32], zu dem ein unterirdischer Gang von hier aus führte. Als die deutsche Wehrmacht am 1. September 1939 in Polen einmarschierte, veranlaßte Göring, daß seine Frau aus ihren Wohnräumen in die Adjutantur umquartiert wurde, damit sie notfalls einen kürzeren Weg zum »Pilzbunker« gehabt hätte.[33] Vier Wochen später ließ er – ausschließlich für sich und seine Familie – auf der Westseite des Waldhofes, vor der großen Wohnhalle, einen unterirdischen Luftschutzbunker erbauen. Der Auftrag für dessen Errichtung wurde am 1. Oktober 1939 – wie die übrigen Baumaßnahmen in Carinhall – von der Staatlichen Bauverwaltung für Sonderaufgaben an die Baufirma Philipp Holzmann

Soldaten des Wachzuges aus dem Regiment General Göring an der Westseite der neuen Adjutantur (1937).

Für das Personal war der »Pilzbunker« gedacht, er diente aber vorwiegend als Kunstdepot (Aufnahme um 1950).

vergeben – mit der Maßgabe, die erforderlichen Arbeiten in Tag- und Nachtschicht durchzuführen und den Bunker »bis spätestens 15.12.1939 fix und fertig zu übergeben«[34]. Daß bereits vor der offiziellen Auftragserteilung rund um die Uhr gearbeitet wurde, läßt sich dem Eintrag im Kriegstagebuch des Wachregiments vom 20. Oktober 1939 entnehmen: »Wegen Bau eines Luftschutzkellers ist Westseite des Waldhofes bei Nacht beleuchtet. Bei Fliegeralarm wird Beleuchtung zentral von der Flugwache ausgeschaltet.«[35] Die von der Staatlichen Bauverwaltung für Sonderaufgaben zu tragenden Kosten für den knapp 22 Quadratmeter großen Privatbunker Görings beliefen sich bei Abschluß der Arbeiten auf rund 355 000 RM.[36]
Tatsächlich wurde jedoch nur ein einziges Mal, 1943, Fliegeralarm in Carinhall ausgelöst, dem aber kein Angriff folgte. Der »Pilzbunker« diente in den Jahren 1943 und 1944 daher vor allem als übervolles Depot für Kunstgegenstände und Gemälde.

Die Baukosten

Einen Eindruck von der Größe des neuen Carinhall vermitteln einige beispielhaft herausgegriffene Zahlen aus der Rohbau-Schlußrechnung der Philipp Holzmann AG vom 1. Oktober 1937 über 855 000 RM für Maurer-, Steinmetz- und Zimmerarbeiten.[37] Diesen Unterlagen zufolge verfügte das neu entstandene Haus samt seiner beiden Seitenflügel über 294 einflüglige Innentüren, 13 zweiflüglige Innentüren, zehn zweiflüglige Außentüren, 13 einflüglige Außentüren, 57 Dachfensteraufbauten (Gaupen), 206 Doppelfenster von 1,0 bis 2,3 Meter Breite, ein versenkbares Schiebefenster von 6,5 mal 3,8 Meter (Jagdhalle), 53 einfache Fenster und elf Fenster-Tür-Kombinationen. (In diesem Zusammenhang sei angemerkt, daß einem Stukkateur seinerzeit ein Stundenlohn von 2,22 RM, einem Maurerpolier 2,05 RM, den Maurern und Zimmerleuten 1,62 RM gezahlt wurden.) In den Haushalten des Reichsluftfahrtministeriums und der preußischen Staatsregierung waren für die Erweiterung des Anwesens 15 Millionen RM veranschlagt worden.[38] Laut zweier noch vorhandener Versicherungsscheine, den Gebäudeversicherungen Nr. 147 717 und Nr. 148 389 des Kölner Gerling-Konzerns, Allgemeine Versicherungs-Aktiengesellschaft, für die Zeit vom 29. Dezember 1936 bis 30. Juli 1938 dürfte die Gesamtbausumme dann bei mindestens 2,5 Millionen RM gelegen haben.
Welchen Wertzuwachs Carinhall im Laufe seines Bestehens erfahren hat, läßt sich zum Teil anhand weiterer Versicherungsverträge des Gerling-Konzerns illustrieren: Wurde laut Versicherungsschein Nr. 147 717 vom 6. Januar 1937 für das Objekt »Karin-Hall am See« ab dem 29. Dezember 1936 eine Feuerversicherung in Höhe von zwei Millionen RM abgeschlossen, erhöhte Göring diese Summe mit Wirkung vom 30. Juni 1937 durch die Nachtragsversicherung Nr. 148 389 bereits auf 2,5 Millionen RM. Der zweite Nachtrag vom 1. Juli 1943 zum Versicherungsschein Nr. 153 881 weist den Wert des Waldhofes mit 10,15 Millionen RM aus. Im Schreiben

vom 21. Juni 1944 teilte die Berliner Direktion des Gerling-Konzerns dem »Herrn Ministerpräsidenten Reichsmarschall Hermann Göring« mit, daß Versicherungsverträge für Carinhall in Höhe von bereits 18 643 000 RM zum Ersten des Folgemonats zur Erneuerung kommen.[39]
Durch die umfangreichen Baumaßnahmen in und um Carinhall wurde vor allem die geschützte Natur in unmittelbarer Umgebung des Waldhofes in Mitleidenschaft gezogen. Im weiten Umkreis um seinen Landsitz ließ Göring ab Sommer 1938 breite Waldwege anlegen, auf denen er mit seinen Gästen Kutschfahrten unternahm, um ihnen sein Anwesen zu präsentieren. Im Haushalt der Staatlichen Bauverwaltung schlugen diese Wege- und Straßenbaumaßnahmen mit rund 200 000 RM zu Buche.[40]

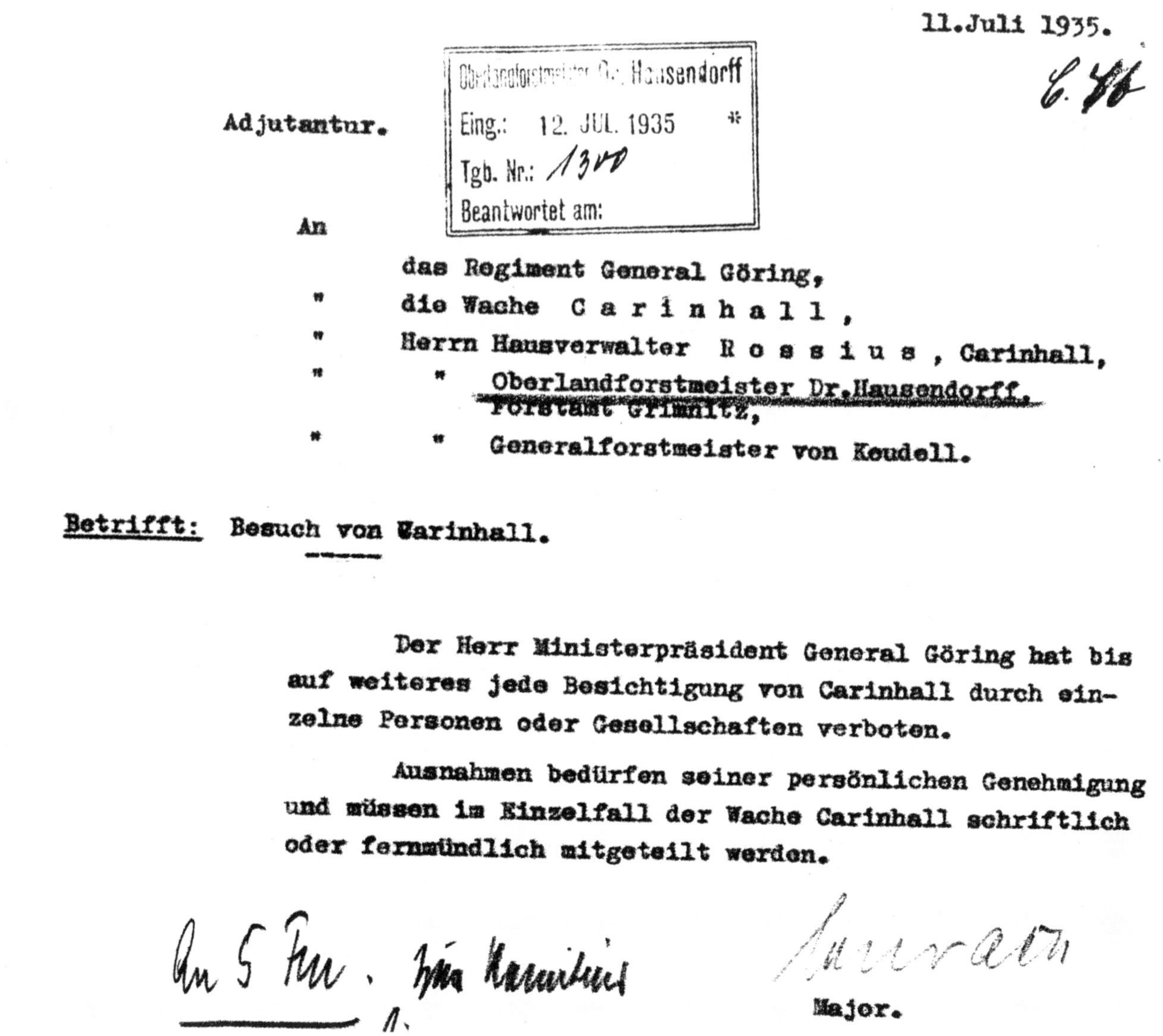

11.Juli 1935.

Oberlandforstmeister Dr. Hausendorff
Eing.: 12. JUL. 1935
Tgb. Nr.:
Beantwortet am:

Adjutantur.

An

das Regiment General Göring,
" die Wache Carinhall,
" Herrn Hausverwalter Rossius, Carinhall,
" " Oberlandforstmeister Dr.Hausendorff, Forstamt Grimnitz,
" " Generalforstmeister von Keudell.

Betrifft: Besuch von Carinhall.

Der Herr Ministerpräsident General Göring hat bis auf weiteres jede Besichtigung von Carinhall durch einzelne Personen oder Gesellschaften verboten.

Ausnahmen bedürfen seiner persönlichen Genehmigung und müssen im Einzelfall der Wache Carinhall schriftlich oder fernmündlich mitgeteilt werden.

Major.

Die Volksnähe des Preußischen Ministerpräsidenten hatte ihre Grenzen. Bald nach Bezug seines Anwesens im April 1934 sorgte Göring per Befehl dafür, daß er nicht von ungebetenen Gästen behelligt würde. Hier ein Beispiel von 1935.

Sicherung und Bewachung von Carinhall

Wenn in zeitgenössischen Darstellungen[1] ein romantisch verklärtes Bild von Carinhall – inmitten der Stille und Beschaulichkeit märkischer Wälder – gezeichnet werden konnte, so hatte dies eine besondere Ursache. Es blieb dem damaligen Leser vorenthalten, daß Göring seinen Landsitz vor ungebetenen neugierigen Gästen weiträumig einzäunen, abriegeln und streng bewachen ließ. Selbst den Waldarbeitern der umliegenden Förstereien ließ Göring verbieten, ihren Familien etwa auf Sonntagsspaziergängen das Jagdhaus zu zeigen. 1939 sorgte er per Erlaß sogar dafür, daß sein Anwesen auf keiner Landkarte eingezeichnet werden dürfte.[2]

Görings »Hausregiment«

1934 oblag die Bewachung noch einigen wenigen Beamten der Landgendarmerie, die in einer Baracke, dem Bereitschaftshaus, am Zufahrtsweg von der Fernverkehrsstraße Berlin – Prenzlau untergebracht waren. Die Stärke der Wachmannschaften und die Art der zu treffenden Sicherungsmaßnahmen richteten sich nach der Anwesenheit des Hausherrn. Nachdem der Landsitz 1936/37 ausgebaut und vergrößert worden war, wurden die entsprechenden Maßnahmen einer gesonderten Bewachungseinheit übertragen – dem Wachbataillon des Regiments General Göring (RGG). SS-Truppen waren in Carinhall dagegen zu keinem Zeitpunkt im Einsatz.

Das Regiment General Göring war ursprünglich als »besondere Polizeiabteilung« gegründet worden, deren Aufstellung Hermann Göring als Preußischer Ministerpräsident mit Erlaß vom 23. Februar 1933 angeordnet hatte. Die nach ihrem ersten Kommandeur, Major der Schutzpolizei Wecke, benannte Polizeigruppe Wecke z.b.V. bestand anfangs aus 418 ausgesuchten Freiwilligen der preußischen Schutzpolizei und war zunächst in der Kaserne des früheren Königin-Augusta-Garde-Grenadier-Regiments Nr. 4 an der Friesenstraße in Berlin-Kreuzberg und später in der Kaserne der ehemaligen Hauptkadettenanstalt in Berlin-Lichterfelde stationiert. Die paramilitärische Polizeigruppe profilierte sich umgehend als harte Eingreiftruppe[3], was bald auch eine Änderung der Ausrüstung sowie ihre Umgliederung zur Folge hatte. Am 17. Juli 1933 wurde der Verband aus der allgemeinen Schutzpolizei herausgelöst, dem Preußischen Ministerpräsidenten unmittelbar unterstellt und in Landespolizeigruppe Wecke z.b.V. umbenannt. Gleichzeitig wurde anstelle der bisherigen blauen Schupo-Uniform eine neue grüne, in Form und Schnitt der Reichswehr ähnliche Uniform eingeführt; wenig später wurden auch die Dienstgradbezeichnungen denen des Heeres angeglichen. Am 12. Januar 1934 erfolgte eine erneute Umbenennung in Landespolizeigruppe General Göring und die Einführung eines am linken Unterarm zu tragenden grünen Ärmelbandes »L.P.G. General Göring«. Oberstleutnant der Landespolizei Jakoby wurde am 6. Juni 1934 Kommandeur dieser Truppe, deren Gliederung, Bewaffnung und Ausrüstung bereits im April 1935 der eines motorisierten Infanterie-Regiments des Heeres entsprachen. Nachdem Göring am 1. März 1935 zum Oberbefehlshaber der Luftwaffe ernannt worden war, wurde das mittlerweile aus 1 856 Polizeibeamten bestehende »Hausregiment« Görings mit Erlaß vom 29. September 1935 in die neu geschaffene Luftwaffe überführt und zum Regiment General Göring umgebildet. Das vollmotorisierte Regiment sollte bald eine Stärke von 108 Offizieren, 2 935 Unteroffizieren und Mannschaften sowie 98 Pferde umfassen. Eine Umkleidung von der grünen Landespolizeiuniform in die blaue Luftwaffenuniform erfolgte aus Kostengründen erst im April 1936. Als einziger Verband der Luftwaffe trugen die Soldaten dieses Regiments nunmehr am rechten Unterarm ihrer Uniformen ein blaues Ärmelband mit der Aufschrift »General Göring« (ab 1943 »Hermann Göring«) und weiße Kragenspiegel, was dieser Truppe die Bezeichnung »Die weißen Spiegel« einbrachte.[4]
Im September 1937 erfolgte die Zusammenlegung und geschlossene Unterbringung aller Einheiten und Verbände des Regiments in einer neu erbauten und

Einfahrt zur Kaserne des Regiments General Göring in Berlin-Reinickendorf mit dem Wappen Hermann Görings (Nachkriegsaufnahme).

vergleichsweise luxuriös ausgestatteten Kasernenanlage in Berlin-Reinickendorf.[5]

In den Folgejahren und während des Krieges, in dem Verbände des Regiments an allen Fronten zum Einsatz kamen, wurde es mehrfach umgegliedert und ständig erweitert: Im März 1942 erhielt es die Bezeichnung Verstärktes Regiment (mot.) Hermann Göring (RHG), wenig später wurde dieses Regiment zur Brigade Hermann Göring erweitert, bevor der Truppenverband nach weiterer Verstärkung am 17. Oktober 1942 in Division Hermann Göring umbenannt wurde. Nach Verlust dieser Division in Tunesien erfolgte im Sommer 1943 eine Neuaufstellung als Panzerdivision Hermann Göring (ab Januar 1944 Fallschirm-Panzer-Division Hermann Göring), die nach Eingliederung weiterer Verbände auf Befehl Görings vom 24. September 1944 zum Fallschirm-Panzer-Korps Hermann Göring (FschPzK) erweitert wurde.

Das Wachbataillon in der Schorfheide

Zu den Aufgaben des Regiments General Göring, die in einem Erlaß Görings vom 29. September 1935 geregelt worden waren, gehörte unter anderem auch »der Schutz des Hauptquartiers des Oberbefehlshabers der Luftwaffe in Krieg und Frieden, der Schutz seiner Dienstwohnung in Berlin und die Wahrnehmung des protokollarischen Dienstes der Luftwaffe in der Reichshauptstadt«[6]. Durch diesen Wachdienst waren die Einheiten bald jedoch so stark belastet, daß noch im selben Jahr eine zusätzliche Wachkompanie, die 15. Kompanie, und 1936 eine weitere, die 16. Kompanie, aufgestellt werden mußten. Bis Kriegsbeginn stellte das Regiment täglich nicht nur die Wachen für das Stabsamt Görings und seine Villa am Leipziger Platz 11 in Berlin, sondern ab 1936/37 auch für seinen offiziellen Wohnsitz, Carinhall, sowie seine jeweiligen Aufenthaltsorte.

Bis Herbst 1939 stellte die Wachkompanie für Carinhall lediglich einen Wachzug, dessen Stärke je nach Anlaß und Sicherheitslage zwischen 40 und 80 Mann betrug. Zunächst wurden diese Wachzüge noch täglich von ihrer Kaserne in Berlin-Reinickendorf mit Fahrzeugen nach Carinhall gebracht. Ihre Unterbringung erfolgte im Bereitschaftshaus, das zuvor die Landgendarmerie genutzt hatte.[7] In diesem L-förmigen Gebäude befanden sich das Wachlokal (Hauptwache) samt Telefonvermittlung, die Feuerwache, Geschäftszimmer, eine Schreibstube, Dienst- und Wohnräume der Offiziere, ein Kasino und die Küche.

Mit Kriegsbeginn änderten sich die Sicherungs- und Bewachungsmaßnahmen rund um den Waldhof entscheidend. Die Wachtruppen verlegten ihren festen Standort von Berlin in ein etwa vier Kilometer vom Waldhof entferntes Quartier, das im Zuge der Erweiterungsarbeiten in Carinhall auf einem etwa zehn Hektar umfassenden Gelände rund um das Bereitschaftshaus entstanden war und einer kleinen Kaserne glich: Hier hatte man Unterkünfte der Soldaten der Wachkompanie, Garagen, Stallungen, ein Wohnhaus für Offiziere und ziviles Personal des Waldhofes und mehrere Wirtschafts-, Versorgungs- und Nebengebäude errichtet. Die Räume von Hausmeister Gustav Schulz und Haushofmeister Köhne befanden sich hier ebenso wie die Wohn- und Auf-

Während Göring über allen erdenklichen Luxus verfügte, ging es auf dem Unterkunftsgelände seiner Wachmannschaften weitaus spartanischer zu, wie die Sanitäreinrichtungen der Fahrerbaracke zeigen.

enthaltsräume der Pferdepfleger und Kutscher, der Beamten des Reichssicherheitsdienstes und der Angehörigen einer Feuerwache, die zum Schutz des Anwesens rund um die Uhr in ständiger Bereitschaft lagen. Hinzu kamen das Krankenrevier, eine Schuhmacherei, eine Schneiderei, eine Tischlerei sowie ein Friseur.

Stallungen und Reiterzug

Mit dem Bau von Carinhall 1933/34 waren auf diesem Gelände bereits die Remisen für Görings Kutschen und die Stallungen der Pferde, die ausschließlich ihm zur Verfügung standen, sowie Wohnräume für das Stallpersonal gebaut worden. Von hier aus unternahm Göring auf seinen Pferden Wotan oder Hanz in Begleitung eines Adjutanten regelmäßig Ausritte in die umliegenden Wälder. Bereits 1935 standen dort vier Reit- und Fahrpferde. In den Folgejahren stieg der Bestand auf zwölf Tiere an, so daß nur wenige Meter entfernt ein wesentlich größeres Gebäude errichtet werden mußte. Nach Görings Ernennung zum ranghöchsten Soldaten der deutschen Wehrmacht am 19. Juli 1940 hieß dieser neue Stall fortan Stall Reichsmarschall. Seine Ausritte hatte Göring zu diesem Zeitpunkt jedoch längst aufgegeben, die Tiere der verschiedenen Rassen und Farben liefen nur noch als Kutschpferde. Kutscher und Pferdepfleger des Stalls rekrutierten sich in der Regel aus Soldaten der Reiterschwadron bzw. des Reiterzuges, hatten ansonsten organisatorisch aber nichts mit diesem Truppenteil zu tun, sondern waren dem Stabsamt Görings unterstellt. Die Unterhaltskosten für den Stall Reichsmarschall wurden dagegen vom Preußischen Staatsministerium getragen.[8]

Einige hundert Meter südöstlich des Unterkunftsgeländes der Wachkompanie, vorbei an der damaligen Försterei Osterloff (heute: Försterei Rarangsee), gab es ab 1943 eine Reitbahn, neue Stallungen, einen Wagenschuppen mit Sattelkammer und die Unterkunft der einzigen berittenen Einheit der Luftwaffe. Als Reiterzug der Schutzpolizei war sie in das spätere Regiment General Göring überführt und 1938 zur einer Reiterschwadron aufgefüllt worden. Vier Tage vor Kriegsbeginn noch zum Schutz des Hauptquartiers der Luftwaffe nach Wildpark-Werder bei Potsdam abkommandiert, erfolgte bereits im November die Auflösung der Reiterschwadron und die Umorganisation in eine Kradschützenkompanie. Eine Reiterstaffel blieb aber weiterhin bestehen. Aus ihr wurden im Verlaufe des Jahres 1940 zwei Reiter-Halbzüge gebildet, die unter der Führung von Oberwachtmeister Wonn beim Reichsjägerhof Rominten bzw. unter Oberwachtmeister Schmook in Carinhall stationiert waren.[9] Zu den Aufgaben dieses Reiterzuges gehörte die Überwachung des Geländes im weiteren Umkreis um die beiden Residenzen Görings und dessen Begleitung, wenn er allein oder mit Gästen Kutschfahrten unternahm oder zur Jagd war.

Oben: Der Reiterzug des Göringschen Wachbataillons beim Ausritt (Winter 1943/44). Unten: Soldaten des Stalls Reichsmarschall in der Kutsche für Görings Tochter (1943).

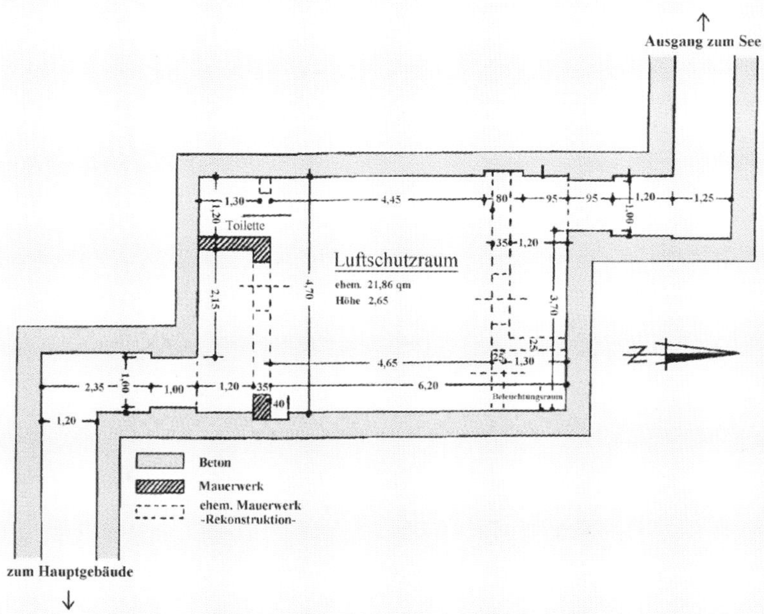

Oben: Görings »Geburtstagskutsche« vor dem Stall Reichsmarschall. Unten: Bunker der Görings (Aufmaß von 1997).

Oben: Berittener Streifenposten der Luftwaffe. Unten: Erdbunker einer Flakmannschaft bei Friedrichswalde.

Absperrung nach außen

Carinhall war von einer Art Sperrkreis umschlossen, in dessen inneren Bereich ausschließlich diejenigen vordringen konnten, die über einen der verschiedenfarbigen Sonderausweise oder zeitlich begrenzten Passierscheine verfügten. Es gab allerdings auch einen kleinen Kreis namentlich erfaßter Zivilpersonen, die auf begründeten Antrag und nach entsprechender Sicherheitsüberprüfung einen solchen Sonderausweis zur Fahrt durch das Gelände, etwa auf den Weg zur Arbeitsstätte und zurück, erhielten. Aus Sicherheitsgründen wurden Ausweise und Passierscheine in unregelmäßigen Zeitabständen erneuert. Tag und Nacht standen bewaffnete Posten der Wachkompanie rund um das Gebäude, dessen Zugänge von Kriminalbeamten des Reichssicherheitsdienstes unauffällig, aber streng bewacht waren.[10] Flak- und Scheinwerfertürme ragten im umliegenden Wald über die Baumwipfel, um Görings Landsitz gegen Luftangriffe zu schützen. Berittene Streifen des Reiterzuges kontrollierten das Gelände im weiten Umkreis.

Carinhall lag auf einer schmalen Landenge, die im Norden durch den Großen Döllnsee und im Süden durch den Wuckersee begrenzt wurde. Der Zugang zum Waldhof war deshalb nur über eine einzige Straße möglich, die vier Kilometer westlich des Waldhofes beim Unterkunftsgelände von der Fernverkehrsstraße 109 abzweigte. Direkt an dieser Abzweigung befand sich ein Tor, an dem der Posten 1 (Dop-

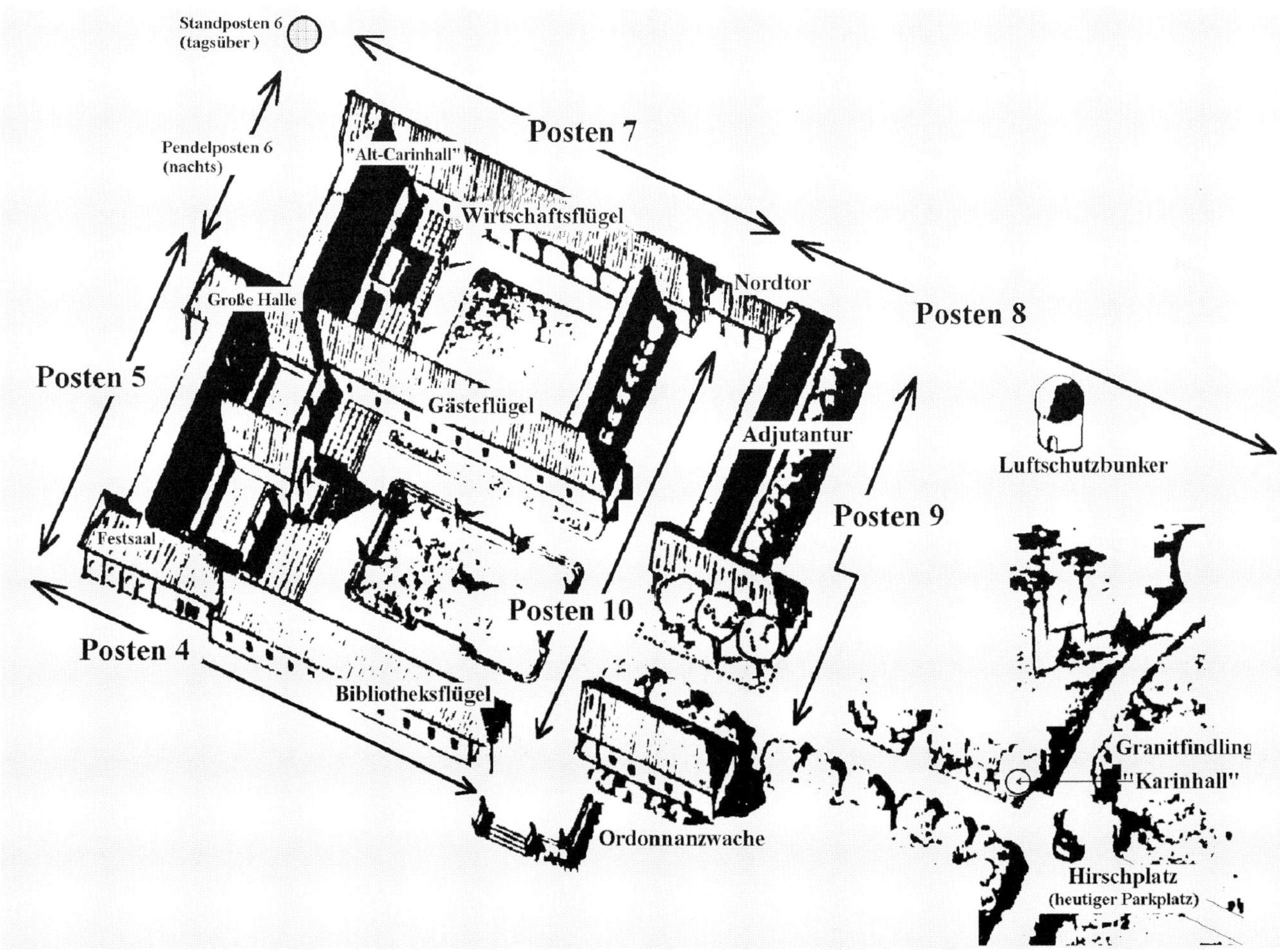

Ab 1937 wurden Gelände und Gebäudekomplex rund um die Uhr bewacht. Standposten 6 wurde wie die Torposten nach drei Stunden abgelöst und hatte sechs Stunden wachfrei, die Pendelposten wechselten im Drei-Stunden-Rhythmus.

Torposten: Posten 1, im Hintergrund das Unterkunftsgelände; das massive Holztor von Posten 2; der eher unbedeutende Posten 3.

pelposten) Wache stand. Ihm oblag die Zufahrtskontrolle. Hatte man den Posten passiert, gelangte man durch das Unterkunftsgelände hindurch auf eine geteerte Straße, die am See entlang zum Anwesen führte. Etwa 700 Meter vor dem Waldhof, an der schmalsten Stelle der Landenge, versperrte ein massives hölzernes Gittertor mit Posten 2 die Weiterfahrt. In den aus Feldsteinen gemauerten Pfosten zu beiden Seiten des Tores befanden sich Unterstände für die Wache. Links und rechts des Tores verlief ein Zaun zu beiden Seeufern, der von Posten 2 a (nach Süden zum Wuckersee) und Posten 2 b (nach Norden zum Großen Döllnsee) zusätzlich bestreift wurde. Über einen im linken Unterstand installierten Telefonanschluß stand der diensthabende Wachposten in ständiger Verbindung mit der Hauptwache und Posten 1. Sämtliche Personen und Fahrzeuge innerhalb des Sicherungsringes wurden registriert und standen unter ständiger Beobachtung.

Wenn Göring bei der Anfahrt die Hauptwache passiert hatte oder aus Carinhall fortfuhr, bekam Posten 2 telefonisch signalisiert, daß er das Holztor zur freien Durchfahrt des Reichsmarschalls und seiner Begleitung zu öffnen hatte. Unmittelbar hinter Posten 2 begann der innere Bereich von Carinhall. Etwa 600 Meter östlich des Waldhofes bildete ein mannshoher Zaun, der schnurgerade vom Südufer des Großen Döllnsees zum Nordufer des Wukkersees führte, die gegenüberliegende Begrenzung des äußeren Sicherungsringes. Ein von Posten 3 bewachter Durchlaß war von eher untergeordneter Bedeutung, da es hier kaum Fahrzeugverkehr gab.

Nachdem Göring 1937 seinen Familienwohnsitz nach Carinhall verlegt hatte, wurden Gelände und Gebäudekomplex unabhängig von der Anwesenheit des Hausherrn nach einem ausgeklügelten System rund um die Uhr von bewaffneten Posten bewacht. Mit einem Omnibus wurde der diensthabende Wachzug von der Unterkunft zum Waldhof gefahren, wo sich die Soldaten bis zur Ablösung nach drei bis vier Tagen in der Ordonnanzwache einquartierten. Dem Wachdienst folgte dann eine viertägige Bereitschaft im Unterkunftsbereich mit Dienst nach Plan. Da die Soldaten ständig damit rechnen mußten, aus der Wachkompanie herausgelöst und einem Frontverband zugewiesen zu werden, wurde großer Wert auf militärische Ausbildung gelegt. Im Wald

Der Holzpanzer zur Ertüchtigung der Wachsoldaten für einen möglichen Fronteinsatz.

nahe der Unterkunft stand hierfür eine Panzerattrappe aus Holz, an der die Soldaten das Anbringen von sogenannten Hohlhaftladungen übten. Wenn nicht dienstliche Angelegenheiten dagegen sprachen, erhielten die Soldaten in regelmäßigen Zeitabständen auch Ausgang in die umliegenden Ortschaften.

Flakschutz, Schein-Carinhall und Flugplatz

Wenige Tage vor Kriegsbeginn ließ Göring Ende August 1939 eine schwere Flak-Batterie seines Regiments mit vier 8,8-cm-Geschützen im Umkreis von mehreren Kilometern Entfernung rund um Carinhall in Stellung bringen; die Mannschaften hausten dabei in getarnten Erdbunkern. Zur gleichen Zeit wurden weitere Geschütze im näheren Bereich des Waldhofes aufgestellt. Etwa auf Höhe des Unterkunftsgeländes, westlich der Fernverkehrsstraße 109, stand auf einem zehn Meter hohen stabilen Holzturm das Geschütz Hauptwache[11]. Außerdem gab es nur wenige hundert Meter vom Waldhof entfernt je drei Flak- und Scheinwerfertürme, die den inneren Sicherungsring zum Schutz des Anwesens gegen Luftangriffe bildeten. Die über Treppen erreichbaren Plattformen der drei stählernen Flaktürme[12] mit Höhen zwischen 16 und 18 Metern ragten nur knapp über die Baumwipfel und waren dadurch getarnt. Direkt neben dem jeweiligen Flakturm befand sich die Unterkunft der sechsköpfigen Geschützbedienung – einfache Holzbaracken ohne fließendes Wasser und Toiletten. Im Gegensatz zu den Flaktürmen waren die Schweinwerfertürme über eine Art Feuerleiter außen am Turm zu erreichen. Wie die Geschützmannschaften war auch die jeweils aus je vier Mann bestehende Scheinwerferbedienung in Holzhütten direkt neben ihren Türmen untergebracht. Jeder der drei Scheinwerfertürme verfügte über ein eigenes Dieselaggregat zur Stromversorgung.

Im Verlauf des Krieges ließ Göring den Flakschutz rund um Carinhall aber noch erheblich erweitern. Zu den bereits bestehenden vier Stellungen kamen fünf weitere hinzu, unter anderem Anfang 1941 der mit 22 Meter höchste Flakturm.[13] Zur Luftbeobachtung waren sämtliche Flaktürme im zweistündigen Wechsel rund um die Uhr mit einem Wachposten besetzt, der im Falle eines Angriffes mittels einer Klingel Alarm auslösen konnte. Die Kommunikation unter den Geschützbedienungen der jeweiligen Türme sowie die Befehlsübermittlung erfolgten ansonsten per Feldtelefon. Neben der Sicherung durch Flak wurden alle Gebäude des Waldhofes zeitweise mit riesigen Tarnnetzen verhängt. Die Hauswände erhielten 1943 einen entsprechenden Anstrich, ebenso die Ziegel, mit denen Anfang 1942 alle Dächer des Waldhofes aus Gründen des Feuerschutzes gedeckt worden waren.

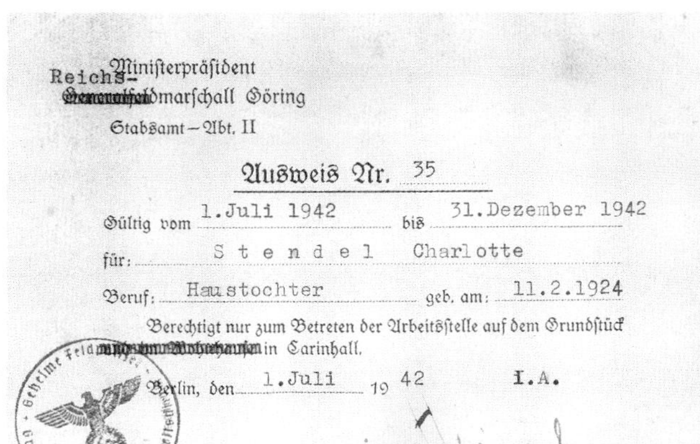

Reichs- Ministerpräsident
~~Generalfeld~~marschall Göring
Stabsamt – Abt. II

Ausweis Nr. 35

Gültig vom 1.Juli 1942 bis 31.Dezember 1942
für: S t e n d e l Charlotte
Beruf: Haustochter geb. am: 11.2.1924
Berechtigt nur zum Betreten der Arbeitsstelle auf dem Grundstück
~~[illegible]~~ in Carinhall.
Berlin, den 1.Juli 1942 I.A.
Kriminalkommissar.
M..

Sonderausweis der Tochter des Gastwirts Stendel, der auf dem Gelände eine Kantine betrieb. Der Ausweis war nach Ablauf unaufgefordert dem Stabsamt zurückzugeben.

Doch damit war Görings Sicherheitsbedürfnis keineswegs befriedigt. Sieben Kilometer nördlich des Waldhofes wurde Carinhall als Potemkinsches Dorf nachgebaut. Dieses Schein-Carinhall lag auf Höhe der kleinen Ortschaft Ahlimbsmühle, westlich von Lübelow- und Libbesickesee. Mit Hilfe von Holzgerüsten, Brettern, Segeltuch, Tarnnetzen und Farbe war diese Anlage dem Waldhof so täuschend echt nachempfunden worden, daß man »schon sehr nah an die ›Gebäude‹ herangehen [mußte], um zu erkennen, daß es nur Attrappen waren«[14]. Alles war vorbereitet, um im Falle eines Luftangriffes den anfliegenden Bomberverbänden auch bei Nacht den Eindruck zu vermitteln, sie hätten Görings Landsitz in den Suchern ihrer Zielgeräte. Eine auf dem Gelände von Schein-Carinhall stationierte kleinere Einheit meist älterer Pioniersoldaten hatte Befehl, nach entsprechendem Alarm mit Hilfe von Pyrotechnik und elektrischem Licht Effekte zu erzeugen, mit denen der Eindruck, die Piloten hätten den Waldhof im Visier, noch verstärkt werden sollte. Einheiten der Luftwaffe mit Flak-Geschützen und starken Suchscheinwerfern waren dort ebenfalls in Stellung gegangen, um im Falle einer Attacke mit ihren Abwehrmaßnahmen die Täuschung zu vervollkommnen.

Der Sorge um den eigenen Schutz, aber auch seiner Bequemlichkeit dürfte außerdem die von Göring verfügte Einrichtung eines Feldflugplatzes südwestlich der Ortschaft Ahlimbsmühle geschuldet gewesen sein. Zu diesem Flugplatz gehörte ein eingeschossiges Funkhaus, das gut getarnt zwischen den Bäumen am Waldrand stand.[15] Hielt sich Göring in Carinhall auf, stand seine rote, dreimotorige »Ju 52«[16], gegen Lufteinsicht unter Tarnnetzen verborgen, nur wenige Meter neben diesem Funkhaus am Waldrand. Seine persönlichen Flugzeugführer, Oberst Ingenieur Hucke und später Oberstleutnant Fechner, sowie mehrere Mechaniker hatten dafür zu sorgen, daß die Maschine ständig einsatzbereit war und mit wenigen Handgriffen auf das freie Feld gezogen werden konnte.

Die bis heute immer wieder zu lesende und zu hörende Behauptung, der Waldhof sei von einem weitverzweigten Bunkersystem unterbaut gewesen, hält sich ebenso hartnäckig, wie sie falsch ist. Richtig ist, daß die einzelnen Gebäudeteile normal unterkellert

Oben: Flakturm. Unten: Unterkunft einer Flak- und Scheinwerfermannschaft am Großen Döllnsee (1940).

Die Anlage Schein-Carinhall zur Täuschung alliierter Bomber: Die Fenster waren aufgemalt, die Dächer unter den Tarnnetzen bestanden aus Brettern. Oben: »Innenhof« mit künstlichen Bäumen.

waren, mit Ausnahme des Gästeflügels, unter dem lediglich ein begehbarer Rohrkanal verlief. Die einzigen Schutzbauten in Carinhall, denen diese Bezeichnung zukommt, waren Görings Privatbunker und der »Pilzbunker«. Außerdem gab es zahlreiche betonierte Unterstände, die für Göring auf der etwa 65 Kilometer langen Strecke Berlin – Carinhall in regelmäßigen Abständen zum Schutz vor Luftangriffen etwas abseits der Straße angelegt worden waren.[17]

Links: »Wirtschaftsflügel«, am Originalgebäude müßte sich links das Nordtor anschließen.

Außenpolitiker Göring – 1937 bis 1939

Der »Anschluß« Österreichs

Görings Passion für den Südosten Europas konzentrierte sich ab Anfang 1937 zunehmend auf den »Zusammenschluß« des Deutschen Reiches mit seinem Nachbarstaat Österreich. Angesichts der wirtschaftlichen Schwierigkeiten im eigenen Land sah der Beauftragte für den Vierjahresplan in der Alpenrepublik mit ihren Rohstoff- und Devisenvorräten ein begehrenswertes Ziel. Göring war überzeugt, daß man die Lösung der Österreich-Frage nunmehr auch in Angriff nehmen könnte. Von offizieller Seite rein völkisch, war Görings Interesse am »Anschluß« nicht nur wirtschaftlich, sondern auch persönlich motiviert, da er durch seinen Paten Epenstein seit frühester Kindheit mit Österreich eng verbunden war. Außerdem war das Land sein Zufluchtsort nach dem gescheiterten Putsch 1923 gewesen, und seine älteren Schwestern, Olga und Paula, waren beide in Österreich mit Rechtsanwälten verheiratet. Besonders die Kontakte, die sich ihm dadurch eröffneten, kamen Göring in den folgenden Wochen und Monaten immer wieder zupaß.

Nach dem Gespräch mit Henderson am 20. Juli 1937 in Carinhall glaubte Göring, sich ein Bild von der Haltung der neuen britischen Regierung machen zu können. Der Botschafter hatte ihn zwar gewarnt, nichts zu überstürzen, gleichzeitig aber seinem österreichischen Kollegen in Berlin, Stephan von Tauschnitz, unverblümt erklärt, daß er »die Selbständigkeitsbestrebungen des Landes, ›das doch genauso deutsch sei wie Deutschland‹, nie recht begriffen habe«[1].

Eine Woche nach Henderson empfing Göring den ehemaligen britischen Militärattaché in Berlin, Major Christie. In aller Offenheit entwickelte er diesem gegenüber die Vision von einem Deutschland, das wirtschaftlich und politisch Mittel- und Südosteuropa schon bald beherrschen werde. Allerdings gab er auch zu, daß man auf dem Weg dorthin Vorsicht walten lassen müsse. Früher sei er diesbezüglich wohl zu ungeduldig gewesen, sehe nun aber ein, daß Großbritannien Rücksicht sowohl auf andere Länder als auch auf die Mitglieder des Commenwealth zu nehmen habe. Woher der Sinneswandel rührte, wurde Christie in dem Augenblick klar, als Göring die »sympathetic attitude« Hendersons lobte und eine etwaige Abberufung des neuen Botschafters als einen Akt der Friedensbedrohung bezeichnete.[2]

Parallel zu den Gesprächen mit den Engländern versuchte Göring, die Haltung Frankreichs zu erkunden. Seine große innere Anspannung blieb François-Poncet nicht verborgen. Bei ihren Begegnungen machte Göring im Sommer 1937 auf den Botschafter den Eindruck eines Mannes, der »zerfressen von Ehrgeiz und Ungeduld, aber gelähmt von dem Kult, mit dem er seinen Führer umgibt, manchmal klardenkend und im nächsten Moment von seinem wilden Temperament fortgetragen, Momente des Zweifels und der Unsicherheit durchlebt, die dann wiederum abgelöst werden von Erregung und Wut. Ich halte ihn durchaus für listenreich und gewitzt genug, um sich je nach Bedarf als Freund des gemäßigten oder als Anhänger des extremen Lagers zu präsentieren, sich aber bis zum Schluß die Entscheidung über seine wahre Haltung vorzubehalten.«[3]

François-Poncet schrieb nach Paris, daß offenbar weder Göring noch Außenminister von Neurath und am wenigsten wohl Hitler selbst in der Lage seien zu erkennen, daß der Ausbruch eines Krieges nicht dadurch verhindert werde, daß man ihn nicht wolle. Der enttäuschte Göring zog daraus den Schluß, daß er nach anderen Mitteln und Wegen suchen mußte, um den Franzosen für seine außenpolitischen Ziele zu gewinnen.

Kurz vor Beginn der Olympischen Spiele hatte Frankreich Paul Stehlin als neuen Luftattaché nach Berlin entsandt. Bei einem Empfang hatte dieser Görings ältere Schwester Olga kennengelernt, die mit dem österreichischen Anwalt und überzeugten NS-Anhänger Franz Rigele verheiratet war. Auf Betreiben ihres Bruders entwickelte sich daraus im Sommer 1937 ein enger persönlicher Kontakt. Stehlin wurde zu einem regelmäßigen Gast, nicht nur im Hause Rigele, sondern bald auch in der Schorfheide.[4]

Göring benutzte Stehlin, um zum einen die Haltung Frankreichs näher kennenzulernen. Zum anderen

gab er über seinen Adjutanten Karl Bodenschatz an den Luftattaché gezielt solche Informationen weiter, daß dessen Berichte über die deutschen Rüstungsanstrengungen Paris verunsichern sollten.
In Wirklichkeit war der Aufbau der Luftwaffe im Sommer 1937 aber ins Stocken geraten.[5] Mangelnde Erfahrung, fehlende Fertigungskapazitäten und ständig wechselnde Planziele hatten dafür gesorgt, daß die Zahl der tatsächlich einsatzbereiten Flugzeuge deutlich hinter den Vorgaben lag. Dies hinderte ihren Oberbefehlshaber, seit dem 20. April 1936 zum Generaloberst befördert, aber nicht daran, sie wie bei Stehlin als Waffe in der psychologischen Kriegführung einzusetzen. Gleichgültig, ob es sich um eine italienische Kommission, eine Abordnung der Royal Air Force oder einen wichtigen Privatmann wie den amerikanischen Ozeanflieger Charles Lindbergh handelte, alle wurden sie von Göring bzw. dessen engsten Mitarbeitern wie Staatssekretär Milch oder Generalluftzeugmeister Udet zuvorkommend empfangen. Bereitwillig führte man die Gäste durch die neuesten Fabriken und Einrichtungen. Auf internationalen Luftfahrtschauen erregten die Leistungen der deutschen Neukonstruktionen großes Aufsehen. Nur die wenigsten Beobachter fragten sich unter diesen Umständen, wie es wirklich um die Anzahl der Flugzeuge und die Einsatzstärke der neuen Luftwaffe bestellt war.[6]
Vor diesem Hintergrund entfaltete Göring im Herbst 1937 neue, hektische Aktivitäten. Nach der Fertigstellung seines Waldhofes in der Schorfheide standen ihm nun je nach Bedeutung seines Gastes und den Zielen, die er mit der Einladung verfolgte, verschiedene Szenarien zur Verfügung. Handelte es sich um einen offiziellen Besuch, bei dem er seine Machtstellung demonstrieren wollte, fiel die Wahl in der Regel auf seinen Dienstsitz in Berlin. In unmittelbarer Nähe zur alten Wilhelmstraße und Hitlers Reichskanzlei hatte er sich am Leipziger Platz mit dem ehemaligen Palais des Preußischen Handelsministers[7], dem Preußischen Herrenhaus, dem »Haus der Flieger« und dem neuen Reichsluftfahrtministerium sein eigenes Reich geschaffen. Wie später in Hitlers Neuer Reichskanzlei hatte der Gast auch bei Göring zunächst einen langen Weg durch endlose Hallen und Korridore zu absolvieren, ehe er in das Arbeitszimmer des Hausherrn gelangte. Die Größe des Raumes und die klobigen Möbel entsprachen Görings Proportionen und verliehen ihm zunächst ein beinahe menschliches Aussehen, wie einer seiner Besucher ironisch meinte. Der geschickt inszenierten optischen Täuschung wurde man sich spätestens in dem Augenblick bewußt, wenn man sich, einer Fliege gleich, auf den riesigen Polstern eines der bereitstehenden Sessel niederließ.[8]
Handelte es sich um einen besonderen Staatsgast, den er unbedingt für sich einnehmen wollte, kam nur das neue Carinhall in Betracht. Hier gab sich Göring als Privatmann, empfing seine Besucher in phantasievoller Aufmachung, die nach seinem Geschmack entworfen worden war. Bevorzugt kleidete er sich wie ein vornehmer Gutsbesitzer und Jagdherr des 18. Jahrhunderts. Das Personal, das während der Mahlzeiten bediente bzw. in Räumen der weitläufigen Anlage auf Abruf bereitstand, trug bei verschiedenen Anlässen historische Trachten oder Uniformen. Entsprechend bizarr war bisweilen der Eindruck, den er auf Gäste machte, wenn er beim Kaffee am Kamin im ledernen Jagdwams und weiter Hemdbluse, mit Schaftstiefeln und einem Dolch in roter Scheide am breiten Gürtel in scheinbarer Leichtigkeit gewichtige politische Fragen anschnitt.[9]
Auch hier spielte die Psychologie eine entscheidende Rolle: Die entspannte Atmosphäre verfehlte ebensowenig ihre Wirkung wie die Gerüchte über die Pracht und den Luxus in der Schorfheide, die bald in aller Munde waren. Erzählungen über die Ausmaße der Anlage selbst und die dort angehäuften Kunstschätze, aber auch die Anekdoten über den Gymnastikraum und das russische Dampfbad, die riesige Modelleisenbahn und nicht zuletzt die Löwenbabys sorgten für endlosen Gesprächsstoff. Das Gerede und die Neugier wußte Göring schon bald ebenso geschickt zu seinen Gunsten zu nutzen wie die verharmlosenden Charakterisierungen als »letzter Renaissancemensch« oder »aufrechter Soldat mit dem Kinderherzen«.
Der erste in der Reihe der Besucher, die Göring im Herbst 1937 in Carinhall empfing, war der österreichische Außenminister Guido Schmidt, von dem er bei ihrem Treffen am 9. September ultimativ eine engere wirtschaftliche Zusammenarbeit forderte. Unter Anspielung auf den zwei Wochen später geplanten Staatsbesuch Mussolinis in Berlin drohte er

Für seine Bibliothek hatte Göring eine Landkarte anfertigen lassen, auf der Österreich bereits Teil des Deutschen Reiches war. Der österreichische Außenminister Schmidt protestierte Anfang September 1937 vergeblich dagegen.

zugleich, daß Österreich von Italien besser keine Unterstützung erhoffen solle. Völlig unbefangen zeigte er ihm bei ihrem Rundgang durch den Waldhof in der Bibliothek eine große Wandkarte, auf der die Grenze zwischen Deutschland und Österreich bereits fehlte. Schmidts Protest wehrte er damit ab, daß er sie so habe anfertigen lassen, wie die politische Landkarte ohnehin bald aussehen werde. Hitler war dieser Ton jedoch entschieden zu scharf. Unmittelbar vor seinem Treffen mit dem »Duce« erklärte er Göring im Beisein von Neuraths, »daß von deutscher Seite aus das österreichische Problem keineswegs in absehbarer Zeit zum Platzen gebracht werde ..., sondern daß man eine evolutionäre Lösung weiter verfolgen«[10] wolle. Doch als Mussolini in seinen Gesprächen mit Hitler zu verstehen gab, daß er einer Politik der »friedlichen Durchdringung« nichts in den Weg legen würde, sah Göring keinen Grund, mit seinen Vorstellungen hinter dem Berg zu halten. Als er den »Duce« am 28. September empfing und ihm in Carinhall dieselbe Wandkarte zeigte, bemerkte Mussolini lediglich, daß die Tschechoslowakei ja wohl zu tief nach Deutschland hineinschneide. Der »Führer« verabschiedete den »Duce« am folgenden Tag mit der bezeichnenden Formel, daß sich »Italien und Deutschland in aufrichtiger Freundschaft und gemeinsamer politischer Zusammenarbeit gefunden«[11] hätten.

Österreich hatte nun für Göring absoluten Vorrang, dem im Zweifel vorerst alles andere unterzuordnen war. Deshalb versprach er dem polnischen Botschafter Lipski, der ihn am nächsten Tag in der Schorfheide aufsuchte, daß er sich in der strittigen Frage der Verabschiedung einer gemeinsamen

Ende September 1937 empfing Göring Italiens »Duce« Benito Mussolini in Carinhall. Ganz links: der italienische Außenminister Graf Ciano, dann Graf Eric von Rosen, zwischen Mussolini und Göring Stabsamtschef Erich Gritzbach.

deutsch-polnischen Erklärung zu Danzig umgehend um eine Lösung bemühen werde.[12]
In London wartete man indes gespannt, wie das Treffen Görings mit Botschafter Henderson bei der Jagd vom 3. bis 5. Oktober in der Rominter Heide verlaufen würde. Doch Göring wich Hendersons Fragen aus und hielt ihm statt dessen einen langen Vortrag, bei dem er im wesentlichen seine früheren Vorstellungen wiederholte: Er berief sich auf das Selbstbestimmungsrecht der Völker und forderte, daß sich Großbritannien in einem bilateralen Abkommen verpflichten sollte, dem Reich bei dem Bemühen um einen »Zusammenschluß« aller Deutschen nicht in den Rücken zu fallen.

Während Chamberlain und sein Außenminister Eden noch über eine Antwort berieten, erhielt Lord Halifax, ein enger Vertrauter des Premierministers, von Göring überraschend einen Brief. Der Reichsjägermeister lud darin den »Master of the Middleton Hounds« ein, zur Internationalen Jagdausstellung Anfang November nach Berlin zu kommen. Über den politischen Charakter des Besuches gab es zwar nicht den geringsten Zweifel, doch vor dem Hintergrund, daß Halifax wenige Wochen später Eden im Amt des Außenministers ablösen sollte, schien es wahrscheinlich, daß Göring entweder von Henderson oder von dem mit Halifax befreundeten Lord Londonderry einen Hinweis erhalten hatte.

Am 20. November 1937 besuchte der künftige britische Außenminister Lord Halifax Carinhall. Bei ihrer gemeinsamen Ausfahrt in die Schorfheide wurde vorwiegend die sogenannte Österreich-Frage erörtert.

Lord »Halalifax«, wie die Berliner damals ulkten, war übrigens nicht der einzige ausländische Politiker, der zu dieser Gelegenheit von Göring eine Einladung nach Berlin erhielt: Auf der Gästeliste fanden sich außerdem Zar Boris III. von Bulgarien, der ungarische Außenminister Graf Kánya, dessen österreichischer Kollege Schmidt, der polnische stellvertretende Außenminister Szembek und das Kronprinzenpaar aus Dänemark. Wenige Tage vor der feierlichen Eröffnung der Ausstellung empfing Göring in Carinhall die Herzogin und den Herzog von Windsor. Die gelöste Stimmung und der harmonische Verlauf des Besuches, bei dem offensichtlich die Bewunderung der luxuriösen Ausstattung des Waldhofes und das Spiel mit der großen Eisenbahnanlage auf dem Dachboden im Vordergrund standen, bildeten einen merkwürdigen Kontrast zu der sonst üblichen politischen Geschäftigkeit.

Ganz anders verlief dann wieder das Treffen mit dem japanischen Botschafter Oshima, der nur vier Tage später, am 18. Oktober, in Carinhall empfangen wurde. Seit der Unterzeichnung des sogenannten Antikominternpaktes am 25. November 1936 war Deutschland mit Japan verbündet. Der bevorstehende Beitritt Italiens, der am 6. November 1937 vollzogen werden sollte, gab der Allianz eine neue Dimension. Mit seinem Angebot einer weitreichenden Zusammenarbeit im Bereich der Luftfahrt-

Der Besuch des ungarischen Ministerpräsidenten Koloman Darányi am 22. November 1937 war von gegenseitigen Sympathiebekundungen gekennzeichnet. Mit Deutschlands Hilfe »holte« sich Ungarn 1938 die Südslowakei »zurück«.

technik wollte sich Göring die japanische Alternative offenhalten, falls seine Bemühungen um Großbritannien tatsächlich fehlschlagen sollten.[13]
Am Abend des 5. November 1937 legte Hitler in einer Besprechung in der Reichskanzlei Reichskriegsminister Werner von Blomberg, dem Oberbefehlshaber des Heeres, Werner von Fritsch, dem Chef der Marine, Admiral Erich Raeder, sowie Göring als Oberbefehlshaber der Luftwaffe und Außenminister von Neurath seine außenpolitischen Pläne und Ziele dar. Sowohl Blomberg und Fritsch wie auch Neurath meldeten Bedenken an, als Hitler seinen Entschluß verkündete, gegen Österreich, die Tschechoslowakei und Polen notfalls mit Gewalt vorzugehen. Göring hielt sich mit Kritik zurück. Doch er registrierte aufmerksam, daß Hitler seinen lange gehegten Wunsch nach einem Bündnis mit Großbritannien ausgerechnet zu einem Zeitpunkt aufgeben wollte, zu dem man sich in London erstmals ernsthaft mit diesem Gedanken auseinanderzusetzen begann.
Am 17. September traf Lord Halifax in der Reichshauptstadt ein, doch obwohl er zwei Tage blieb, war Göring für ihn nicht zu sprechen. Der Besucher reiste daraufhin nach Berchtesgaden weiter, um Hitler Chamberlains Vorstellung von einem »general settlement« darzulegen. Sein Vorschlag, als erstes über die Rückgabe eines Teils der ehemaligen deutschen Kolonien zu diskutieren, kam für Hitler völlig überraschend – und nicht nur für ihn. Göring erkannte, daß man auf britischer Seite seine Zeichen, die von Henderson übermittelt worden waren, nicht richtig zu deuten verstanden hatte. Um den schlechten Eindruck, mit dem Halifax nach Berlin zurückkehrte, möglichst schnell zu verwischen, versicherte ihm Göring bei ihrem Treffen am 20. November in Carinhall, daß Deutschland in der Österreich-Frage keine Gewalt anwenden werde. Kaum war Halifax jedoch abgereist, verstärkte das Reich den wirtschaftlichen Druck auf Österreich. Auch dem amerikanischen Botschafter in Paris, William C. Bullitt, erklärte Göring, daß Deutschland die Österreich-Frage und das Sudentenproblem lösen werde.[14] Den ehemaligen französischen Ministerpräsidenten Pierre-Étienne Flandin fertigte er Ende Dezember bei dessen inoffiziellem Besuch in Berlin mit dem Hinweis ab, daß es sich bei Österreich um eine interne deutsche Angelegenheit handle.[15] Und schließlich lehnte er nach kurzem Zögern auch die Einladung des österreichischen Bundeskanzlers Kurt von Schuschnigg zur Gemsjagd nach Tirol ab.[16]
Statt dessen traf am 15. Januar 1938 der jugoslawische Ministerpräsident Milan Stojadinović in Deutschland ein. Nach bewährtem Muster wurde er von Göring in Carinhall empfangen. Das Programm, das auf Görings Wunsch hin von der Presse groß aufgemacht werden mußte, verzeichnete neben politischen Gesprächen ein Jagdfrühstück, an das sich die Besichtigung militärischer Einrichtungen sowie zu guter Letzt eine große Staatsjagd anschlossen.[17]
Vom 23. bis 26. Februar fuhr Göring zu einem erneuten Besuch nach Polen. Nach Gesprächen mit dem Präsidenten, Marschall Śmigly-Rydz, und Außenminister Beck, in denen Göring die deutschen Interessen in Österreich und der Tschechoslowakei, aber auch im übrigen Südosteuropa absteckte, folgte der obligatorische Abstecher zur Jagd in die Białowieza.[18] Es ließ sich nicht mehr verbergen, daß Göring den geplanten Vorstoß gegen Österreich nach allen nur erdenklichen Seiten abzusichern wünschte.
Am 4. Februar 1938 hatte Hitler Außenminister von Neurath durch Joachim von Ribbentrop, seit 1936 Botschafter in London, ersetzt. Gleichzeitig begann Göring bei Henderson auf eine Stellungnahme Londons zu den deutschen Forderungen nach einer »Vereinigung« Österreichs mit Deutschland zu drängen. Als Henderson daraufhin Göring und am 3. März 1938 schließlich Hitler selbst zu verstehen gab, daß Großbritannien die diesbezüglichen Ansprüche Deutschlands als prinzipiell berechtigt anerkenne, sah Hitler darin ein Eingeständnis englischer Schwäche und Göring einen Freibrief zum Handeln. Per Telefon und mit Hilfe von Arthur Seyß-Inquart, dem Führer der österreichischen Nationalsozialisten, steuerte Göring in der Nacht auf den 12. März 1938 von Berlin aus den Einmarsch deutscher Truppen in Wien. Am 15. März zog Hitler im Triumphzug in die Donaumetropole ein und vermeldete in einer Rede auf dem Heldenplatz »vor der Geschichte nunmehr den Eintritt meiner Heimat in das Deutsche Reich«[19].
In Nürnberg bemerkte Göring 1946, daß er es damals gewesen sei, »der hier das Tempo angegeben hat und sogar über Bedenken des Führers hinweg die Dinge zur Entwicklung gebracht«[20] habe.

Die Zerschlagung der Tschechoslowakei

Zeitgleich mit der Ernennung Ribbentrops hatte Hitler Reichskriegsminister von Blomberg und den Oberbefehlshaber des Heeres von Fritsch entlassen. Göring wiegte sich in der Hoffnung, daß Hitler ihn zum Nachfolger Blombergs machen würde. Doch der entschied anders und übernahm das Amt des Kriegsministers selbst. An die Stelle des Ministeriums trat das Oberkommando der Wehrmacht mit General Keitel an der Spitze, Generaloberst Walter von Brauchitsch wurde zum neuen Oberbefehlshaber des Heeres ernannt. Die eigene Ernennung zum Generalfeldmarschall und damit ranghöchsten deutschen Soldaten war für Göring nur ein schwacher Trost, zumal er selbst am Sturz Blombergs und Fritschs nicht ganz unbeteiligt gewesen war. Der Kriegsminister hatte am 12. Januar 1938 im Beisein von Hitler und Göring ein zweites Mal geheiratet. Als Gerüchte aufkamen, die von einem zweifelhaften Vorleben seiner Frau wissen wollten, war es Göring gewesen, der sie als erster auf kompromittierenden Fotos identifizierte. Ähnlich zielstrebig hatte er sich der Dinge angenommen, als wenige Tage später gegen Fritsch der Verdacht homosexueller Neigungen geäußert worden war: Göring selbst hatte die betreffenden Akten der Gestapo am 24. Januar 1938 Hitler vorgelegt. Drei Tage später erschien Generaloberst Beck, der Chef des Generalstabes, bei Göring in Carinhall in der irrtümlichen Annahme, daß von Fritsch zur Vernehmung dorthin bestellt worden sei. Am 10. Februar beriet sich Göring ebendort mit Admiral Canaris, dem Chef der Abwehr, und General Keitel, da es Anhaltspunkte gab, daß es sich bei den Vorwürfen gegen Fritsch möglicherweise um eine Namensverwechslung handelte. Göring übernahm die Leitung des Militärgerichtsverfahrens, dessen Anklage durch seine Vernehmung des Kronzeugen zum Einsturz gebracht wurde. Doch trotz Freispruch blieb es bei der Abberufung, Fritsch wurde öffentlich nie rehabilitiert.

Göring hatte in dem Moment das Interesse an dem Verfahren verloren, als feststand, daß Hitlers Entscheidung gefällt war und ihm mit der gefundenen Lösung in Keitel kein neuer Konkurrent erwachsen würde. Statt dessen widmete er sich nun voller Elan dem wirtschaftlichen »Zusammenschluß« Österreichs mit dem »Altreich«. Die neue »Ostmark« solle, so verkündete er am 26. März bei seinem Besuch in Wien, »der Mittler zwischen dem industrialisierten Herz Europas und dem agrarischen Südosten«[21] werden. Nach seiner Rückkehr besuchte ihn Nevile Henderson in Carinhall, der von Halifax gedrängt worden war, den seit dem »Anschluß« Österreichs abgerissenen Kontakt zu Göring wiederaufzunehmen. In frostigem Ton erklärte Göring dem Briten, daß das Sudetengebiet die letzte Forderung des Reiches sei, und bezweifelte im selben Atemzug, daß eine Verständigung mit Großbritannien jemals möglich sei.

Für die Regierung in Prag war dies ein Alarmsignal. Unter Berufung auf eine angeblich unmittelbar bevorstehende deutsche Militäraktion mobilisierte die Tschechoslowakei am 20. Mai, einem Freitag, ihre Grenztruppen. Weil nicht nur Paris, sondern überraschend auch London umgehend Partei für ihren Bündnispartner ergriffen, sah sich Hitler zu einem entschiedenen Dementi gezwungen, um die »Wochenendkrise« möglichst schnell zu entschärfen. Der neue Staatssekretär im Auswärtigen Amt, Ernst Freiherr von Weizsäcker, notierte am 22. Mai in sein Tagebuch, das Militär wolle »nicht marschieren, denn es sieht die Folge eines Koalitionskrieges gegen uns klar genug. Auch Göring will nicht.« Im Gegensatz zu von Ribbentrop sei der nun plötzlich »unter die Pazifisten gegangen«.[22]

Für Hitler bedeutete die »Wochenendkrise« eine empfindliche politische Schlappe, am 30. Mai gab er deshalb unter dem Decknamen »Fall Grün« Weisung, Vorbereitungen für eine militärische Zerschlagung der Tschechoslowakei zu treffen. Göring erhielt den Auftrag, die bisherigen Maßnahmen zu überprüfen und für die wirtschaftliche Mobilmachung des Reiches zu sorgen. In den nun folgenden Wochen machte sich Göring an eine umfassende Bestandsaufnahme der bisherigen Rüstungsmaßnahmen. Sein Bericht über den Zustand der deutschen Grenzverteidungsanlagen stellte »eine einzige Anklage gegen das OKW«[23] dar, wie Keitel notierte. Die bisherigen Planungen seiner eigenen Vierjahresplanbehörde erwiesen sich als derart unbrauchbar, daß Göring im Anschluß an eine »dramatische Aussprache« in Carinhall auf Anraten seines Mitarbeiters Karl Krauch am 30. Juni für die Bereiche Pulver,

Als Beauftragter für den Vierjahresplan sollte Göring die deutsche Wirtschaft ankurbeln und auf Kriegskurs bringen. Bei der Eröffnung der Automobilausstellung in Berlin am 18. Februar 1938 demonstrierte er, wer dabei am Steuer saß. Propagandaminister Goebbels mußte von außen zusehen (ganz rechts).

Spreng- und Kampfstoffe sowie chemische Vorprodukte zunächst einen »Schnellplan« verabschiedete. Im Ergebnis einer weiteren Sitzung trat am 12. Juli 1938 schließlich ein »wehrwirtschaftlicher neuer Ergänzungsplan« in Kraft, der als »Carinhallplan« das ursprüngliche Vierjahresplanprogramm ablöste.[24]

Unabhängig vom Vierjahresplan hatte Göring am 5. Juli 1938 darüber hinaus die Vertreter der deutschen Luftfahrtindustrie in die Schorfheide geladen, um die Krise in der Luftfahrtindustrie beizulegen. Die Kritik der vollzählig angereisten Firmenchefs richtete sich gegen die Inkompetenz Ernst Udets als Chef des Technischen Amtes im Reichsluftfahrtministerium. Für einen »größeren Kladderadatsch«, wie Göring dies in seiner Rede vor den Luftfahrtindustriellen in Carinhall salopp ausdrückte, seien die Voraussetzungen weder wirtschaftlich noch militärisch gegeben.

Um den »großen Krieg« zu vermeiden, besann sich Göring auf die ihm zur Verfügung stehenden diplomatischen Kanäle. Bei einem Treffen in Berlin ermunterte er am 1. Juni 1938 Botschafter Döme Sztójay, daß Ungarn unbedingt seinerseits Gebietsansprüche gegenüber der Tschechoslowakei anmelden solle. Seinem polnischen Kollegen Lipski schlug er am 17. Juni in Carinhall vor, auf die Prager Regierung Druck in Form von territorialen und wirtschaftlichen Forderungen auszuüben. Gegenüber Henderson, den er fünf Tage später an gleicher Stätte empfing, gab er sich ungewohnt deprimiert und behauptete, daß er nun fest mit einem Krieg gegen Frankreich rechne. Bei Lord Londonderry, der ihn in jenen Tagen ebenfalls besuchte, ließ er dann

Vertreter zweier Aggressoren beim männlichen Waffenspiele: Der Chef der italienischen Luftwaffe, Marschall Italo Balbo, zu Gast beim Oberbefehlshaber der deutschen Luftwaffe, Generalfeldmarschall Göring.

aber wieder plötzlich durchblicken, daß er sich durchaus eine Lösung der Sudeten-Frage in Form eines Schiedsspruches durch Großbritannien vorstellen könne.

Vorsichtig zwar, aber nachhaltig versuchte Göring deshalb in den nun folgenden Wochen, alle jene Bemühungen zu unterstützen, die ihm geeignet schienen, zu einer Entspannung der Beziehungen zwischen Berlin und London beizutragen. Er entsandte seinen Mitarbeiter im Vierjahresplan Helmuth Wohlthat zu Wirtschaftsverhandlungen nach London und räumte Schwierigkeiten aus dem Weg, als der regimekritische, ehemalige Leipziger Oberbürgermeister Carl Goerdeler zu einer längeren Auslandsreise aufbrechen wollte und man ihm die Ausreise verweigerte.[25] Goerdeler berichtete in London dann, daß Göring, um Hitler den Plan einer Zerschlagung der Tschechoslowakei auszureden, sogar eigens zum Vortrag nach Berchtesgaden gefahren, von dort aber »ziemlich kleinlaut« wieder nach Berlin zurückgekehrt sei. »Der Vorwurf, es fehle Göring an Mut«, erinnerte sich Erich Kordt, ein hoher Beamter des Auswärtigen Amtes, »hatte den ›ersten Paladin‹ wie ein Peitschenhieb getroffen.«[26] In der deutschen Presse war Ende Juli nur zu lesen, daß der »zweite Mann« des Reiches auf der Suche nach Entspannung und Erholung mit seiner Yacht »Carin II« zu einer längeren Seereise aufgebrochen sei.

Am 3. August trat Lord Runciman seine schwierige Mission als »nicht offizieller Vermittler« zwischen

1938 wollte Göring den Chef der französischen Luftwaffe General Vuillemin von der Überlegenheit seiner Luftwaffe überzeugen, doch der blieb nach außen unbeeindruckt. Links von Göring Botschafter François-Poncet, daneben Vuillemin.

Deutschland und der Tschechoslowakei an. Aufgrund dieser Nachricht nahm Göring umgehend seine diplomatischen Bemühungen wieder auf. Am 5. August erinnerte er noch einmal den Botschafter Ungarns Sztójay an ihr letztes Gespräch. Vier Tage später traf General Balbo, der Chef der italienischen Luftwaffe, zu einer fünftägigen Besichtigungsreise in Deutschland ein, bei der er nicht nur einem Manöver der Luftwaffe beiwohnte, sondern am 10. August zunächst von Göring in Carinhall und am 13. August auch von Hitler empfangen wurde. Bereits am ersten Abend erklärte Göring dem polnischen Botschafter am Rande des Empfangs für Balbo unverblümt: »Die Sache geht jetzt zu Ende.« London habe mit der »Runciman-Mission« ein eindeutiges Zeichen gesetzt. Er bat Lipski darum, ihn möglichst bald zu besuchen, um die polnischen Ansprüche gegen die Tschechoslowakei im einzelnen zu bestimmen.[27]

Am 16. August landete in Berlin unter der Führung von General Vuillemin eine Delegation der französischen Luftwaffe. Göring hatte den Generalstabschef eingeladen, um ihn, nach bewährtem Muster und in betont freundschaftlicher Atmosphäre, von der Schlagkraft und technischen Überlegenheit der deutschen Luftrüstung zu überzeugen. Der Besuch, bei dem Göring mit dem Sturzkampfbomber »Ju 87« und dem Jäger »He 100« die jüngsten Neukonstruktionen vorführen ließ, erfüllte jedoch nicht die in ihn gesetzten Erwartungen. Als Göring seinen Gast unvermittelt nach der französischen Haltung im Falle eines Konflikts in der Sudeten-Frage fragte, erklärte Vuillemin nach kurzem Zögern, daß Paris seinen Bündnisverpflichtungen gegenüber Prag in jedem Fall nachkommen werde; eine Antwort, die Göring wütend mit dem Fuß aufstampfen ließ, weil er sie in dieser Deutlichkeit nicht erwartet hatte.[28] Als Ergebnis seines Gesprächs mit dem neuen Oberbefehlshaber des Heeres, Walter von Brauchitsch, notierte er am 20. August in sein Notizbuch, daß die »Armee nicht kriegsbereit (Munitionslage)«[29] sei.

Dennoch gab sich Göring am 24. August bei einem Treffen mit Lipski optimistisch. Er sei überzeugt, daß weder Großbritannien noch Frankreich zu militärischen Mitteln greifen würden. Abermals brachte er seine Anregung vor, daß dies der geeignete Moment für Polen sei, im Zusammenspiel mit Jugoslawien und Ungarn eigene Ansprüche und Wünsche bezüglich einer Neuregelung der Grenzen anzumelden. Er werde in diesem Sinne mit der ungarischen Delegation, die morgen in Berlin eintreffen werde, Verhandlungen aufnehmen. Doch, wie Lipski am 26. August nach Warschau meldete, schien der Besuch Admiral von Horthys in Carinhall für Göring nicht allzu erfolgreich verlaufen zu sein.

Göring hatte mit dem Admiral zwar zunächst offen über eine militärische Zusammenarbeit gesprochen und dann seine Vermittlerdienste im Hinblick auf die gespannten Beziehungen Ungarns zu Jugoslawien angeboten. Als der ungarische Reichsverweser jedoch Bedenken anmeldete und erwiderte, daß er eine gemeinsame Aktion gegen die Tschechoslowakei erst im Jahre 1939 für möglich halte, hatte Göring ihm

Beim Besuch des ungarischen Reichsverwesers Admiral Nikolaus von Horthy im August 1938 war neben der Frage der polnischen Grenzen auch die Besichtigung der Modelleisenbahn ein Programmpunkt.

überraschend versichert, daß ein Termin ja ohnehin noch nicht feststehe.[30] Nach dem obligatorischen Rundgang durch Carinhall lud er von Horthy beim Abschied ein, doch in der Zeit zwischen dem 15. und 25. September nach Rominten zur Jagd zu kommen.
Am 3. September gab Hitler der Armee Weisung, sich nach dem 27. des Monats für einen möglichen Angriff auf die Tschechoslowakei bereitzuhalten. In den Abendstunden des 10. September sorgte Göring mit einer langen Rede vor der Deutschen Arbeitsfront in Nürnberg dann für einen Eklat. Zunächst strich er die politischen und wirtschaftlichen Erfolge des Regimes heraus, plötzlich wandte er sich mit scharfen Worten der Sudeten-Frage zu. Der Zustand, daß »ein Kulturvolk dauernd unterdrückt und belästigt« werde, sei auf die Dauer unerträglich. Unter Anspielung auf den ehemaligen Preußischen Kriegsminister von Roon rief er der Regierung in Prag – und damit auch den Regierungen in Paris und London – in Erinnerung: »Wir sind allemal Schießer gewesen, aber niemals Scheißer.«[31]
Wenige Tage vor Görings Rede hatte der britische Premier Chamberlain intern angekündigt, im Falle des Scheiterns der Verhandlungen mit »Sudeten-Führer« Konrad Henlein selbst nach Deutschland zu reisen, um sich mit Hitler zu treffen. Göring war von diesem Vorschlag durch Henderson bereits am 8. September in Kenntnis gesetzt worden und hatte mit dem Eklat Chamberlains Besuch sozusagen »vorbereitet«. Am 13. September erhielt Henderson die offizielle Weisung seiner Regierung, Hitler diese persönliche Botschaft des Premierministers zuzustellen. Weil eine Antwort Hitlers zunächst ausblieb, rief Henderson Göring in Carinhall an und bat ihn, den zögernden Hitler telefonisch zu einer Zusage an Chamberlain zu bewegen. Wenige Stunden später bestätigte Göring Hitlers Einverständnis, teilte zugleich aber auch mit, daß er selbst an dem Treffen auf dem »Berghof« am 15. September nicht teilnehmen werde. Nach seiner überraschenden Rede hatte sich Göring nach Carinhall zurückgezogen und galt offiziell als erkrankt.
Chamberlains Vorschlag, daß die Tschechoslowakei die überwiegend von Deutschen bewohnten Grenzgebiete an das Reich abtreten solle, kam nicht nur für Hitler unerwartet. Göring rief am Vormittag des 16. September sofort Lipski zu sich nach Carinhall

Horthy und Göring gaben sich 1938 betont einträchtig.

und am Nachmittag dessen ungarischen Kollegen Sztójay. Er wertete beide Begegnungen als große Erfolge und verlangte abermals, daß Polen und Ungarn unter Berufung auf die Rechte ihrer nationalen Minderheiten ihrerseits umgehend Forderungen bei der Regierung in Prag anmelden sollten. Ganz anders dagegen war der Tenor bei seinem Gespräch mit Henderson, der ihn am 17. September in der Schorfheide aufsuchte. Durch die besorgten Fragen des Botschafters nach dem deutschen Rüstungsstand wurde Göring klar, daß man in Großbritannien in diesem Stadium in erster Linie fürchtete, daß Deutschland die Bemühungen um ein Einlenken Prags zu einem militärischen Überraschungsschlag nutzen könnte. Für Henderson war es eine völlig neue Erfahrung, als der Oberbefehlshaber ganz entgegen seiner sonstigen Gewohnheit und offenkundig in dem Bemühen, ihn zu beruhigen, die Stärkezahlen seiner Luftwaffe persönlich nach unten korrigierte.
Am 22. September traf Chamberlain in Bad Godesberg zum zweiten Mal mit Hitler zusammen. Hitler

lehnte unter Hinweis auf die ungarischen und polnischen Minderheiten eine Vereinbarung mit der Tschechoslowakei ab. Das Memorandum, das er seinerseits vorlegte, bezeichnete Chamberlain als Ultimatum und reiste, weil eine Einigung nun wieder in weite Ferne gerückt schien, unverrichteter Dinge nach London zurück. Prag verkündete die allgemeine Mobilmachung, Frankreich schloß sich diesem Schritt am 26. September mit einer Teilmobilisierung an, und das Foreign Office gab eine Erklärung heraus, in der es unter anderem hieß, daß Frankreich der Tschechoslowakei im Falle eines Angriffs zu Hilfe kommen und Großbritannien dann ebenso wie die UdSSR an der Seite Frankreichs stehen werde.

Um den Ausbruch eines Krieges doch noch zu verhindern, entsandte Chamberlain seinen Berater Sir Horace Wilson nach Berlin, um Hitler einen persönlichen Brief zu überreichen. Gleichzeitig erhielt Henderson den Auftrag, sich mit Göring in Verbindung zu setzen. Doch aus Carinhall bekam der Botschafter lediglich telefonisch den Bescheid, daß Prag offenbar lieber einen Krieg wolle, als auf das Sudetengebiet zu verzichten. Hitlers Treffen mit Wilson verlief zunächst recht stürmisch, endete dann aber mit der Zusage, daß Wilson am nächsten Tag noch einmal vorsprechen könne. Der Antwortbrief an Chamberlain, den Hitler Wilson bei ihrem verabredeten zweiten Treffen überreichte, enthielt die Zusage, daß Deutschland zu einer förmlichen Garantie für den Restbestand der Tschechoslowakei bereit sei.

Jetzt war es an Paris zu reagieren. Am Morgen des 28. September erschien François-Poncet, um einen entsprechenden französischen Vorschlag in der Reichskanzlei zu unterbreiten. Als die Antwort ausblieb, wandte er sich hilfesuchend an Henderson, der erneut Göring in Carinhall anrief und ihn kurz über die letzte Entwicklung ins Bild setzte. Göring vermittelte, und bereits nach einer Dreiviertelstunde saßen sich Hitler und François-Poncet im Beisein von Außenminister Ribbentrop gegenüber. Während des Gespräches erreichte Hitler ein Anruf von Mussolini, der ihn aus Rom um Aufschub ersuchte. Auf Anregung des dortigen britischen Botschafters, des Earl of Perth, hatte Chamberlain Italien um Vermittlung gebeten. Wenig später traf das Antwortschreiben des britischen Premierministers in Berlin ein, der einen Zeitplan mit den von Hitler gesetzten Fristen enthielt. Dieser rückte daraufhin endgültig von seiner harten Haltung ab und erklärte sich bereit, mit Chamberlain, Mussolini und dem französischen Ministerpräsidenten Édouard Daladier in München zu einer Konferenz zusammenzutreffen.

In seinen Memoiren schrieb Henderson Göring eine entscheidende Rolle beim Zustandekommen dieser Münchener Konferenz zu. Tatsächlich aber hatte die »Lösung« der Krise mehrere Väter: Neben dem Leiter der politischen Abteilung im Auswärtigen Amt von Weizsäcker und dem ehemaligen Außenminister von Neurath gehörte selbst Propagandaminister Joseph Goebbels zum Lager derjenigen, die von einem Krieg abrieten. Entscheidend aber waren am Ende die Bedenken, die Hitler selbst hegte. In schwierigen Momenten hatte er sich bislang stets darauf verlassen können, Göring an seiner Seite zu finden. Doch der »getreue Paladin« hatte es diesmal vorgezogen, zunächst so lange wie möglich in Carinhall zu bleiben und ihn dann, statt wie gewohnt alle Bedenken beiseitezuwischen, in seinem Zweifel zu bestärken. Als Chamberlain nach der Unterzeichnung des Abkommens von München, in dem die Abtretung des Sudetengebietes ohne Beteiligung der Tschechoslowakei festgelegt worden war, in London vor laufenden Kameras triumphierend ein weiteres Dokument aus seiner Tasche zog, wuchs in Hitler der Verdacht, daß er nicht nur einen unverzeihlichen Fehler begangen hatte, sondern daß er von Göring womöglich auch schlecht beraten worden war. Hitlers Forderung, die Tschechoslowakei diplomatisch zu isolieren und anschließend zu erobern, war mit dieser deutsch-britischen Erklärung vorerst zunichte gemacht worden.

Die Vertrauenskrise

Am Nachmittag des 3. Oktober 1938 erschien François-Poncet bei Göring und teilte ihm mit, daß sich Frankreich nach dem britischen Muster ebenfalls zu einer separaten Vereinbarung mit dem Reich entschlossen habe. In seinen Memoiren erinnerte er sich: »Und da Göring gezeigt hatte, daß er gegen den Krieg und für die Münchener Konferenz sei, unternahm ich es, ihn für die Sache des Friedens und seine

Sicherung auf der Basis des Übereinkommens vom 29. September zu gewinnen und ihn von den Vorteilen zu überzeugen, die dem Reich daraus erwachsen könnten, wenn es den Abmachungen treu bliebe.«[32] Am Nachmittag desselben Tages forderte Göring bei seinem Treffen mit dem tschechoslowakischen Botschafter Mastny ultimativ den Rücktritt von Regierungschef Beneš. Bei ihrem nächsten Gespräch eine Woche später äußerte Mastny seine Enttäuschung über die fehlende britische und französische Unterstützung seines Landes. Mit großer Befriedigung notierte sich Göring, daß die Tschechoslowakei nunmehr zu einem Kurswechsel um 180 Grad entschlossen sei, da offenkundig nur die enge Zusammenarbeit mit dem Reich ausreichend Schutz vor weiteren Gebietsabtretungen biete, wie sie vor allem Ungarn gefordert habe.[33] In Carinhall war einen Tag später Ferdinand Ďurčanský zu Gast. Für den Fall, daß die Slowakei ihre staatliche Unabhängigkeit anstreben sollte, versicherte ihn Göring seiner vollen Unterstützung. Im März 1939 wurde Ďurčanský dann stellvertretender Ministerpräsident seines Landes.

Während sich die Tschechoslowakei in ihr Schicksal fügte, verlor Göring langsam, aber sicher die Tuchfühlung mit dem weiteren Gang der politischen Ereignisse. Außenminister von Ribbentrop, der in München noch an den Rand gedrängt worden war,

Am 4. November 1938 fand in der Großen Halle Carinhalls die Taufe von Görings Tochter Edda statt. Wenngleich Hitler dieses christliche Ritual fremd war, tat er seinem »getreuen Paladin« den Gefallen und wurde Taufpate.

Familienfoto anläßlich des 46. Geburtstages von Hermann Göring am 12. Januar 1939 mit Tochter Edda und Gattin Emmy im Garten der Berliner Villa am Leipziger Platz.

nahm die weiteren Verhandlungen entschlossen in die Hand. Botschafter Lipski erschien am 21. Oktober 1938 zwar noch einmal in Carinhall, um mit Göring die Frage der Karpato-Ukraine und die Beziehungen Polens zu Ungarn und Rumänien zu besprechen. Beim Abschied deutete Göring Lipski aber an, daß seine Zeit als »Moderator« vorbei sei. Görings Hinweis, in Zukunft besser auf eine gerechte Behandlung der deutschen Minderheiten in Polen zu achten, da er nicht mehr helfen könne, verstand Lipski nicht als Warnung.[34]

Nachdem Henderson am 18. Oktober aus gesundheitlichen Gründen abgereist und François-Poncet von Göring am 24. Oktober mit einem großen Bankett feierlich nach Rom verabschiedet worden war,[35] machten sich politische Besucher in der Schorfheide zunehmend rar. Dazu trug sicher die Geburt von Görings Tochter Edda, die am 2. Juni geboren und am 4. November im Beisein Hitlers feierlich in Carinhall getauft wurde, ihren Teil bei. Die Familie hatte für den stolzen Vater in den nächsten Wochen und Monaten eindeutig Vorrang, und entsprechend suchte er sie abzuschirmen. Da die politische Landschaft Europas nach dem Abkommen von München zunächst wieder beruhigt schien, standen für den Politiker Göring vor allem Besprechungen mit Vertretern der Industrie, des Vierjahresplans und der Rüstung im Vordergrund. Dabei zeigte sich erneut, daß die deutschen Kriegsvorbereitungen noch viel zu wünschen übrigließen.

Es zeichnete sich immer deutlicher ab, daß die Devisennot des Reiches, die nach dem »Anschluß« Österreichs zunächst behoben schien, sich durch die Integration des Sudetengebietes erneut verschlechtert hatte. In diese Situation platzte die Meldung von der »Reichspogromnacht« am 9. November 1938 hinein. Göring reagierte ungehalten, als er vom Ausmaß der Zerstörung zahlloser jüdischer Einrichtungen wie Synagogen, Wohnungen und Geschäfte erfuhr. Ihm persönlich wäre es, wie er sich später zynisch ausdrückte, lieber gewesen, man hätte ein paar Juden erschlagen, statt unersetzliche Werte zu vernichten. In einer gemeinsamen Krisensitzung im Reichsluftfahrtministerium mit Finanzminister Schwerin von Krosigk, Wirtschaftsminister Funk und Reinhard Heydrich für den Sicherheitsdienst (SD) sowie je einem Vertreter des Auswärtigen Amtes und der Versicherungsgesellschaften setzten Göring und Goebbels durch, daß die Versicherungen die Schäden zwar regulieren, alle Leistungen für geschädigte Juden jedoch an das Reich fallen sollten.[36] Die jüdische Bevölkerung sollte für eine sofortige Beseitigung der Schäden selbst sorgen und darüber hinaus auch noch eine Abgabe in Höhe von einer Milliarde RM zahlen. Im Grunde war Göring im nachhinein Goebbels sogar dankbar, daß er auf diese Weise, wenn auch zu einem hohen Preis, die seit Wochen geforderte »Entjudung« der deutschen Wirtschaft einen entscheidenden Schritt voranbringen konnte. Ein französischer Beobachter erklärte sich Görings »scharfes Herangehen« damit, daß er sich von dem Vorwurf allzu großer Nachgiebigkeit endgültig habe reinwaschen wollen.[37]

Einen ersten Eindruck von der verheerenden internationalen Wirkung der »Reichskristallnacht« und der anschließenden Maßnahmen konnte sich Göring selbst machen, als er am 26. November in Leipzig mit König Carol von Rumänien und drei Tage später in Berlin mit dem neuen französischen Botschafter Robert Coulondre zusammentraf. Selbst die britische Regierung zog es unter diesen Umständen vor, zu ihm auf Abstand zu gehen.

Am 13. Februar 1939 traf Nevile Henderson wieder in Berlin ein. Bei ihrer ersten Begegnung nach vier Monaten machte Göring, der 45 Pfund abgenommen hatte, nicht nur physisch einen geschwächten Eindruck. Bei ihrem politischen Tour d'horizon zeigte Göring im Unterschied zu früheren Gelegenheiten wenig Engagement. Müde erklärte er seinem Gast zum Abschied, daß er bei Hitler offiziell um Urlaub und zeitweilige Entbindung von seinen Ämtern nachgesucht habe. Er werde bis zum 15. April nach San Remo reisen, um von Politik nichts sehen oder hören zu müssen. Henderson zeigte sich höchst verwundert. Doch dieselbe ungewöhnliche Mitteilung bekamen während eines Diners für das diplomatische Corps am 1. März nacheinander auch der französische Botschafter Coulondre und dessen polnischer Kollege Lipski vom »zweiten Mann des Reiches« zu hören.[38]

Am 3. März reiste Göring in Begleitung seiner Frau nach Italien, wo ihn zehn Tage später ein Brief erreichte, in dem Hitler seinen »Paladin« sofort nach Berlin zurückbeorderte. Am 12. März hatte Hitler die Besetzung der Tschechoslowakei durch deutsche Truppen für den 15. März angeordnet. Göring traf am Nachmittag des Vortages in Berlin ein und begab sich umgehend in die Reichskanzlei. Dort wurde auch der neue tschechoslowakische Staatspräsident Emil Hácha erwartet. Hitler eröffnete Hacha seine Anordnung und forderte ihn auf, der »Zerschlagung der Resttschechei« keinen Widerstand entgegenzusetzen. Als Göring im Verlauf der nun folgenden mehrstündigen Nachtsitzung in der für ihn typischen brutalen Offenheit mit einem Luftangriff auf Prag drohte, gab der alte Mann schließlich nach.[39]

Durch die Ereignisse des 15. März wurde den diplomatischen Beobachtern schlagartig das Ausmaß klar, in dem Göring im Vergleich zu Ribbentrop an Einfluß und politischem Gewicht verloren hatte: Vom gesuchten Ratgeber und Befehlshaber war er zum gewöhnlichen Befehlsempfänger abgesunken. Sein Wunsch, die für den Aufbau einer kriegsfähigen Wirtschaft notwendige Zeit zu gewinnen und erst dann zu handeln, war von Hitler ignoriert worden. Dennoch kamen für Göring auch in dieser Situation Widerspruch oder gar Rücktritt nie in Betracht. Das »Führerprinzip« stand im Zweifelsfall über dem eigenen Gewissen und lieferte die Rechtfertigung, um als »eiserner Hermann« blind zu gehorchen. Im Winter 1938/39 wurden auch für Görings Umgebung die Folgen seiner »Persönlichkeitsauszehrung«[40] zunehmend sichtbar.

Der Weg in den Krieg

Auf die Nachricht von Hitlers »Griff nach Prag« reagierte Premierminister Chamberlain mit dem vorübergehenden Abzug seines Botschafters aus Berlin. Als London auch noch die geplante Reise von Handelsminister Stanley vorläufig absagte, übte Göring am 17. März in einem Interview mit dem britischen Journalisten George Ward Price harsche Kritik. Er fürchtete um die Früchte seiner Arbeit der letzten beiden Jahre. Am selben Tag mußte er auch Botschafter Lipski eingestehen, daß ihm im Hinblick auf die Gestaltung der Beziehungen zu Polen die Hände gebunden waren.[41] Wie zur Bestätigung forderte am Tag seiner Rückkehr nach San Remo, dem 21. März, Außenminister Ribbentrop die Regierung in Warschau auf, die von ihm im Oktober 1938 für den »Korridor« und die Rückkehr Danzigs zum Reich vorgeschlagene »Globallösung« endlich anzunehmen. Bereits am Tag zuvor hatte Hitler von Litauen ultimativ die Abtretung des 1923 annektierten Memelgebietes gefordert, am 23. März beugte sich das Land dem massiven Druck. Polen dagegen lehnte die deutschen Forderungen ab und machte einen Teil seiner Streitkräfte mobil. London reagierte fünf Tage später und gab am 31. März 1939 eine öffentliche Garantieerklärung für Polen ab.

Am 3. April legte Hitler in seiner Weisung für den »Fall Weiß« das Datum des Abschlusses der militärischen Angriffsvorbereitungen gegen Polen auf den 1. September 1939 fest. Der anscheinend ahnungslose Göring verkündete an seinem Urlaubsort den italienischen Partnern freimütig, »daß Deutschland in jüngster Zeit eine ganze Reihe von Gebieten erworben habe und nun Ruhe brauche, um zu verdauen«. Hitler selbst habe ihm versichert, daß er »gegen Polen nichts plane«. Für die »Achsen«-Partner müsse das Motto daher lauten: »Vom Frieden sprechen und den Krieg, das heißt den Sieg, vorbereiten.«[42]

Zur Feier von Hitlers fünfzigstem Geburtstag am 20. April 1939 fand in Berlin eine große Militärparade statt. Eine Woche später, als der »Führer« vor dem Reichstag den deutsch-polnischen Nichtangriffsvertrag vom Januar 1934 und das deutsch-britische Flottenabkommen aus dem Jahre 1935 kündigte und sich darüber hinaus öffentlich über die Forderung Roosevelts nach einer öffentlichen Stellungnahme des Reiches lustig machte, dürfte Göring endgültig klar geworden sein, daß Hitler unter dem Einfluß des neuen Außenministers Ribbentrop seine bisherige Konzeption geändert hatte. Göring, der das Risiko eines Bruchs mit Paris und London über der Polen-Frage und den Ausbruch eines »großen Krieges« vorerst vermeiden wollte, war sichtlich betroffen, als er nach seiner Rückkehr feststellen mußte, daß Ribbentrop diese Konfrontation offenkundig nicht fürchtete. Bei einem Empfang für den ungarischen Ministerpräsidenten Teleki und dessen Außenminister Csáky erklärte Außenminister Ribbentrop, daß Deutschland zwar zum Ausgleich bereit sei, doch wenn London und Paris »die Auseinandersetzung wünschten, könnten sie sie jeden Tag haben«[43]. Göring gab sich im Gespräch mit den ungarischen Gästen dagegen sehr viel vorsichtiger und regte an, über Budapest der Regierung in Warschau einen Wink zu geben, daß Deutschland keine konkreten Angriffspläne verfolge; ein Vorschlag, den Ribbentrop sofort ablehnte.

Botschafter Henderson, der am 23. April noch recht optimistisch nach Berlin zurückgekehrt war, meldete nach London, daß der Machtverfall des »zweiten Mannes« unaufhaltsam weiterging. Ein Indiz schien ihm zu sein, daß die Presse groß über das Treffen der deutschen und italienischen Außenminister in Como berichtete, während Göring unterdessen am 3. Mai fast unbemerkt schon wieder nach San Remo abgereist sei: »Dies illustriert, denke ich, die jeweilige Position der beiden Männer in Hitlers Wertschätzung. Görings Aktien stehen schlecht. Wie ich höre, wofür ich allerdings nicht garantieren kann, ist letzterer im vergangenen Monat mit dem Rat zur Mäßigung aus Italien zurückgekehrt. Er hatte vermutlich den mangelnden Enthusiasmus in Italien gespürt. Als er diese Ansicht Hitler eröffnete, hat dieser ihm im Beisein von anderen abrupt erklärt, er solle sich nicht weibisch geben. Wenn dies zutrifft, war dies sicher eine höchst demütigende Erfahrung für den prächtigen Feldmarschall.«[44]

In seiner Rivalität mit Ribbentrop verlor Göring zunehmend an Boden. So wurde anläßlich der feierlichen Unterzeichnung des deutsch-italienischen »Stahlpaktes« am 22. Mai in Berlin für seine Verdienste um die beiderseitigen Beziehungen nicht ihm, sondern Ribbentrop der höchste Orden Italiens verliehen. Göring, dessen Vorliebe für glänzende Auszeichnungen Gegenstand zahlloser Witze war, habe Tränen in den Augen gehabt, als er den Annunziaten-Orden an Ribbentrops Hals sah, vermerkte Außenminister Ciano befriedigt in seinem Tagebuch.[45] Die Tatsache, daß er im eigenen Land auf diese Weise gefahrlos bloßgestellt werden konnte, riß Göring endgültig aus seiner Lethargie. Einen Tag nach der Unterzeichnung des »Stahlpaktes« setzte Hitler in einer Ansprache der obersten Wehrmachtführung seine Pläne für die Lösung des »Problems Polen« auseinander. Befriedigt konnte Göring dabei feststellen, daß Hitler die Warnungen der Luftwaffenführung in seine Überlegungen einbezogen hatte. Hitlers Schlußfolgerung: »Auseinandersetzung mit Polen – beginnend mit Angriff gegen Polen – ist nur dann von Erfolg, wenn der Westen aus dem Spiel bleibt«, war für Göring eine Einladung, seine Bemühungen um Großbritannien wieder aufzunehmen, zumal Hitler auf seine Nachfrage noch einmal ausdrücklich versicherte, daß die Planungen für einen »großen Krieg« auch weiterhin auf 1942/43 abzustellen seien.[46]

Am 25. Mai besuchte der schwedische Industrielle Axel Wenner-Gren Göring in Carinhall. Als Göring erfuhr, daß sein Gast anschließend nach London reisen würde, gestattete er ihm, sich während ihres dreistündigen Meinungsaustausches Notizen zu machen,

Anfang Juni 1939 weilten Prinzregent Paul und Prinzessin Olga aus Jugoslawien in Carinhall. Auch sie unternahmen zusammen mit Göring, von Reitern eskortiert, eine Fahrt durch die Schorfheide.

bat ihn aber auch darum, diese nur im Falle eines Treffens mit Premierminister Chamberlain zu verwenden. Im Kern ging sein Vorschlag dahin, daß man sich über alle noch offenen Fragen einigen könne und müsse, um einen Krieg zu vermeiden. London habe, wie im Vorjahr, lediglich dahingehende Vorschläge zu unterbreiten. Chamberlain reagierte ungehalten, als er mit Wenner-Gren am 6. Juni zusammentraf: Er sei weder willens noch fähig, seinerseits erneut den ersten Schritt zu tun.
Henderson, den Göring zwei Tage nach dem Gespräch mit Wenner-Gren in Carinhall empfing, versuchte ihm die veränderte Lage dadurch begreiflich zu machen, daß er jeden persönlichen Zwischenton sorgfältig vermied. Sein ungewohnt förmlicher Auftritt, die betont knappen Antworten und hartnäckig wiederholten Nachfragen trafen Göring völlig unvorbereitet und verfehlten bei ihm auch nicht den gewünschten Eindruck. Selbst der vorsichtige Versuch, dem Gespräch mit einem Rundgang durch den Waldhof wenigstens noch einen harmonischen Ausklang zu geben, endete mit einem Mißerfolg. Denn als Göring Henderson »mit Stolz Darstellungen auf den Gobelins erläuterte, die meist nackte Damen zeigten, die nach verschiedenen Tugenden benannt waren, wie zum Beispiel ›Güte‹, ›Gnade‹, ›Reinheit‹ usw., sagte ich [Henderson] ihm, daß sie mir zwar zumindest friedlich erschienen, daß ich aber unter ihnen keine ›Geduld‹ bemerkt hätte«[47].
Während man im Foreign Office mit seinem offiziellen Bericht über die Begegnung sehr zufrieden war, erhielt Außenminister Halifax einen ergänzenden Brief, in dem Henderson, nachdem er das Für und Wider sorgfältig abgewogen hatte, für die Wiederaufnahme von Wirtschaftsgesprächen plädierte, weil ihm dies immer noch besser schien, als mit dem Reich auf offenen Konfrontationskurs zu gehen.
Anfang Juni 1939 wurde Henderson anläßlich des Staatsbesuches von Prinzregent Paul und Prinzessin Olga aus Jugoslawien erneut nach Carinhall geladen. Während das Königspaar mit dem ehemaligen Botschafter in Belgrad intensiv Erinnerungen austauschte, vermied es Göring tunlichst, mit Henderson die allgemeine politische Lage zu erörtern. Durch Wiederaufnahme seiner repräsentativen Pflichten gelang es ihm, Henderson davon zu überzeugen, daß sich seine Stellung innerhalb der Führungshierarchie des Reiches nun allmählich wieder zu konsolidieren begann. Am 27. Juni empfing er General Valle in Carinhall und sprach mit ihm über die Zusammenarbeit zwischen der italienischen und deutschen Luftwaffe. Am Tag darauf inszenierte Göring anläßlich der »Reichstagung der deutschen Forstwirtschaft« ein Fest ganz nach seinem Geschmack: Mit 40 Bussen wurden die etwa 2000 Teilnehmer in die Schorfheide geschafft, um dort an einem mittelalterlichen Jagdgelage teilzunehmen. Am Nordufer des Werbellinsees wurden Ochsen, Schweine und Hähnchen am Spieß gebraten. Unter den kritischen Augen des Gastgebers »jagten« die stark alkoholisierten Gäste mit Speer, Pfeil und Bogen auf laufende Wisentscheiben. Das Ballett der

Paul von Jugoslawien vor seiner streng bewachten Unterkunft, dem Jagdhaus am Kleinen Döllnsee, das 1940 abbrannte, links neben Göring Paul (»Pili«) Körner.

Am 28. Juni 1939 veranstaltete Göring ein mittelalterliches Jagdgelage am Werbellinsee für 2 000 Gäste.

Berliner Staatsoper tanzte auf einem Floß, das auf dem See vorüberzog. Am Ende der folgenden Woche empfing Göring, dann wieder ganz Repräsentant des Reiches, den bulgarischen Ministerpräsidenten Kjoseiwanoff während dessen Staatsbesuch am 5. und 6. Juli wie gewohnt zunächst am Leipziger Platz und im Anschluß daran zu einer Teegesellschaft in der Schorfheide, bei der Tochter Edda für ein familiäres Ambiente sorgte.

Die London-Aufenthalte von Görings Mitarbeiter aus dem Amt des Vierjahresplan Helmuth Wohlthat im Juni und Juli 1939 boten Gelegenheit, das Terrain für Wirtschaftsgespräche mit England vorsichtig zu sondieren.[48] In einer Unterredung mit Unterstaatssekretär Robert Hudson, Frank Ashton-Gwatkin vom Foreign Office und Chamberlains persönlichem Berater Hugh Wilson sprach Wohlthat über Deutschlands finanzielle Probleme und entwickelte ein Verhandlungsprogramm, in dessen Zentrum die Abgrenzung der gegenseitigen wirtschaftlichen Interessen sowohl auf dem Balkan als auch, mit Blick auf die britischen Kolonien, weltweit stehen sollte und dessen Bedingung die vorherige Zusicherung eines gegenseitigen Gewaltverzichts und der Nichteinmischung war. Als die Gespräche bekannt und von der britischen Presse Gerüchte über eine angebliche Kreditzusage an das Reich im Juli entsprechend sensationell aufgemacht wurden, dementierten beide Seiten umgehend. Chamberlain wie Göring zogen daraus die Lehre, daß man künftig nur noch auf vertraulichen Kanälen den Kontakt suchen durfte.

Unmittelbar nach Wenner-Gren hatte sich Göring Birger Dahlerus, ein weiterer schwedischer Geschäftsmann, als Vermittler angeboten.[49] Nach einem ersten Besuch in Carinhall traf sich Dahlerus Anfang Juli 1939 in Stockholm mit Wenner-Gren, um mit ihm seinen Plan eines geheimen Treffens zwischen Göring und einigen ausgewählten britischen Geschäftsleuten zu besprechen. Wenner-Gren schrieb daraufhin am 19. Juli Göring einen Brief, in dem er im Namen Chamberlains die Idee als zu riskant verwarf und statt dessen seinerseits den Vorschlag eines auf zwanzig Jahre zu schließenden Sicherheitspaktes unterbreitete. Einen Tag später wies Göring diesen Vorschlag gegenüber Dahlerus entrüstet zurück, da Wenner-Gren offenkundig von ihm erwarte, daß er gleichsam »hinter dem Rücken des Führers« die Initiative ergreifen solle. Dazu sei er aber keinesfalls bereit. Während sich Wenner-Gren zurückzog, bereitete Dahlerus das Treffen dennoch vor. Am 7. August fand in Dahlerus' Haus im Söhnke-Nissen-Koog nahe der deutsch-dänischen Grenze die Begegnung dann statt.

Görings Gesprächsstrategie zielte wie gewohnt darauf ab, die Anwesenden durch eine Mischung aus Offenheit und indirekten Drohungen für den deutschen Standpunkt zu gewinnen. Doch seine Hoffnung, im Gegenzug zu erfahren, wie London im Falle eines gewaltsamen Vorgehens gegen Polen reagieren würde, wurde enttäuscht. Die sieben anwesenden Geschäftsleute sahen sich zu einer verbindlichen Antwort außerstande. Trotz des für ihn unbefriedigenden Ergebnisses schickte Göring bereits am nächsten Morgen seinen Adjutanten Bodenschatz zum »Berghof«, um Hitler über das Treffen zu berichten. Am 12. und 13. August weilte dort Graf Ciano, um sich über die deutschen Absichten hinsichtlich Polens zu informieren. Dabei zeigte sich, daß für Hitler das Treffen im Söhnke-Nissen-Koog nur bestätigt hatte, London würde ihn im Zweifelsfall abermals gewähren lassen. Noch vor Ende August, so gab Hitler Ciano zu verstehen, werde er gegen Polen militärisch vorgehen.

Am 12. August saß Göring in Carinhall der völlig verdutzte Sohn Lord Runcimans, des ehemaligen »unabhängigen Vermittlers« zwischen Deutschland und der Tschechoslowakei, gegenüber, der in London von Max Egon zu Hohenlohe-Langenburg eine Einladung zu einem gemeinsamen Wochenendbesuch »bei einem Freund« in Deutschland erhalten hatte. Göring unterbreitete Leslie Runciman die ungewöhnliche Bitte, sein Vater möge ihm, Göring, einen Brief schreiben, in dem er erkläre, daß Großbritannien zwar zu einer friedlichen Lösung in Danzig bereit sei, bei Gewaltanwendung Deutschland aber sofort den Krieg erklären würde. Im Foreign Office hielt man dies für überflüssig, da Großbritannien bekanntermaßen zum Kampf bereit sei. Doch Hitler gab sich am 14. August vor den Oberbefehlshabern der Wehrmacht dessen ungeachtet sicher, »daß England vielleicht noch sehr laute Töne machen wird, vielleicht Gesandten abberufen, vielleicht Handelsverkehr ganz drosseln, aber nicht bewaffnet in den Konflikt eingreifen wird«[50].

Die sich häufenden Signale, das ständige Kommen und Gehen von Dahlerus, der in jenen dramatischen Wochen insgesamt ein dutzendmal von Berlin nach London und zurück reiste, nicht zuletzt aber auch das Manöver mit Leslie Runciman verfehlten schließlich in London ihre Wirkung nicht. Außenminister Halifax plädierte dafür, Göring durch eine Einladung nach Großbritannien den Rücken zu stärken. Doch als der britische Sendbote am 23. August im Auswärtigen Amt diesbezüglich vorsprach, war man dort anderweitig beschäftigt. Am selben Tag, dem folgenschweren 23. August 1939, unterzeichneten die Außenminister Ribbentrop und Molotow in Moskau den deutsch-sowjetischen Nichtangriffspakt. In den Augen Hitlers war das Schicksal Polens damit besiegelt. Es kam nunmehr lediglich noch darauf an, Frankreich und Großbritannien von einem militärischen Eingreifen abzuhalten. Während Göring Dahlerus bat, als persönlicher Mittelsmann zwischen Chamberlain und Hitler zu fungieren, empfing er am 24. August letztmalig den polnischen Botschafter in Berlin, um ihm zu erklären, daß er unter den gegebenen Umständen keinen Einfluß mehr auf den Gang der Ereignisse habe. Auf Lipskis Bemerkung, daß die Entscheidung für ein Zusammengehen mit der UdSSR sich eines Tages auch gegen Deutschland wenden könne, gab Göring keine Antwort.

Am 25. August eröffnete Hitler dem britischen und dem französischen Botschafter, daß er sich eine weitere Weigerung Polens, in Verhandlungen einzuwilligen, nicht länger bieten lassen werde. Von seinem Entschluß würden ihn auch Großbritannien oder Frankreich nicht mehr abbringen können. Henderson verurteilte daraufhin nicht nur das deutsche Ultimatum an Polen scharf, sondern erklärte ausdrücklich, daß eine Wiederholung der Ereignisse während des »Anschlusses« Österreichs oder gar des »Griffs nach Prag« von Großbritannien nicht noch einmal hingenommen werden würde.[51] Hitler reagierte verunsichert, Göring rief Dahlerus zu sich und bat ihn, in London nachzufragen, ob der Botschafter eventuell aus eigenem Antrieb gehandelt und vielleicht seine Befugnisse überschritten habe. Göring schien der Zeitpunkt für einen vermittelnden Vorstoß zugunsten Polens erfolgversprechend. Doch als er am Nachmittag des 31. August Hitler beschwor, »abzulassen, wurde ... er nur angefahren und abgefertigt«[52]. Der hatte sich inzwischen wieder gefangen und betrachtete die britische Haltung als Versuch, Zeit zu gewinnen. Erst nachdem er den Angriffstermin auf den 1. September 1939 festgelegt hatte, gab er Göring die Erlaubnis, sich noch einmal mit Henderson zu treffen. Im Verlauf dieser »seltsamen Teegesellschaft«[53], an der auch Dahlerus teilnahm, legte Göring dem Botschafter ein angeblich abgefangenes und dechiffriertes Telegramm der polnischen Regierung an Lipski als Beweis dafür vor, daß Polen ganz bewußt auf eine Zuspitzung des Konfliktes hinarbeitete. Henderson blieb vorsichtig und erklärte lediglich, daß er seine Regierung informieren werde.

Nach dem deutschen Überfall auf Polen in den frühen Morgenstunden des 1. September bat Göring

Am 6. Juli 1939 begrüßte der Preußische Ministerpräsident seinen bulgarischen Amtskollegen Kjoseiwanoff in Carinhall. Göring verstand es, seine Tochter geschickt in Szene zu setzen, um eine familiäre Atmosphäre zu schaffen.

Dahlerus, ihn zu Hitler zu begleiten und ihm noch einmal zu versichern, daß Großbritannien »eine vernünftige und friedliche Regelung mit Deutschland erstrebe«[54]. Als sich am Morgen des 3. September abzeichnete, daß Henderson ein britisches Ultimatum überreichen und damit wenige Stunden später auch der Krieg im Westen beginnen würde, wagte Göring einen letzten Vorstoß. Unmittelbar vor Ablauf des Ultimatums wollte er persönlich zu Verhandlungen nach London fliegen. Da es an der Westgrenze des Reiches aber ruhig blieb, sah Hitler keine Veranlassung, die Bedingungen des britischen Ultimatums nach Einstellung der Kampfhandlungen und Rückzug der deutschen Truppen zu akzeptieren, und wies in Erwartung eines schnellen Sieges Görings Ansinnen entschieden zurück.

Weder Dahlerus noch Henderson verstanden damals, weshalb sich der »zweite Mann des Reiches« nicht entschlossener für den Erhalt des Friedens eingesetzt hatte. Man müsse ihm zu verstehen geben, so meinte von Weizsäcker zu Botschafter Ulrich von Hassell, »daß Ribbentrop der Totengräber des Reiches und des Nationalsozialismus sein würde. Carinhall würde in Flammen aufgehen!«[55] Doch Göring war sich dessen durchaus bewußt.

Weit mehr schreckte ihn aber noch eine andere Erkenntnis, die er gegenüber Henderson mit der Feststellung anzudeuten versucht hatte: »Die Leute ... können sagen, was sie wollen, Tatsache ist, daß niemand bei Hitler Einfluß hat, und wenn doch, dann wiegt er nicht schwerer als einer der Kieselsteine, auf denen wir gerade stehen.«[56]

Residenz des Reichsmarschalls – Carinhall 1939 bis 1945

Die Geburt seiner Tochter Edda am 2. Juni 1938 war einer der Anlässe für Göring, sein Anwesen Carinhall um etwa das Doppelte zu erweitern. Im Januar 1939 begann die Philip Holzmann AG mit den Arbeiten an dieser zweiten Erweiterung, in deren Verlauf sich das Aussehen des Waldhofes, seiner Nebengebäude und Außenanlagen abermals wesentlich veränderte. Bereits 120 Tage nach Baubeginn wurde im Mai 1939 Richtfest gefeiert. Auch wenn die Bauleute in ihrem Richtspruch zu verkünden hatten, das Haus würde, »wenn das Jahr sich wieder wendet zum frohen Fest der Winternacht, ... bis zum First vollendet dem Bauherrn dargebracht«[1], waren die mit höchster Priorität vorangetriebenen Arbeiten erst Ende Januar 1940 beendet.
Da kurz vor Kriegsende zahllose Aktenbestände, darunter auch die der Staatlichen Bauverwaltung für Sonderaufgaben, bewußt vernichtet wurden bzw. in den Wirren danach verlorengingen, läßt sich aus den wenigen noch erhalten gebliebenen Unterlagen[2] die Gesamtsumme der Kosten für die Erweiterung des Waldhofes Carinhall nur noch unvollständig feststellen. Doch selbst diese wenigen Zahlen vermitteln einen Eindruck der baulichen Aktivitäten, die Göring in der Schorfheide entwickelt hatte: 697 852 RM (1938), 4 120 000 RM (1939), 1 689 745 RM (1940), 283 281 RM (1941) und 20 265 RM (1942). Wenn man die Summen zweier Inventarverzeichnisse vom 31. März 1941 über 701 012 RM hinzuzählt, belaufen sich die Gesamtkosten auf stattliche 7 512 155 RM.[3] (Zum Vergleich sei angemerkt, daß der Bau eines Einfamilienhauses zu jener Zeit rund 10 000 RM kostete.)[4]
Zu diesen hohen Summen kamen noch enorme Verwaltungskosten hinzu. Einem Vermerk des Preußischen Staatsministeriums vom 9. Januar 1943 ist zu entnehmen, daß diese für das dritte Vierteljahr 1942 mit 131 276,22 RM zu Buche schlugen. In einer Aktennotiz vom 11. Januar 1943 war zu lesen: »Die Kosten für die Verwaltung des Waldhofes Carinhall sind im Rechnungsjahr 1942 mit 100 000 RM im Haushalt des Preußischen Staatsministeriums und mit 375 000 RM im Haushalt des Beauftragten für den Vierjahresplan ausgebracht worden. [...] Nach dem Übereinkommen sind von den Ausgaben drei Viertel vom Reich und ein Viertel von Preußen zu tragen.«[5] Eine Notiz desselben Inhalts für das laufende Rechnungsjahr 1943 findet sich unter dem Datum vom 28. Juli 1943. Die Staatliche Bauverwaltung für Sonderaufgaben, die in Carinhall bauen ließ, unterstand dem Beauftragten für den Vierjahresplan, der auch die Kosten der Verwaltung Carinhalls übernahm, – Hermann Göring. Dieser war zugleich Preußischer Ministerpräsident. In anderen Worten: Göring hatte es geschickt verstanden, die ihm von Hitler erteilte »Generalvollmacht von weittragender Bedeutung«[6] bei der Durchführung des Vierjahresplanes und seine Machtstellung in Preußen weidlich auszunutzen und sich die notwendigen Mittel selbst zuzuteilen. Auch die Stiftung Schorfheide übernahm ihrerseits Rechnungen für Carinhall.[7]

Der zweite Erweiterungsbau 1939/40

Mit seiner Ernennung zum Reichsmarschall des »Großdeutschen« Reiches am 19. Juli 1940 war Göring öffentlich im Zenit seiner Karriere, Popularität und Macht angelangt. Auch hinsichtlich der Gestaltung, der verwendeten Materialien und der Einrichtung seines Waldhofes hatte Göring mit dem zweiten Erweiterungsbau in Carinhall neue Höhepunkte gesetzt, und der Hausherr konnte seinen Gästen großspurig erklären, daß es Tage dauern würde, ihnen die ganze Pracht und Schönheit des neuen Carinhall zu zeigen.[8]
An der Südseite des bestehenden Hauptgebäudes war durch einen gewaltigen Querbau und einen dritten Seitenflügel ein zweiter Innenhof hinzugefügt worden. Da der Erweiterungsbau direkt auf der bisherigen Zufahrtsstraße gebaut worden war, verlief diese fortan am Ufer des Wuckersees entlang, südlich am Waldhof vorbei und im großen Bogen von der Ostseite her in den neuen Innenhof. Um einen Ein-

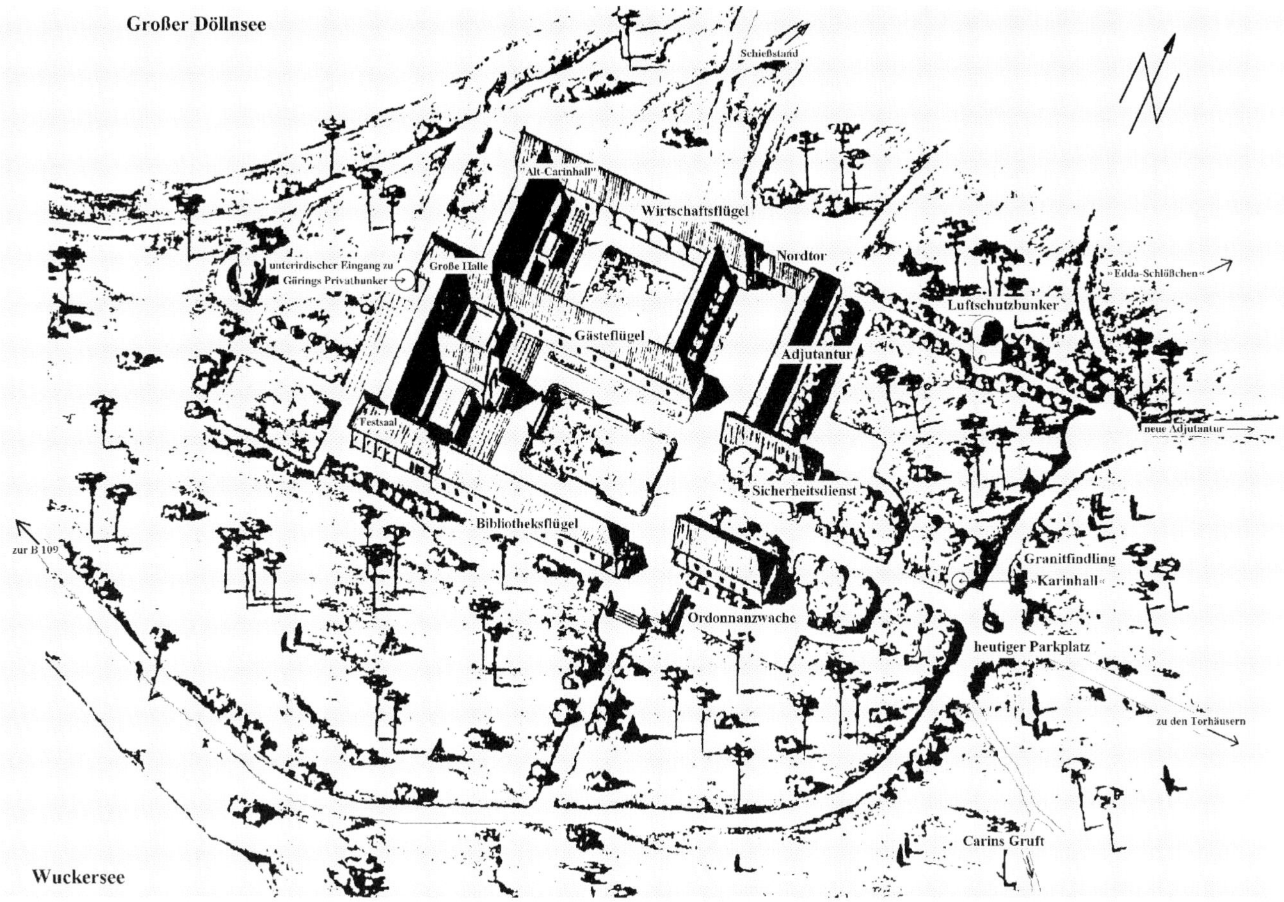

Der Bautenstand des Anwesens von 1940 bis zu seiner Sprengung 1945. Das Jagdhaus von 1934 (»Alt-Carinhall«) machte nur noch einen verschwindend kleinen Teil der neuen Residenz des Reichsmarschalls aus.

druck von den Dimensionen des »neuen« Carinhall zu vermitteln, seien hier die Maße aus den Original-Bauplänen der Gebäude rund um den südlichen der beiden Innenhöfe angeführt: Der neue Querbau verfügte über eine Firsthöhe von 17,15 Metern, eine Länge von 71,31 Metern und eine maximale Breite von 35,02 Metern, der neue Seitenflügel über eine Firsthöhe von 13,09 Metern, eine Breite von 11,80 Metern sowie eine Länge von 72,09 Metern. Damit lag die Gesamtlänge der Südseite bei rund 107 Metern. Die Dächer des Waldhofes waren derart ausladend, daß ein herkömmlicher Dachstuhl aus Holz die Last nicht mehr tragen konnte. Gaupen, Sparren und Eindeckung mußten deshalb auf schwere Stahlkonstruktionen aufgebracht werden. Ein Dachdecker soll seiner Familie erzählt haben, daß die Dächer des Anwesens zusammen über eine Fläche von einem Hektar verfügten. Allein die beiden Innenhöfe mit den umgebenden Gebäuden bedeckten rund 15 800 Quadratmeter. In den umliegenden Ortschaften artikulierte der Volksmund Görings Bauwut: »In Carinhall wird die Arbeit nicht all!«

Der neue Mitteltrakt war nahtlos an das bisherige Hauptgebäude angefügt worden. Vom neuen Innenhof betrat man durch ein weit ausladendes Portal, dessen spitzer Giebel ein kleines Glockenspiel trug, die Große Galerie, die bislang vor der Großen Jagdhalle geendet hatte und sich nunmehr auf ihrer ganzen Länge auch quer durch den neuen Teil des Hauses zog. Sie wurde von zwei Reihen quadratischer

Oben: Blick in den neuen Innenhof, Richtung Hauptportal. Im Frühjahr 1944 waren Dächer und Hauswände mit Tarnanstrich versehen, die Einfassung der Rasenfläche und die Fassade des Hauptgebäudes mit Tarnnetzen verhangen. Unten: Blick vom Hauptportal, links: der »Braunschweiger Löwe«, Mitte: die Ordonnanzwache, rechts: der Bibliotheksflügel.

Westseite des Waldhofes vom Nordufer des Großen Döllnsees aus gesehen. Von links nach rechts: Bootshaus 1, Segelboot, Boothaus 2, Lüftungsschacht des Bunkers, Bootshaus 3, Ausgang von Görings Privatbunker, Badehaus, Pumpstation.

Säulen aus rotem Marmor getragen; durch ein Flachdach aus Glaselementen durchflutete Tageslicht diesen Bereich der Wandelhalle.
Dem Eingangsportal genau gegenüber führte eine Doppelflügeltür in den mit 411 Quadratmetern größten Raum in Carinhall, den von zwölf Säulen aus dunklem Marmor getragenen Speisesaal, dessen ausziehbare Tafel mehr als 70 Gästen Platz bot. Den nach Westen zur Seeseite hin ausgerichteten Abschluß dieses Raumes bildete das »größte Fenster Europas«: Göring hatte Hitler übertrumpft und ein etwa zwölf mal vier Meter großes, dreiteiliges Fenster einbauen lassen, das auf Knopfdruck völlig im Boden versenkt werden konnte, wodurch der Speisesaal zu einer großen, über die Terrasse zum Park hin offenen Loggia wurde. Großflächige, mit Marmor umrahmte Gemälde zierten die Wände des Speisesaales, während eine aufwendig gearbeitete Stuckdecke den Raum nach oben hin abschloß. Links und rechts, quer zu seiner Längsachse, wurde der Speisesaal von zwei großen Räumen flankiert, dem Goldkabinett und dem Silberkabinett (je 85 Quadratmeter). Hinter jedem dieser Kabinette wiederum lag ein sogenanntes Spielezimmer (je 70 Quadratmeter). Im Obergeschoß des neuen Hauptgebäudes gab es einen Besprechungssaal mit anschließendem Kartenraum, in dem Göring ab Ende Januar 1940 seinen Generalstab und Wirtschaftsleute zu Besprechungen empfing. Für die Teilnehmer stand inmitten dieses Saales, dessen Wände Gobelins, Gemälde und Jagdtrophäen des Hausherrn zierten, ein langer Tisch mit hochlehnigen Stühlen.

Rechte Seite oben: Speisesaal. Unten: Besprechungssaal.

Der Bibliotheksflügel

An der Südwestecke des neuen Mitteltraktes war ein Festsaal entstanden, der exakt dieselben Ausmaße aufwies wie die Große Jagdhalle. Von hier aus zog sich der neue Bibliotheksflügel von West nach Ost und schloß den durch die Erweiterungsmaßnahmen entstandenen zweiten Innenhof nach Süden hin ab. Der Waldhof hatte nunmehr die Form eines gigantischen E.
Durch eine am Ende der Großen Galerie direkt vor dem Festsaal gelegene Halle mit bequemen Sitzgarnituren gelangte man in das neue Musikzimmer (154 Quadratmeter), dessen dominantes Einrichtungsstück ein riesiger schwarzer Konzertflügel war. Von hier aus betrat man die Bibliothek mit ihren raumhohen Bücherwänden, Lesetischen, schweren Sitzgarnituren und Stehlampen unter der weitgewölbten Decke. Mit 315 Quadratmetern Grundfläche war sie der zweitgrößte Raum des Waldhofes, gefolgt vom Festsaal und der Großen Halle mit jeweils 288 Quadratmetern. Mit eher bescheidenen 92 Quadratmetern schloß sich der Damensalon an die Bibliothek an. Im Herbst 1944 wurde hier eine Nähstube eingerichtet, in der Emmy Göring und einige Damen aus ihrem Freundeskreis Versorgungsfallschirme nähten, um ihren Beitrag für die Front zu leisten. Mit der anfänglichen Begeisterung war es jedoch nach wenigen Wochen vorbei, so daß die Da-

Im Erdgeschoß des neuen Bibliotheksflügels war der zweitgrößte Raum Carinhalls entstanden, die Bibliothek. Neben unzähligen Büchern waren auch hier Kunstwerke, beispielsweise ein mittelalterlicher Altar, untergebracht.

men ihre Tätigkeit wieder einstellten. Die Wohnräume der Hauswirtschafterin Cilly Wachowiak, die bereits seit September 1930 den Haushalt Görings in Berlin geführt hatte und nun als »guter Geist« des Waldhofes galt, schlossen diesen Seitenflügel im Erdgeschoß zur Ostseite hin ab. Davor, an der äußeren Stirnseite, war nunmehr die »Carinecke« eingerichtet worden, die sich vor dem Ausbau neben dem alten Südeingang befunden hatte.
Im Keller dieses neuen Seitenflügels, unter dem Speisesaal, war eine zweite, aufs modernste eingerichtete Küche untergebracht worden, die allerdings nur selten benutzt wurde, da Göring seine opulenten Gelage meist von führenden Häusern in Berlin wie dem Nobelrestaurant Otto Horcher ausrichten ließ, die dann auch das Bedienungspersonal stellten. Im Kellergeschoß, unter dem Festsaal, gab es ein Hallenschwimmbad: Unter der drei Meter hohen hölzernen Kassettendecke mit indirekter Beleuchtung befand sich das exakt 7,00 mal 9,50 Meter große und 1,60 Meter tiefe Schwimmbecken, das mit türkisfarbenen Fliesen ausgekleidet war. Mehrere unterhalb des Wasserspiegels installierte Beleuchtungskörper gaben dem Wasser ein blau-grünes Farbenspiel. An das Schwimmbad anschließend, lagen fünf Umkleideräume und mehrere Duschkabinen, ein Massageraum, eine Sauna von zwölf Quadratmetern sowie ein 40 Quadratmeter großer Raum für Wannenbäder und Unterwassermassage. Direkt im Anschluß an das Hallenbad, bereits unter dem Bibliotheksflügel, befand sich ein weiterer Fitneßraum, an den sich der 240 Quadratmeter große Spielkeller anfügte, in dem eine zweite riesige Modelleisenbahnanlage aufgebaut war.[9] Diese übertraf in ihrer technischen Finesse die erste Anlage auf dem Dachboden des Wirtschaftsflügels bei weitem. Auf der neuen Gleisanlage, die einer Miniaturlandschaft mit Bergen, Straßen und Häusern glich, konnten von zwei Schaltstellen aus 40 elektrische Weichen und Signallampen bedient werden. Ein Soldat, der als angehender Elektroingenieur zu Wartungsarbeiten eingeteilt worden war, erinnert sich: »Anfang Dezember 1944 lautete es mehrfach beim Morgenappell [der Wachkompanie] ›Techniker gesucht‹. So

Der Keller des Bibliotheksflügels beherbergte eine zweite, noch größere Modelleisenbahnanlage.

kamen ein Kamerad und ich zum Kommando ›Reparatur der Spielzeugeisenbahn‹. Ein älterer ziviler Hausangestellter führte uns in den Keller des Bibliotheksflügels, Eingang hofseitig. Nach kurzer Erklärung durch ihn waren wir ungefähr zehn bis zwölf Tage bei unseren Arbeiten allein. Die Modell-Eisenbahn, fürwahr eine Meisterleistung, wurde von der Firma Siemens & Halske gebaut und errichtet. Die Anlage auf einer Fläche von etwa fünf mal neun Metern hatte sechs Gleisringe verschiedener Spurweiten, die gleichzeitig betrieben werden konnten. Der Energieteil befand sich im Raum und bestand aus einem 30-kW-380-Volt-Drehstrommotor, starr gekoppelt mit einem Gleichstromgenerator mit zwölf Volt Niederspannung. In der Mitte der Anlage befanden sich eine erhöhte, bogenförmige Kommandobrücke mit Sitzposition sowie ein Tableau mit Reglern, Schaltern und Tastern. Neben vielen kleinen Häuschen, Bahnhofs- und Haltestellengebäuden gab es eine Vielzahl von ferngesteuerten Weichen, Signalen, Bahnschranken und Drehscheiben. Rund herum an den Wänden dieses Raumes standen auf Regalen meisterhafte Modelle im Maßstab 1:20 von Dampf- und Elektrolokomotiven, ein Schnellzugwagen mit zwei 2-cm-Vierlingsgeschützen sowie das Modell einer 8,8-Flak.«[10]

Das Edda-Schlößchen

Etwa 200 Meter abseits der Gebäude von Carinhall, in nordöstlicher Richtung, lag eine weitere Attraktion, über die damals viele Gerüchte im Volk umgingen – das für Edda im Garten erbaute, begehbare Modell des Schlosses Sanssouci in Potsdam. Von der deutschen Luftfahrtindustrie finanziert und Ende 1939 erbaut, hatte das Puppenhaus eine Länge von ungefähr 50 Metern, war etwa 3,5 Meter hoch und etwa sieben Meter breit. Alles in diesem Edda-Schlößchen, Räume und Mobiliar, war entsprechend der Größe eines Kindes gebaut und eingerichtet. Im Innern gab es ein kleines Klassenzimmer, in dem Edda von einer Erzieherin unterrichtet wurde, ein Theatersälchen mit Bühne und Vorhang, ein Badezimmer mit Miniaturbadewanne und -toilette. Auf dem Spielplatz vor dem Haus – mit Sandkasten, Schaukel, Wippe und Rutsche ausgestattet – stand eine französische Marmorgruppe aus dem 18. Jahrhundert »Spielende Kinder mit Ziege«.[11] Edda zeigte wenig Interesse an dieser erdrückenden Pracht, die ihren Vater aber um so mehr entzückte.

Der Leibfotograf Görings, Eitel Lange, schrieb über den »ungeheuren Eindruck«, den sein erster Besuch des »neuen« Carinhall im Sommer 1940 bei ihm hinterlassen hatte: »Von jetzt an sollte ich regelmäßig dieses sagenhafte Carinhall betreten, von dem so unzählige Gerüchte im Lande umhergingen und von dem bisweilen gesprochen wurde wie von der Hofhaltung Neros. [...] Zwischen dem Wuckersee und dem Großen Döllnsee lag das langgestreckte, wuchtige Landhaus mit den drei Flügeln, umgeben von herrlichen Gartenanlagen, Blumenbeeten, steinernen Brunnen, Tierfiguren aus Bronze, weißen Kieswegen, von polierten Gehplatten durchzogen ... Schon auf den ersten Blick war es der Landsitz eines Potentaten ... Ich spürte: Hier herrschte Hofluft. Ich befand mich in einer Welt, die um einen regierenden Fürsten zu kreisen schien. [...] Es war das Haus eines Monarchen oder Milliardärs.«[12]

Unweit der Gebäude Carinhalls hatte Göring für Tochter Edda das Potsdamer Hohenzollernschloß Sanssouci originalgetreu im Maßstab 1 : 10 nachbauen lassen, das sogenannte Edda-Schlößchen (Frühjahr 1944).

Für Göring arbeitete ein eigener »Hoffotograf« – Eitel Lange. Bei der Porträtaufnahme des kleinen Jungen vor dem Wirtschaftsflügel von Carinhall im Sommer 1943 ist der Tarnanstrich der Wände des Gebäudes deutlich erkennbar.

»Barackenstadt«, neue Adjutantur und Ordonnanzwache

Ganz und gar nicht komfortabel waren hingegen diejenigen untergebracht, die diese hochherrschaftliche Residenz erbauten: Für die erste Ausbauphase 1936/37 waren südlich des Waldhofes insgesamt sieben Baracken errichtet worden, in denen Wohn- und Aufenthaltsräume für die Bauarbeiter, die Bauleitung und eine Verkaufsstelle untergebracht waren.[13] Im Zuge der weiteren Ausbaumaßnahmen 1939/40 war etwa 700 Meter weiter östlich, schon außerhalb des inneren Sicherungsbereiches, die sogenannte Barakkenstadt entstanden, in der die zahllosen Arbeiter Unterkunft fanden. In einer der größeren Baracken betrieb der Groß Schönebecker Gastwirt Walter Stendel eine kleine Verkaufsstelle, die nach ihm benannte »Kantine Stendel«, wo sich Bauarbeiter und Soldaten der Wachkompanie mit dem Nötigsten versorgen konnten. Auch private Kurierdienste, Botengänge und Besorgungen wurden von Familie Stendel erledigt. In der 30 mal neun Meter großen Baracke gab es eine Küche, kleinere Wirtschaftsräume und einen großem Schankraum mit Bühne. Hier trafen sich Arbeiter wie Wachsoldaten zu gemeinsamen Veranstaltungen und während ihrer knapp bemessenen Freizeit; auch Filme wurden regelmäßig vorgeführt. Als der Waldhof fertiggestellt und das Gros der Bauhandwerker abgezogen war, wurde die »Barak-

»Barackenstadt«, »Kantine Stendel« (Sommer 1939), Weihnachtsfeier der Wachkompanie in der »Kantine« (1944).

kenstadt« weitgehend abgebaut. Neben einigen Baracken blieb lediglich die »Kantine Stendel« für die Soldaten der Wachmannschaften erhalten.

Während dem Hausherrn, seiner Familie und seinen Gästen Wohn- und Arbeitsräume im Überfluß zur Verfügung standen, wurden die räumlichen Verhältnisse der sich ständig erweiternden Arbeitsstäbe Görings im Verlaufe des Krieges zunehmend enger. Deshalb zog die Militärische Abteilung seines Stabsamtes 1943 aus der Adjutantur aus und quartierte sich in einem eigens zu diesem Zweck umgebauten Gebäude ein. In der neuen Adjutantur, einem T-förmigen Gebäude, das etwa 500 Meter östlich des Waldhofes oberhalb der (ursprünglichen) Straße stand, waren zuvor Architekten, Planungsbüros und die Bauleitung von Carinhall untergebracht gewesen. Nunmehr befanden sich hier im rechten Gebäudeflügel Funk- und Fernschreibräume, ein Lagezimmer, die Büros des militärischen Chefadjutanten Oberst Bernd von Brauchitsch und seines Vertreters Oberstleutnant Werner Teske sowie ein Raum, in dem die Luftlage dargestellt und ständig aktualisiert wurde. Gegenüber dem Eingang, im hinteren Teil des Hauses, befanden sich Küche, Offiziers- und Unteroffizierskasinos. Im linken Gebäudeflügel befanden sich Büros der Luftnachrichtentruppen und weiterer Offiziere des militärischen Stabes.[14]

Anfang Dezember 1939 wurde auch die Ordonnanzwache an der Zufahrt zum neuen Innenhof, südlich gegenüber der Adjutantur, ihrer Bestimmung übergeben. In ihr waren unter anderem das Wachlokal sowie Aufenthalts- und Schlafräume für die zur Wache aufgezogenen Soldaten der Wachkompanie untergebracht. Außerdem lagen hier zusätzliche Räume für eine kleine Feuerwehrtruppe. Im Keller stand ein leistungsstarker Dieselgenerator, der bei Stromausfall den Waldhof mit elektrischer Energie versorgen sollte. An der Gebäudesüdseite befanden sich die Zufahrten zu den fünf Garagen, in denen ein Teil der Fahrzeuge Görings und seines Begleitkommandos sowie ein Löschfahrzeug »LF 15« der Feuerwehr untergestellt waren.

Einen spektakulären Einsatz dieser Brandwache verursachte im Herbst 1940 der berüchtigte Gauleiter von Ostpreußen Erich Koch[15], der auf Görings Einladung zur Jagd in der Schorfheide weilte. Nach erfolgreicher Pirsch wurde in der Nacht zum 24. Okto-

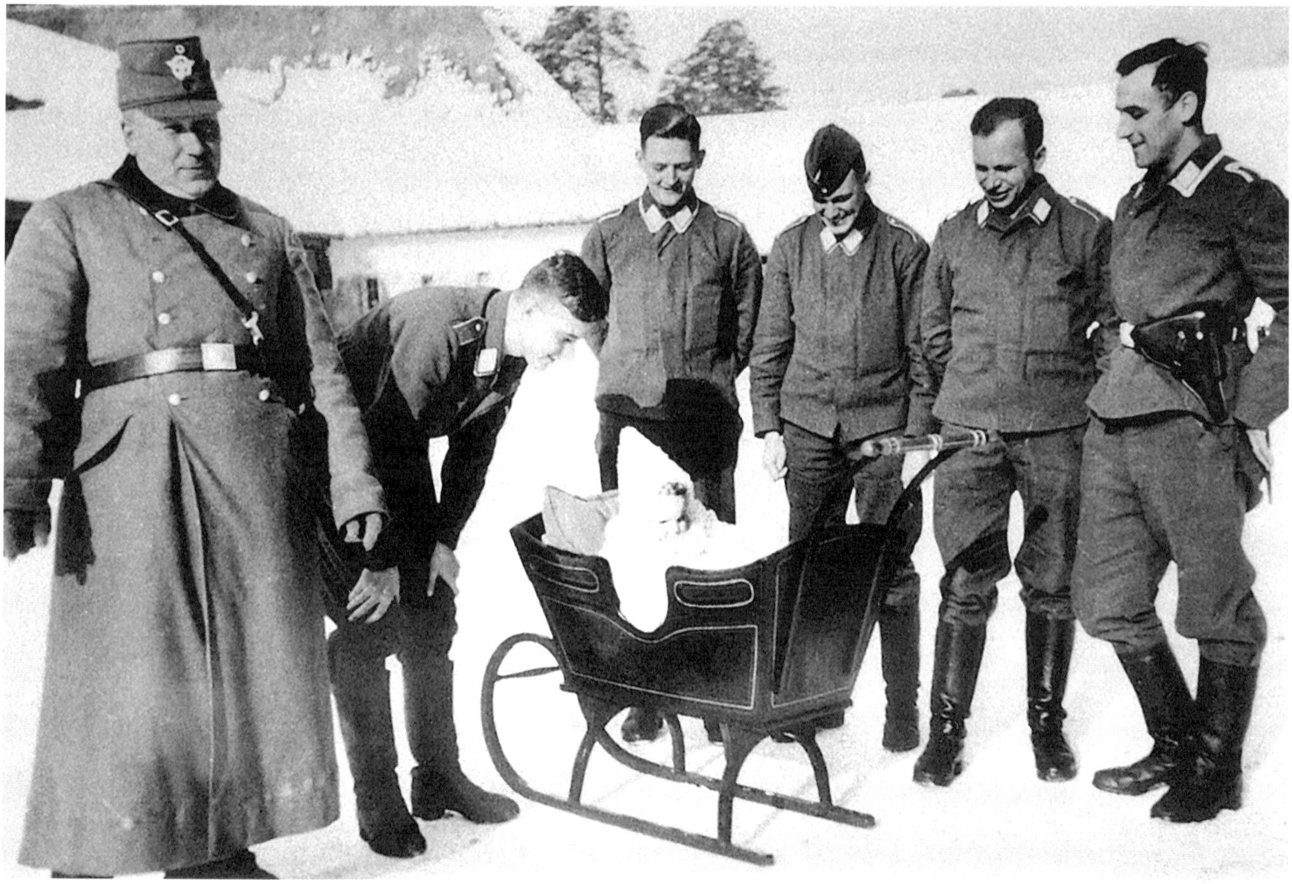

Nicht nur hochrangigen Gästen wurde Edda präsentiert, auch die »gemeinen« Soldaten durften Görings Nachwuchs bewundern, so im Winter 1940 vor der Adjutantur.

ber zusammen mit Oberforstmeister Schade im Jagdhaus am Kleinen Döllnsee zünftig gefeiert, wobei sich Koch fleißig als Heizer des offenen Kamins betätigte. Etwa gegen Mitternacht hatten die Tarnnetze, mit denen das Haus und der Schornstein gegen Lufteinsicht verhangen waren, Feuer gefangen und das reetgedeckte Dach in Brand gesetzt.[16] Die Feuerwehr von Carinhall hatte den Brand um 1.30 Uhr unter Kontrolle und bald darauf auch gelöscht.[17] Die um 0.22 Uhr ausgerückte Feuerwehr Zehdenick brauchte nicht mehr eingesetzt zu werden. Dennoch konnte aber nicht verhindert werden, daß das Gebäude durch das Schadensfeuer so sehr beschädigt worden war, daß es abgerissen werden mußte.[18] Das Gästehaus blieb dabei unversehrt und steht äußerlich nahezu unverändert noch heute.

Der Brand des Jagdhauses hatte noch ein Nachspiel, weil in derselben Nacht ein Luftangriff alliierter Bomber auf die Ortschaft Zehdenick stattgefunden hatte und um 3.49 Uhr am Nordrand der Stadt vier Spreng- und 60 Brandbomben niedergegangen waren, die jedoch keinen nennenswerten Schaden anrichteten. Das SS-Hauptamt nahm etwa ein Jahr später die Ermittlungen auf, nachdem das Gerücht aufgetaucht war, Koch und Schade hätten das Haus im Zuge eines Trinkgelages fahrlässig in Brand gesetzt und der Feuerschein des brennenden Hauses hätte den einfliegenden Bomberverbänden sozusagen das Ziel gewiesen. Dieser Verdacht konnte im Verlauf der durchgeführten Untersuchung aber nicht bestätigt werden. Als Ersatz für das niedergebrannte Gebäude entstand am Nordufer der Großen Döllnsees, nahe der Landstraße, ein neues Gästehaus mit einer Wohnung für Schade: das später nach ihm inoffiziell benannte Schade-Haus.

Etwa zeitgleich mit dem Bau dieses neuen Schade-Hauses ließen sich nur wenige Kilometer von Carinhall entfernt weitere NS-Funktionäre sowie Mitarbeiter Görings nieder. Sein Duzfreund und enger Vertrauter, der Staatssekretär im Preußischen Staatsministerium Paul (»Pili«) Körner, bezog ein Wohnhaus am Südufer des Kleinen Döllnsees, indes am Nordufer eine Villa für Dr. Erich Gritzbach, den Chef von Görings Stabsamt und späteren Vorsitzenden der Stiftung Schorfheide, entstand. Dieses, in der damaligen Zeit offiziell als Heidehof bezeichnete, stattliche kleine Anwesen ist bis heute bewohnt, während das ehemalige Körner-Haus mittlerweile leersteht. Der »Blut und Boden«-Ideologe Hitlers, Reichsbauernführer Richard Walter Darré, ließ sich ein Wohnhaus am nahegelegenen Trämmersee errichten. Kurz nach Kriegsende wurde das Haus ein Raub der Flammen, während das Wirtschaftsgebäude erhalten blieb und nach entsprechenden Umbaumaßnahmen SED-Politbüro-Mitglied Günter Mittag als Jagdhaus diente.

Das Hermann-Göring-Museum

Die Eitelkeit des Reichsmarschalls Göring kannte auch kurz vor Kriegsende, als Deutschland bereits in Schutt und Asche lag, noch keine Grenzen: Während der Feier anläßlich seines 52. Geburtstages am 12. Januar 1945 stellte er den anwesenden Gästen in Carinhall die noch aus Vorkriegszeiten stammende Planung vor, seine Residenz durch einen dritten Erweiterungsbau abermals um mehr als das Doppelte zu vergrößern.

In einem an der Südseite angefügten Gebäudekomplex von gigantischen Ausmaßen sollte das Hermann-Göring-Museum untergebracht und am 12. Januar 1953 aus Anlaß seines 60. Geburtstages feierlich eröffnet werden. Der für diese dritte Ausbaustufe geplante Gebäudekomplex hätte eine Länge von über 300 Metern und eine Tiefe bis zu 65 Metern gehabt. Vor dem Internationalen Militärgerichtshof in Nürnberg gab Göring in der Vormittagssitzung vom 15. März 1946 zu Protokoll: »Die Pläne für den Auf- und Ausbau dieser Galerie, die als Anbau ... in Karinhall erfolgen sollte und in der die Kunstgegen-

Rechte Seite: Während seiner Geburtstagsfeier am 12. Januar 1945 präsentierte Göring den erstaunten Gästen seine weltfremden Pläne eines Hermann-Göring-Museums, für das Carinhall um das Doppelte erweitert werden sollte.
Oben: Blick vom Wuckersee auf das geplante Museum.

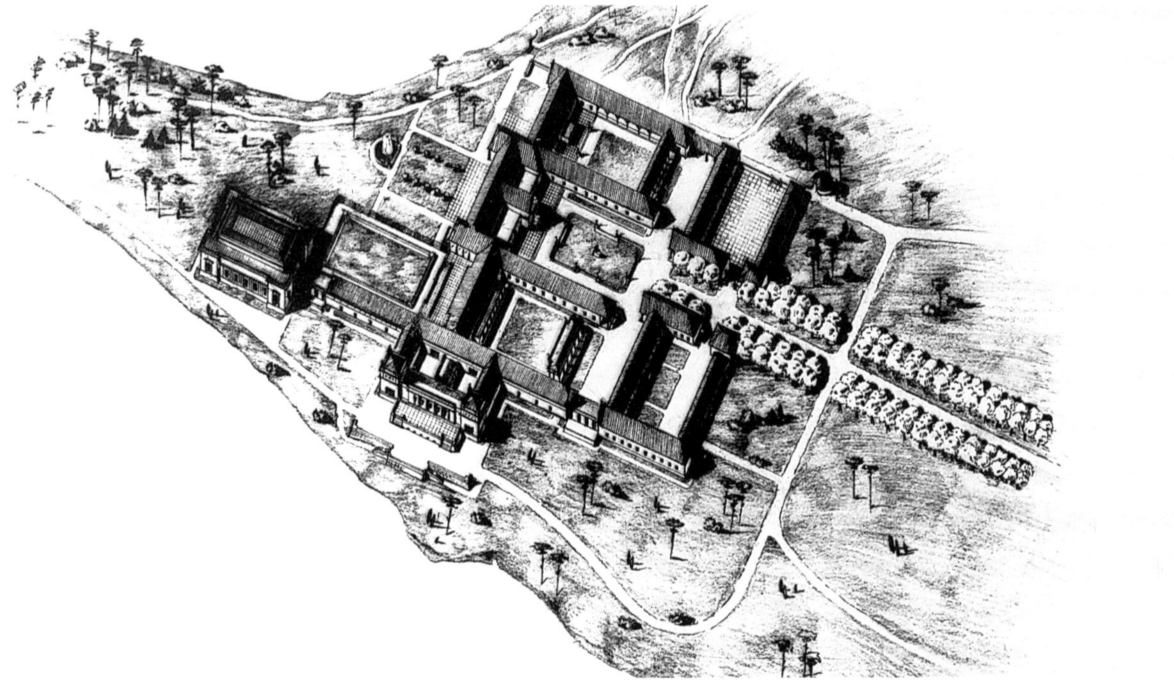

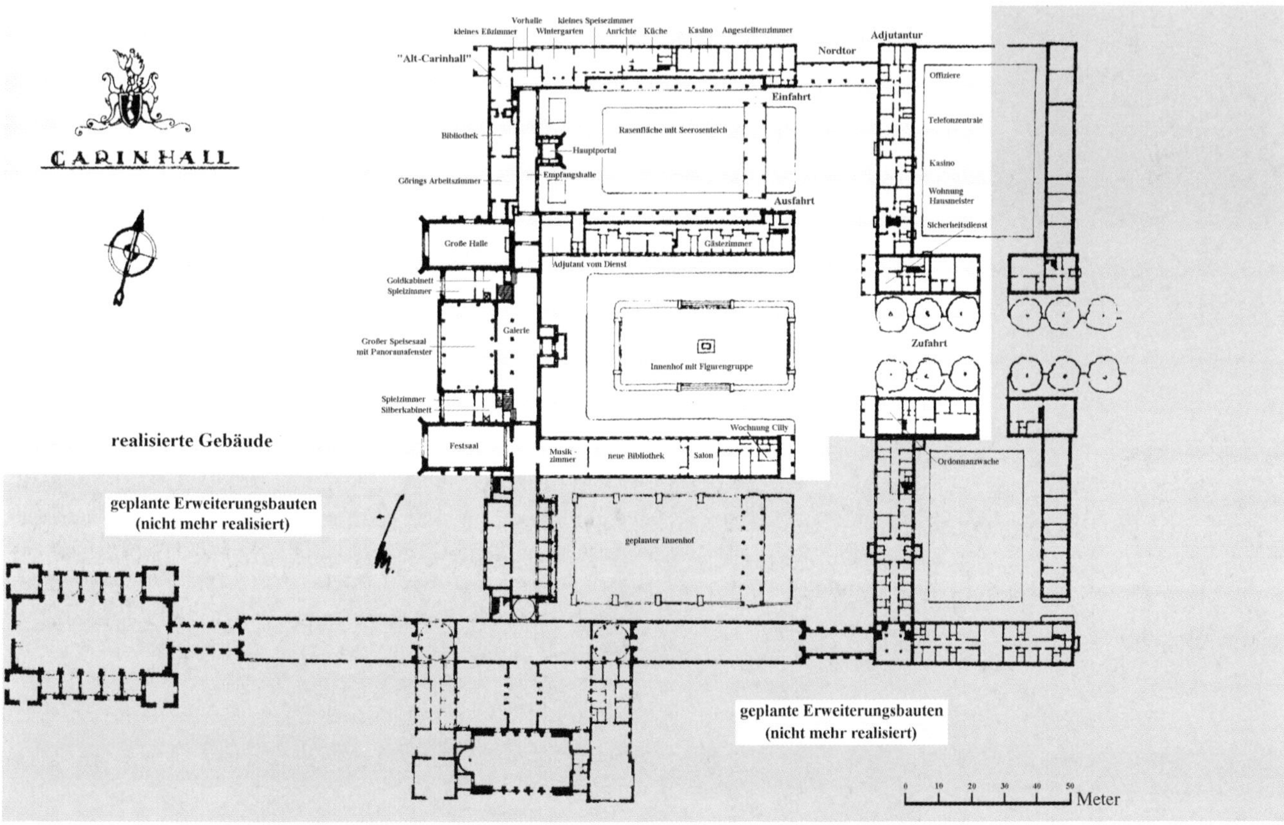

CARINHALL
Vorhalle
kleines Speisezimmer
kleines Eßzimmer
Wintergarten
Anrichte
Küche
Kasino
Angestelltenzimmer
Adjutantur
"Alt-Carinhall"
Nordtor
Offiziere
Einfahrt
Telefonzentrale
Bibliothek
Rasenfläche mit Seerosenteich
Hauptportal
Kasino
Görings Arbeitszimmer
Empfangshalle
Wohnung
Hausmeister
Ausfahrt
Sicherheitsdienst
Große Halle
Gästezimmer
Adjutant vom Dienst
Goldkabinett
Spielzimmer
Galerie
Zufahrt
Großer Speisesaal
mit Panoramafenster
Innenhof mit Figurengruppe
Spielzimmer
Silberkabinett
Wochnung Cilly
realisierte Gebäude
Festsaal
Musik-
zimmer
neue Bibliothek
Salon
Ordonnanzwache
geplante Erweiterungsbauten
(nicht mehr realisiert)
geplanter Innenhof
geplante Erweiterungsbauten
(nicht mehr realisiert)
0
10
20
30
40
50
Meter

Nationalsozialistisch-monumental sollte auch das Innere des Museums aussehen. Oben: geplante Gemäldegalerie. Unten: Entwurf für die Große Bibliothek.

stände, ihren verschiedenen Entstehungen und Jahrhunderten nach, ... ausgestellt werden sollten, waren fertig und konnten nur wegen des Kriegsausbruches nicht ausgeführt werden. Es sollte sich um Gemälde, Statuen, Gobelins und Kunstgewerbe der jeweils gleichen Epoche handeln, die zusammengestellt werden sollten.«[19] In diesem Museum wollte Göring, wie er vorgab, seine Kunstsammlung dem deutschen Volk zugänglich machen.

Als erste Maßnahme im Vorfeld dieser Pläne wurde bereits ab 1942 die Allee von der Hornisseneiche zum Hirschplatz angelegt, die als repräsentative Zufahrt nach Carinhall geplant war und für die im Staatshaushalt Kosten in Höhe von 662 000 RM bereitgestellt wurden. Mit einer Länge von einem Kilometer führte sie in Ost-West-Richtung geradewegs in den neueren der beiden Innenhöfe. Auf halber Strecke gab es ein bepflanztes Rondell, durch das der schnurgerade Verlauf der Straße – wahrscheinlich als Sichtschutz – unterbrochen wurde. Die Allee war zehn Meter breit und beidseitig mit einer Doppelreihe Kastanienbäume bepflanzt, die sich vom ursprünglichen Baumbestand dieser Landenge abhoben. Um die Straße während der Bauphase gegen Lufteinsicht zu tarnen, wurden künstliche Bäume aufgestellt. Am Beginn der Allee entstanden im Sommer 1942 zwei »Torwärterhäuser« und Ende 1943 dazugehörige Wohnbauten für die Wachen. Für die beiden »Postenhäuser aus Traventin-Kalkstein, je 2,70 Meter breit und tief, 4,90 hoch, in scharrierter Werksteinarbeit«[20] waren im Haushalt der Staatlichen Bauverwaltung für Sonderaufgaben Kosten in Höhe von 100 000 RM veranschlagt worden. Davon entfielen allein rund 40 000 RM auf die »plastisch-dekorativen Arbeiten«, zu denen auch die beiden gekreuzten Marschallstäbe mit Eichenzweig gehörten, die von dem Berliner Bildhauer August Rhades geschaffen wurden. Beide Postenhäuser sollten außerdem mit je einer »räumlich sehr großen Plastik« bekrönt werden, die zwar bei dem Bildhauer Nikolaus Simon in Auftrag gegeben, aber ebensowenig vollendet und zur Montage gebracht wurde wie das zweiflüglige, schmiedeeiserne Gittertor, mit dem die Zufahrt zur Allee zwischen den beiden Postenhäusern verschlossen werden sollte.[21] Die beiden Wachhäuser hätten nach Fertigstellung der Zufahrt die Mannschaft der Torwache aufnehmen sollen und wurden zumindest vorübergehend als Magazin des Waffen- und Gerätewarts (WuG) der Wachkompanie genutzt.[22] Allein die Baumaßnahmen im Zusammenhang mit der Zufahrtsallee, die auch den Neubau der Torgebäude und den Bau einer Umgehungsstraße um den Wuckersee umfaßten, betrugen rund 1,1 Millionen RM. Diese zukünftige Hauptzufahrt zum Waldhof wurde jedoch niemals fertiggestellt und von Göring auch nicht genutzt. Für den geplanten Bahnanschluß seines Museums ließ Göring zu dieser Zeit Gelände aufkaufen; auch der notwendige Bahndamm für das Gleis von Friedrichwalde nach Carinhall war teilweise schon aufgeschüttet worden.

Jedem seiner Gäste präsentierte Göring die Schätze von Carinhall, so auch Paul von Jugoslawien im Sommer 1939. Genau wie er zeigten sich die meisten Besucher beeindruckt, einige waren aber zugleich unangenehm berührt.

Die Sammlung Göring – Carinhall als »Hort der Kunst«

»Als treuer Gefolgsmann das Vorbild des Führers immer vor Augen«[23], wollte der »zweite Mann« durch seine Planungen für das Hermann-Göring-Museum in der Schorfheide mit der von Hitler im März 1938 verfügten Errichtung des Neuen Kunstmuseums in Linz gleichziehen. 1951 sollte dort die größte Gemäldegalerie der Welt der Öffentlichkeit übergeben werden.[24] Die beiden höchsten Repräsentanten des Dritten Reiches waren bis Januar 1945 eifrig damit beschäftigt, die Hallen ihrer künftigen Museen mit Kunstwerken zu füllen. Und wenngleich die jeweiligen Interessensphären gegeneinander abgesteckt waren – Hitler sollte die Kunst des 18. und 19. Jahrhunderts, Göring die übrigen Epochen sammeln[25] – , kamen sich der verhinderte Maler Hitler und der »Renaissancemensch« Göring bei ihren Kunstraubzügen immer wieder in die Quere. Der formale Unterschied in dieser Konkurrenz um die europäische Kunst bestand darin, daß Linz von Anfang an als nationales Museum für das »Großdeutsche« Reich und das deutsche Volk konzipiert war, Göring hingegen für sich selbst sammelte und

Göring liebte Pracht und Prunk und hortete Unmengen von Kunstgegenständen. Einige davon waren Geschenke – wie Makarts »Die Falknerin«, die Hitler ihm zum Geburtstag 1938 in seiner Berliner Villa am Leipziger Platz überbrachte.

die Kunstwerke als sein Eigentum betrachtete. Die Praxis der Aneignung war bei beiden aber mehr oder weniger dieselbe.
Bereits vor der »Machtergreifung« der Nazis hatte Göring in bescheidenem Umfang Kunst erworben, doch nach seiner Ernennung zum Preußischen Ministerpräsidenten im April 1933 und den damit verbundenen finanziellen Möglichkeiten konnte er damit beginnen, seine Sammlung in dem Maße auszubauen, wie es seinem Selbstverständnis als Förderer der Künste entsprach.[26] Generaloberst Heinz Guderian berichtete gern von den häufigen Gefühlsausbrüchen, die Göring etwa angesichts einer Kollektion von Gemälden alter Meister überkamen: »Herrlich! Ich bin nun einmal ein Renaissancemensch, ich liebe die Pracht.«[27]
Die Göringsche Sammlung in Carinhall bestand im wesentlichen aus drei Teilen: den Geschenken, den gekauften Stücken und dem widerrechtlich angeeigneten Kunstgut. Göring verstand es geschickt, seine Ämter und Ehrenbürgerschaften dafür zu nutzen, sich gezielt reichlich beschenken zu lassen. So erhielt das Paar Göring zu seiner Hochzeit 1935 unter anderem zwei Gemälde von Lucas Cranach, dem Lieblingsmaler Hermann Görings, aus der Münchener Pinakothek und anläßlich der Taufe der Tochter Edda 1938 ein weiteres Cranach-Bild, »Madonna mit Kind«, von der Stadt Köln. Hitler schenkte Göring zu seinem 44. Geburtstag 1937 ein »Porträt des Führers« von Alfred Knirr und im Jahr darauf Hans Makarts »Falknerin«. Vom Chef der Deutschen Arbeitsfront (DAF), Dr. Robert Ley, bekam der Jubiliar 1938 Cranachs »Lukretia«, Mussolini überreichte ihm 1939 die Plastik »St. Georg« von Marini. Weitere Geschenke empfing Göring von den Größen des deutschen Verlagswesens wie Ullstein und Brockhaus und von Firmen der Industrie wie Thyssen, IG Farben, Mercedes-Benz und Lufthansa. Als Ansprechpartner bei den Schenkungen diente Staatssekretär Erich Gritzbach, der mehr oder weniger dezent auf die besonderen Wünsche Görings hinzuweisen wußte.
Im Gegensatz zu Hitler verfügte Göring für seine Kunstankäufe nicht über eine eigene Verwaltung, sondern bediente sich verschiedener Kunsthändler, die zunächst Deutschland, später dann die besetzten Gebiete wie ein regelrechtes Netz überzogen. Bis Kriegsende tummelte sich Göring auf den »Basaren« Europas, verkehrte dabei – wie er selbst resümierte – mit »dem ganzen Abschaum der internationalen Kunstszene«[28] und gab riesige Summen für Kunstwerke aus, bei denen er oft überteuerte Preise zahlte. Dafür benötigte Göring Unmengen an Geld, das er sich einerseits als Sondermittel aus dem Staatshaushalt zur Verfügung stellen ließ. Andererseits »organisierte« sich Göring die notwendigen Summen über seine vielen Posten bzw. entnahm sie dem Hermann-Göring-Kunstfonds der deutschen Wirtschaft, in den Unternehmen wie die Allianz AG, Junkers und Osram einzahlten. Spitzenreiter unter den Donatoren war der Zigarettenfabrikant Philip Reemtsma, der von Juli 1937 bis Dezember 1943 fast 15 Millionen RM spendete, vermutlich als Dank, daß Göring über seine Steuerschulden von vor 1933 hinwegsah.[29]
Doch der legale und halblegale Handel verfügte nur über ein eingeschränktes Kontingent derjenigen Kunst, die Göring zu besitzen wünschte, – vor allem deutsche und niederländische Meister des 15. bis 17. Jahrhunderts. Er nutzte deshalb bereitwillig die »neuen Möglichkeiten«: Bei den Kunstplünderungen in Österreich 1938 wurde Göring in seinem Übereifer durch Hitler Einhalt geboten, er hatte im Revier des »Führers« gewildert; an den Aktionen in der Tschechoslowakei war Göring dann kaum beteiligt. Nach dem Überfall auf Polen aber ernannte er im Spätherbst 1939 einen »Sonderbeauftragten für die Sicherung der Kunstschätze in den besetzten Gebieten«, SS-Standartenführer Dr. Kajetan Mühlmann, der Generalgouverneur Hans Frank in Krakau unterstellt war.[30] Mühlmanns Sicherstellungskommando räumte in Görings Auftrag polnische Kirchen, private und staatliche Kunstsammlungen aus; viele dieser Werke gelangten dann nach Carinhall.[31]
Für den Feldzug im Westen meldete Hitler seinen »Führervorbehalt« bei der Erstauswahl von Kunstwerken aus dem »Besitz von Juden, Freimaurern und Staatsfeinden« an, um sein Terrain gegen Göring abzusichern. Nach der »Unterwerfung« Frankreichs machten sich im Sommer 1940 dann verschiedene NS-Dienststellen auf die Suche nach Kunstgegenständen, über die größte gebot Reichsleiter Alfred Rosenberg mit seinem »Einsatzstab« (ERR). Göring vermochte es, den Einsatzstab bald für seine Zwecke

Göring in Zivil im Kunstlager des Einsatzstabes Reichsleiter Rosenberg im Jeu de Paume in Paris (1940).

zu instrumentalisieren, so »daß vom Zeitpunkt der ersten Besichtigung des beschlagnahmten Kunstgutes durch den Reichsmarschall die Dienststelle keinen Einfluß mehr auf den Gang der Dinge hat[te] und daß lediglich die gesamte Arbeit für und nach Weisung des Reichsmarschalls durchgeführt«[32] wurde. Dabei kam Göring das ihm unterstellte »Devisenschutzkommando« zugute, das unter anderem die Aufgabe hatte, Banktresore sowie den gesamten Bank- und Geschäftsverkehr zu kontrollieren.

In einem Befehl vom 5. November 1940 bestätigte Göring formell den »Vorbehalt« Hitlers auch für die Aneignung jüdischen Kunstbesitzes in Frankreich, der zu diesem Zweck als »herrenlos« deklariert und beschlagnahmt wurde.[33] In der Praxis setzte er sich über seine Weisung aber des öfteren hinweg. Dies gelang ihm um so leichter, als er der einzige in der NS-Führungsriege war, der persönlich anreiste, um sich zu bedienen, und mit seinem Sonderzug meist auch als erster an Ort und Stelle war.[34] So schlug er nicht nur Nebenbuhler wie Goebbels und von Ribbentrop aus dem Feld, sondern agierte auch an seinem »Führer« vorbei. Das Pariser Zentrallager für beschlagnahmte Kunst im Jeu de Paume[35] besuchte Göring vom 3. November 1940 bis zum 27. November 1942 nicht weniger als 20mal. Gewöhnlich kündigte er seine Besuche nur wenige Stunden zuvor an, so daß es die Verantwortlichen des Einsatzstabes, allen voran Görings Gehilfe vor Ort, Dr. Bruno Lohse,[36] gerade noch schafften, die neuesten Beutestücke aufzuhängen, damit der Reichsmarschall auswählen konnte. Bis Dezember 1941 bauten Lohse und sein Mitarbeiter, der Kunsthistoriker Gunther Schiedlausky, zehn solcher exklusiven Bildschauen für Göring auf.[37]

Sein Chefeinkäufer, der »Direktor der Kunstsammlungen des Reichsmarschalls« Walter Andreas Hofer,[38] selbst Kunsthändler von Beruf, leitete die langen Wunschlisten dann an den Einsatzstab weiter, woraufhin jedes Werk einer Einzelprüfung unterzogen wurde. Der Packwagen seines Sonderzuges »Asien« fuhr praktisch nie leer, wenn Göring nach Carinhall zurückkehrte.[39] Um die finanziellen Formalitäten kümmerte sich bis 1943 Greta Grundtmann, dann Gisela Limberger, die der Abteilung II des Göringschen Stabsamtes vorstand und für die private Korrespondenz, die Finanzen und die Inventarisierung der Kunstsammlung verantwortlich war. Göring bestand darauf, daß zu allen seinen Erwerbungen, auch im Jeu de Paume, Rechnungen geschrieben wurden, deren Bezahlung dann – hauptsächlich aus dem Kunstfonds, offiziell »Sonderkonto Reichsmarschall« – erfolgte. So wurde auch bei beschlagnahmten, meist jüdischen Kunstgütern nach außen und für die Bücher die formal-rechtliche Legalität einer kriminellen Praxis gewahrt.

Ein markantes Beispiel für die Erwerbstätigkeit Görings in Frankreich war das Schicksal der berühmten Kunstsammlungen der Familie Rothschild, deren Gemälde in der Rangliste von französischen Kunstschätzen für Hitler wie Göring an oberster Stelle standen.[40] Zur Zeit der Beschlagnahmung durch den Einsatzstab umfaßten sie mindestens 5 000 Werke, darunter Bilder von Goya, Hals, Raffael, Rembrandt, Rubens, Tizian und Velázquez. Außerdem besaßen die Rothschilds Bibliotheken wertvollster Bücher.

Bei Kriegsbeginn hatte die Familie ihre Schätze versteckt, doch der Einsatzstab setzte im Herbst 1940 alles daran, ihrer habhaft zu werden, – mit Erfolg. Anfang Februar 1941 hatte der Stab neben vielen anderen auch Werke aus den Rothschildsammlungen im Jeu de Paume zusammengetragen und hatten seine 60 Mitarbeiter eine vorläufige Inventarisierung vorgenommen. Am 3. Februar wurde fast die gesamte Beute in einem der Sonderzüge Görings nach Deutschland gebracht. Per Eilbefehl hatte der Reichsmarschall die Kennzeichnung der Kisten mit H- und G-Stempeln angeordnet: Die Kisten H 1 bis H 19 gingen in das »Führermuseum« nach Linz, die Nummern G 1 bis G 23 zu großen Teilen nach Carinhall.

Dasselbe Schicksal wie die Rothschild-Sammlungen erlitten durch die Tätigkeit des Einsatzstabes die Sammlungen der Bernheim-Jeunes, David David-Weills, Alphonse Kanns und Paul Rosenbergs. Viele der Kunstwerke gelangten durch Vermittlung von Görings Privatkurator Hofer alsbald nach Carinhall.

Um die Widerstände seitens der Wehrmachtsstellen gegen diese Plünderungen zu unterdrücken, gab Hitler am 1. März 1942 einen »Führer-Erlaß« heraus, der Alfred Rosenbergs Raubzüge, die vornehmlich ihm selbst und Göring dienten, als Maßnahme gegen »Juden, Freimaurer und die mit ihnen verbündeten Gegner des Nationalsozialismus« sanktionierte und wonach die »planmäßige geistige Bekämpfung dieser Mächte eine kriegsnotwendige Aufgabe« sei.[41]

Auch in Holland wurde Hofer für Göring aktiv. Bereits fünf Tage nach dem Einmarsch deutscher Truppen am 15. Mai 1940 traf der Chefeinkäufer dort ein, sein Dienstherr selbst folgte eine Woche später. Hofer wurde von Gritzbach begleitet, der dafür Sorge zu tragen hatte, daß Göring stets über Bargeld in ausreichendem Maße für seine Kunsteinkaufstouren verfügen konnte.[42] Da der Einsatzstab Reichsleiter Rosenberg in Holland nicht tätig war, organisierte die Kunstverschiebungen vor Ort die »Feindvermögensstelle« mit dem bewährten Kajetan Mühlmann an ihrer Spitze.

Die für ihn wichtigsten Gemälde – alte Meister wie Cranach und Rubens – kaufte Göring im Frühjahr und Herbst 1940 vor allem aus den Sammlungen Franz Koenigs, Catalina von Pannwitz' und Hans Tietjes. Neben den Kunstsammlern waren es die

In Holland gab sich Göring dem Kaufrausch hin, wie hier in einem Amsterdamer Juweliergeschäft am 25. Juni 1940.

Händler, die Göring belieferten, allen voran die Firma Goudstikker/Miedl in Amsterdam. Alois Miedl, ein windiger Geschäftsmann, erwarb für Göring in großem Umfang Gemälde auf dem holländischen Kunstmarkt. So wurden im Herbst und Winter 1940 mehrere Sonderzüge mit wertvollen Bildern für die Fahrt nach Carinhall zusammengestellt. Bis Kriegsende besuchte Göring Miedl immer wieder; außerdem kaufte er bei Pieter de Boer, Étienne Delaunoy, Hoogendijk und Nathan Katz. In Belgien verfuhr der Reichsmarschall auf dieselbe Weise und kam mit Hilfe von Hofer und Miedl unter anderem zur berühmten Sammlung alter deutscher und flämischer Meister des Emile Renders.[43]

Doch nicht alle Kunstgegenstände, die Göring erwarb, waren für seine eigene Sammlung in Carinhall bestimmt. Besonders die »entartete« Kunst kaufte Göring mit dem Ziel an, sie gegen Werke nach seinem Geschmack einzutauschen. Zu diesem Zweck machte er sich das vom Einsatzstab Reichsleiter Rosenberg entwickelte »Schweizer System« zunutze; auch hier hatte Hofer seine Finger maßgeblich im Spiel. Zwischen Februar 1941 und November 1943 organisierte der Einsatzstab 28 Tauschgeschäfte mit Beutekunst über die neutrale Schweiz, bei denen allein 18mal Göring formell als Käufer fungierte. Für ein Gemälde eines alten Meisters »bezahlte« er bis zu zehn moderne Bilder – etwa Corots, Degas', Monets oder van Goghs.[44] Auf diese Weise »kaufte« Göring im Frühjahr 1941 unter anderem vier weitere Cranach-Gemälde für Carinhall in der Luzerner Galerie Theodor Fischers. Neben diesen Tauschgeschäften bezahlte Göring Fischer rund 1,2 Millionen Schweizer Franken für 26 Gemälde, darunter das

In Reihen hingen die Gemälde an den Wänden Carinhalls übereinander, mittendrin Cranachs »Adam und Eva«.

»Portrait von Philip Melanchton«, »Die Flucht aus Ägypten« sowie »Adam und Eva« von Lucas Cranach.[45]

Neben Frankreich und Holland war Italien Görings bevorzugtes Kunstjagdrevier. Selbstverständlich von Hofer unterstützt, halfen ihm vor Ort Prinz Philipp von Hessen und Dr. Gottlieb Reber. Im Januar 1941 »überließ« Mussolini Göring acht bedeutende Gemälde aus dem südtirolischen Sterzing, die als nationales Erbe Italiens galten. Um die Zollbestimmungen zu umgehen, wurden – im Einverständnis mit dem »Duce« – diese und alle folgenden Sendungen für Göring unter Wert deklariert. So verließen im November 34 versiegelte Kisten mit Kunstgegenständen Italien gen Carinhall, die angeblich einen Wert von 200 000 Lire hatten, für deren 15 wichtigste Stücke Hofer aber allein schon 12,5 Millionen Lire bezahlt hatte.[46] 1942 kaufte Göring beispielsweise bei Armando Brassini in Rom eine Anzahl Marmorskulpturen für Carinhall sowie bei Graf Alessandro Contini in Florenz diverse Gemälde, darunter Masolinos »Madonna mit Kind« und Tintorettos »Leda mit dem Schwan«. Nach ihrem Kauf wurden die Kunstgegenstände gewöhnlich bis zum Abtransport in der deutschen Botschaft in Rom aufbewahrt. Die Göringschen Sonderzüge mit Kunstgütern rollten so bis zum Sturz Mussolinis im Juli 1943 und der Landung der Westalliierten in Italien am Zoll vorbei nach Carinhall.

Wegen der erwarteten Krieghandlungen war ein großer Teil der Schätze des Campodimonte-Museums von Neapel in die Benediktinerabtei Montecassino gebracht worden, die selbst über eine riesige Sammlung von Kunstgegenständen, Reliquien und Büchern verfügte. Da die Gefahr alliierter Luftangriffe bald auch für Montecassino akut wurde, verlagerte eine Abteilung der Hermann-Göring-Division die Kunstwerke nach Norden und rettete sie dadurch. Im Zuge der Evakuierung des Klosters zweigten Offiziere dieser Einheit einige der wertvollsten Bilder und Statuen ab, um sie ihrem Oberbefehlshaber zu seinem 51. Geburtstag am 12. Januar 1944 zu schenken. Im Dezember 1943 kamen die Gegenstände in der Regimentskaserne in Berlin-Reinickendorf an und wurden umgehend nach Carinhall gebracht, wo Hofer und Gritzbach sie zu den anderen Geschenken stellten. Als Göring davon erfuhr, erklärte er Gritzbach jedoch, daß er die Werke aus Montecassino keinesfalls annehmen würde. Wahrscheinlich war solch ein offensichtlicher Diebstahl Göring zu dreist, der Wert darauf legte, wenigstens den Schein der Legalität über seiner Sammlung zu wahren. Als Notlösung wurden die Kunstgegenstände in einer kleinen Ausstellung in Carinhall gezeigt.[47]

Ab Anfang 1943 hatte sich Reichsmarschall Göring mehr und mehr in die Scheinwelt seiner Kunstsammlung in Carinhall zurückgezogen. Die Planungen für die Erweiterung des Waldhofes zum Hermann-Göring-Museum waren für ihn wichtiger als die Nachrüstung seiner Luftwaffe.[48] Die Frachtzüge des Einsatzstabes mit französischer Beutekunst rollten ungeachtet der Lage an den Fronten weiter. Von März 1941 bis Juli 1944 fanden 29 große Transporte statt, zum Teil unter Begleitschutz der Göringschen Luftwaffe. Insgesamt gelangten dabei 4 174 Kisten mit Kunstgütern in 138 Eisenbahnwaggons nach Deutschland, in denen sich 21 903 Kunstgegenstände befanden, darunter allein 5 281 Gemälde.[49] Viele der Schätze kamen nach Carinhall. Zur Göringschen Kunstsammlung gehörten letztendlich 1 375 Gemälde, 250 Skulpturen, 108 Wandteppiche, 200 Stück wertvoller Möbel, 60 persische und französische Teppiche, 75 farbige Fenster und 150 andere Kunstgegenstände.[50] Laut seinen eigenen Angaben lag ihr Wert bei 50 Millionen RM, unabhängige Schätzungen gingen dagegen von etwa 600 Millionen RM aus.[51]

Erst im Februar 1945 entschloß sich Göring, seine Sammlung aus Carinhall in Sicherheit zu bringen. Bei einem Rundgang durch die Räume des Waldhofes in Begleitung Hofers bestimmte er, welche Kunstwerke sofort und welche später fortgeschafft werden sollten. Der erste Transport fuhr am 23. Februar in Richtung Burg Veldenstein ab, der zweite folgte am 13. März. Die dritte Sendung mit den wichtigsten Stücken der Göringschen Sammlung und Unmengen Champagners verließ Carinhall am 15. April mit dem Ziel Berchtesgaden, wo der Sonderzug in einem Tunnel untergestellt wurde. Am 4. Mai rückte die 101. US-Luftlandedivision am Obersalzberg ein. Drei Tage später entdeckten die Amerikaner den teilsweise geplünderten Zug und mit ihm die von Gisela Limberger erstellten Listen und Inventarverzeichnisse der Göringschen Sammlung.[52] Laut Hofer waren insgesamt etwa 1000 Gemälde, 60 bis 80 Skulpturen und 40 bis 60 Gobelins ausgelagert worden[53], der Rest war in Carinhall verblieben.

Göring versuchte nach seiner Gefangennahme am 8. Mai 1945 seine Befrager mit der Behauptung zu ärgern, daß die schwereren Kunstschätze in der Nähe des Waldhofes versteckt worden seien: »Übrigens mit den Sachen zusammen haben wir auch einige gute Weine dort vergraben. Wo das Zeug vergraben ist, sind jetzt die Russen ... Ich hoffe, daß wenn die Russen weg sind, ich es Ihnen zeigen kann.«[54] Dazu sollte es nicht kommen, die Legende von in Carinhall verborgenen Schätzen aber hat ihren Ursprung in diesen Worten.

Göring begutachtet einen neuen Teppich in der Bibliothek von Carinhall und wagt als einziger, ihn zu betreten.

Die Sprengung des Waldhofes

Als die Rote Armee im späten Frühjahr 1945 immer weiter nach Westen vorrückte, gelangte schließlich auch Göring selbst zu der Überzeugung, daß er in der Schorfheide nicht mehr länger sicher war. Bereits am 30. Januar hatte er seine Familie zusammen mit einem Teil seines persönlichen Stabes in sein Haus am Obersalzberg evakuieren lassen.

Am Freitag, dem 20. April 1945, verließ Göring seinen Waldhof Carinhall endgültig. Mit seinem Gefolge fuhr er nach Berlin, um Hitler in der Reichskanzlei zu dessen 56. (und letzten) Geburtstag seine Aufwartung zu machen. Wegen mehrerer Fliegeralarme gelang es dem Reichsmarschall erst gegen Mitternacht, Berlin wieder zu verlassen und sich zu seinem Hauptquartier »Kurfürst« nach Wildpark-Werder bei Potsdam durchzuschlagen. Dort wartete bereits seine Fahrzeugkolonne, mit der er um drei Uhr früh, begleitet von einer kleinen Eskorte aus seiner Wachmannschaft, die Flucht nach Berchtesgaden antrat.[55]

Wenige Tage nach Görings Abreise begann ein aus etwa zwölf Freiwilligen bestehendes Kommando des Wachbataillons unter seinem letzten Kommandanten Hauptmann Frankenberger, die Keller der Gebäude für die Sprengung vorzubereiten und mit über 80 Fliegerbomben zu verminen.[56] Um die größtmögliche Wirkung zu erzielen, wurden jeweils mehrere Sprengkörper zusammen an tragenden Bauelementen des Gebäudes plaziert und entsprechend verdämmt. Ein Angehöriger dieses Sprengkommandos erinnert sich: »Über 400 Zentner Sprengstoff haben wir in dem Komplex verteilt, und Hausmeister Schulz ermahnte uns stets zur Vorsicht, es sollte nichts beschädigt werden, es könnte ja noch eine Wende eintreten. [...] Der Anblick der gehorteten Schätze war überwältigend. Weil Carinhall vorher weitgehend geräumt worden war, war das nur ein kleiner Rest.«[57]

Die Sprengleitungen wurden zur Zündung vorbereitet und über die beiden Innenhöfe Richtung Hirschplatz verlegt. Dort stand ein Pkw der Marke Horch bereit, mit dem sich der Stab nach erfolgter Sprengung absetzen konnte.[58] Auf ausdrücklichen Befehl Görings sollte nichts stehenbleiben.

Als die ersten Spähtrupps berittener Rotarmisten aus Richtung Joachimsthal an den Waldrändern vor dem Gelände auftauchten, erfolgte am späten Vormittag des 28. April 1945 die gewaltige Explosion, die Carinhall zerstörte.

»Der Reichsmarschall im Kriege« – 1940 bis 1946

Friedensillusionen

Bevor der Internationale Militärgerichtshof in Nürnberg am 30. September 1946 sein Urteil verkündete, erhielten alle Angeklagten noch die Gelegenheit zu einem Schlußwort. In einem weitschweifigen Plädoyer in eigener Sache behauptete Hermann Göring, er habe »keinen Krieg gewollt oder herbeigeführt, ich habe alles getan, ihn durch Verhandlungen zu vermeiden. Als er ausgebrochen war, tat ich alles, um den Sieg zu sichern. Da die drei größten Weltmächte mit vielen anderen Nationen gegen uns kämpften, erlagen wir schließlich der gewaltigen Übermacht. Ich stehe zu dem, was ich getan habe.«[1]

Göring begriff bis zum Schluß nicht, daß Hitler mit dem Überfall auf Polen gegen elementarste Regeln der internationalen Staatenordnung verstoßen und damit den Rubicon überschritten hatte. Auch nach Ablauf des britischen und französischen Ultimatums vom 3. September 1939 bat er Unterhändler Dahlerus, seine Bemühungen von Schweden aus fortzusetzen. Emmy Göring berichtete in ihren Memoiren, daß der englische Botschafter Henderson »einen Tag nach der Kriegserklärung«[2] noch einmal zu einem längeren Abschiedsbesuch nach Carinhall gekommen war. Stundenlang seien er und ihr Mann freundschaftlich diskutierend auf und ab gegangen. Am selben Tag verließen alle Angehörigen der französischen und britischen Botschaft mit Sonderzügen die Reichshauptstadt. Kaum nach London zurückgekehrt, wurde Hendersons Stellvertreter, Ogilvie-Forbes, umgehend zur Botschaft in Oslo versetzt. Auf dem Weg dorthin machte er am 12. September einen Zwischenstop in Stockholm, wo er erneut mit Dahlerus zusammentraf.

Doch als am 17. September 1939 sowjetische Truppen die polnische Grenze überschritten und von Osten auf Warschau vorrückten, war die Niederlage Polens besiegelt, bevor man sich von französischer und britischer Seite darüber einig geworden war, wie man in den Krieg eingreifen sollte. Nachdem er sich bei Ogilvie-Forbes vergewissert hatte, daß man ihn in London empfangen würde, reiste Dahlerus am 25. September nach Berlin. Einen Tag später saß er im Beisein Görings Hitler erneut gegenüber. Wie nicht anders zu erwarten, lehnte der jede Einmischung in die bevorstehenden deutsch-sowjetischen Gespräche über die Zukunft Polens kategorisch ab. Sehr viel zurückhaltender gab er sich dann aber, als Dahlerus geheime Verhandlungen auf neutralem Boden vorschlug, um den Kriegszustand mit Frankreich und Großbritannien zu beenden. Dahlerus fühlte sich in seiner Hoffnung bestärkt und reiste sofort, allerdings ohne konkreten Auftrag, über Den Haag nach London, von wo er am 2. Oktober ohne greifbare Ergebnisse zurückkehrte. Auch Göring schien zunächst zu glauben, daß der Konflikt im Westen auf diese Weise vielleicht doch noch vermieden werden könnte. Er war daher nicht nur enttäuscht, sondern regelrecht entsetzt, als Hitler am Tag darauf der Wehrmachtsführung seinen Entschluß verkündete, im Westen so bald wie möglich angreifen zu wollen.[3]

Nach dem Ende des Polenfeldzuges hatte Hitler für den 6. Oktober eine Reichstagsrede angekündigt, mit der er Großbritannien ein »letztes Angebot« unterbreiten wollte. Unter den gegebenen Umständen hielt es Göring für ratsam, Dahlerus erneut nach London zu schicken, um dort einige ergänzende Erläuterungen zu überreichen. Der Versuch endete jedoch mit einem völligen Fehlschlag. Chamberlain war nicht bereit, Hitlers Forderungen bezüglich Polens zu erfüllen, und lehnte das »Angebot« am 12. Oktober im Unterhaus ab.

Für Außenminister Ribbentrop hatte Chamberlain mit seiner Absage den letzten Friedensfaden abgeschnitten.[4] Doch solange Hitler ihm nicht eine gegenteilige Weisung gab, fühlte sich Göring offenkundig ermächtigt, seine Bemühungen fortzusetzen. Nicht nur bei Dahlerus, auch bei den anderen Befürwortern einer friedlichen Regelung mehrten sich jetzt allerdings die Zweifel, ob er tatsächlich der richtige Mann für diese Aufgabe war. Der ehemalige Botschafter von Hassell notierte am 19. Oktober resignierend in sein Tagebuch, es sei geradezu »bezeichnend, daß in der Verzweiflung alles immer auf

Göring als einzige Rettung hofft, bezeichnend, weil es deutlich macht, wie wenig Aussicht man überhaupt noch sieht. Denn im Grunde ist auch Göring nicht der Mann, zu dem man Vertrauen haben könnte, weder zu seinem Charakter, noch zu seinem Willen, sich wirklich einzusetzen.«[5]
Doch Göring setzte seine schwierige Gratwanderung unbeirrt fort. Um sich keine Blöße zu geben, versicherte er dem schwedischen Forschungsreisenden Sven Hedin, der ihn am 15. Oktober in Carinhall besuchte, daß das Reich für einen Krieg im Westen bestens gerüstet sei. Die gefürchtete Maginot-Linie werde die Wehrmacht zweifellos im ersten Anlauf durchbrechen. Gleichzeitig streute er aber im weiteren Verlauf des Gespräches genügend Hinweise ein, die darauf schließen ließen, daß er nach wie vor für eine friedliche Lösung war.[6] Den gleichen Tenor schlug er am 19. Oktober an, als er in Berlin mit dem Generaldirektor des Automobilkonzerns General Motors, James D. Mooney, zusammentraf.
Weil trotz aller vorsichtigen Warnungen die Vorbereitungen für den Westfeldzug unvermindert fortgesetzt wurden, entschloß sich Göring am 1. November, bei Hitler einen letzten Vorstoß zu wagen. Doch war »der Erfolg ... gleich Null«. Er habe daraufhin »alle Mäßigungsversuche endgültig aufgegeben und [sei] nunmehr entschlossen, als Soldat zu gehorchen«.[7]

Feldzüge im Norden und Westen

Der Winter 1939/40 beschwor eine neue, schwere Vertrauenskrise zwischen dem »Führer« und seinem »getreuen Paladin« herauf. Das Kriegstagebuch des Wehrwirtschaftsstabes vermerkte unter dem Datum des 21. November 1939 lakonisch, daß die für diesen Tag bei Göring anberaumte Sitzung abgesagt worden sei, weil Hitler die Ernennung des Generalfeldmarschalls zum Rüstungsminister abgelehnt habe.[8]
In seinem neuerlichen Mißtrauen ging Hitler schließlich sogar so weit, daß er anfangs nicht an einen Zufall glauben wollte, als am 10. Januar 1940 ein Kurierflugzeug der Luftwaffe bei Mechelen notlanden mußte und den Belgiern dabei Teile des deutschen Aufmarschplans im Westen in die Hände fielen. Fortan, so lautete der »Grundsätzliche Befehl Nr. 1«, durfte »niemand ... von einer geheimzuhaltenden dienstlichen Sache mehr erfahren, als er aus dienstlichen Gründen unbedingt davon Kenntnis erhalten muß«[9]. Am 13. Januar 1940, einen Tag nach Görings Geburtstag, bei dem er, wie der Diplomat Ulrich von Hassell bemerkte, psychisch »völlig auseinander gewesen«[10] war, wurden alle Angriffsvorbereitungen zunächst auf das Frühjahr verschoben.
Neben persönlichen Freunden, ausländischen Diplomaten und Staatsgästen hatte Göring bereits zu der Zeit, als es sich noch um eine Jagdhütte handelte, auch den einen oder anderen seiner Mitarbeiter in Carinhall empfangen. Seit dem Sommer 1938 war es immer häufiger geschehen, daß Karl Krauch und Helmuth Wohlthat vom Amt für den Vierjahresplan sowie Staatssekretär Erhard Milch und Ernst Udet, der Chef des Technischen Amtes im Reichsluftfahrtministerium, von ihrem Vorgesetzten zu dienstlichen Besprechungen auf seinen pompösen Landsitz zitiert wurden. Das gleiche galt für die Direktoren der Flugzeugindustrie und Offiziere der Luftwaffe. Seltener fanden sich führende Vertreter der beiden anderen Waffengattungen, Heer und Marine, bei ihm ein. In Görings Notizbuch, das er bei diesen Gelegenheiten benutzte, finden sich die Namen des Oberbefehlshabers des Heeres, Walther von Brauchitsch, und des Chefs der Marine, Erich Raeder, jeweils nur einmal.
Diese Praxis änderte sich mit dem Abschluß des Polenfeldzuges, da nunmehr klargeworden war, daß sich die deutsche Wirtschaft – früher als geplant und von Göring gehofft – vollständig auf eine Produktion unter Kriegsbedingungen umzustellen hatte. Angesichts der ungewissen Dauer und des Ausmaßes des Krieges galt es jedoch, nicht nur im Bereich der Rüstungswirtschaft im allgemeinen, sondern auch für den Bereich der Luftwaffe umgehend Entscheidungen zu treffen, weil alle bisherigen Planungen auf das Jahr 1942 ausgerichtet waren.
Die Besprechung vom 30. Januar 1940, bei der Göring mit General Thomas vom Wehrwirtschafts- und Rüstungsstab und Direktor Lange von der Wirtschaftsgruppe Maschinenbau über den vollständigen Einsatz der im Reich vorhandenen Rohstoffvorräte beriet, war nur eines von vielen Beispielen. Göring gab sich überzeugt, daß der Krieg noch vor Jahresende entschieden sein werde und man sich dann nach

Während bereits die Kapitulationsverhandlungen mit den Niederlanden liefen, machten Görings Flieger am 14. Mai 1940 das schutzlose Rotterdam dem Erdboden gleich, 900 Menschen starben, Tausende wurden obdachlos. Der Turm der St. Laurentius-Kirche überstand die Zerstörungen.

dem Sieg an den reichen Vorräten Frankreichs und der Beneluxländer schadlos halten werde.[11] Am 12. Februar versammelte er sämtliche Gauleiter und Statthalter des Reiches bei sich in der Schorfheide und erklärte in seiner Eigenschaft als Chef des Vierjahresplans, daß die wirtschaftliche Ausbeutung der eroberten Gebiete in Polen unbedingten Vorrang habe.[12] Mit Blick auf die Folgen für die Kriegswirtschaft und die Reaktion des Auslands sollte Göring fortan noch oft wiederholen, es sei momentan vielleicht doch »wichtiger, daß wir den Krieg gewinnen, als Rassenpolitik durchzusetzen«[13]. Das zielte vor allem in Richtung Reichsführer SS Heinrich Himmler.
Obwohl er nun demonstrativ seine militärischen und wirtschaftlichen Aufgaben in den Vordergrund rückte, behielt Göring die politische Entwicklung im Auge. Mit dem finnisch-sowjetischen Winterkrieg hatte sich 1940 im Norden Europas ein neuer Kriegsschauplatz eröffnet, der sich langfristig auch auf die benachbarten Länder, insbesondere Schweden, auszuwirken drohte. Göring fühlte sich dem Land nicht nur aus persönlichen Gründen verbunden, Schweden war zugleich auch der wichtigste Eisenerzlieferant des Reiches. Es war daher nicht verwunderlich, daß Dahlerus Mitte Februar, diesmal allerdings in eigener Sache, erneut in Berlin erschien. Doch zu seiner Enttäuschung blieb Göring zurückhaltend und lehnte die Idee einer Intervention in Moskau ab.
Gegenüber Sven Hedin, der ihn am 6. März aus demselben Grund in Carinhall aufsuchte, wollte er im Ernstfall zwar die Möglichkeit einer deutschen Waffenhilfe für Schweden nicht ausschließen, doch bereitete es ihm viel mehr Sorge, daß bei einem längeren Andauern des Krieges Großbritannien und Frankreich in Finnland auf den Plan treten könnten.[14] Außerdem liefen bereits die Planungen für die Besetzung Dänemarks und Norwegens durch die Wehrmacht, mit der die deutsche Erzversorgung sichergestellt werden sollte.
Mitten in diese angespannte Lage platzte die Nachricht von der Europareise des amerikanischen Unterstaatssekretärs Sumner Welles. Im Auftrag Roosevelts sollte er in Rom, Berlin, Paris und London die Möglichkeit einer friedlichen Beilegung der Konflikte sondieren. Obwohl er zwei Tage zuvor noch einen flammenden Aufruf an die Luftwaffe gerichtet hatte, machte Göring auf den amerikanischen Gast

Der amerikanische Unterstaatssekretär Sumner Welles bei seiner Führung durch Carinhall im März 1940.

bei seinem Besuch in Carinhall am 3. März von allen seinen deutschen Gesprächspartnern noch den aufgeschlossensten und verständigungswilligsten Eindruck. Im Unterschied zu Hitler und von Ribbentrop, die sich im wesentlichen darauf beschränkt hatten, ihm zuzuhören,[15] unterbreitete Göring Welles einen umfangreichen Katalog an Vorschlägen, die von einer Garantie des britischen Empire bis zum Verzicht auf Elsaß-Lothringen reichten. Auf der anderen Seite hatte er aber auch die Kriegsbereitschaft des Reiches unterstrichen und Welles' Hinweis auf Nachrichten über deutsche Greuel im Osten kühl mit der Gegenfrage nach den Rasseproblemen in den USA beantwortet.[16] Für den Amerikaner war dies eine unerwartete Erfahrung, in London dagegen sah man darin nur »the usual Goering-stuff«.
Seinen Eindruck von Carinhall hielt Welles allerdings in wenig schmeichelhaften Worten fest: »Göring bestand darauf, mir die riesigen und unzähligen Räume seiner Residenz zu zeigen. Es dürfte schwierig sein, ein noch häßlicheres Bauwerk zu finden, oder eines, das noch vulgärer wäre in seinem protzigen Imponiergehabe. An den Wänden hingen Hunderte von Gemälden. Zahlreiche Beispiele der größten italienischen und alten deutschen Meister hingen Seite an Seite mit Schmierereien moderner deutscher Maler.«[17]
Nach dem erfolgreich verlaufenen deutschen Überfall auf Dänemark und Norwegen lud Göring am 15. April 1940 eine schwedische Delegation zu sich

nach Carinhall, um zu versichern, daß Deutschland die Neutralität des Landes respektieren werde. Im gleichen Atemzug wollte er aber auch wissen, ob sich Schweden militärisch zur Wehr setzen werde, falls Großbritannien vom norwegischen Narvik aus die Erzgruben bei Kiruna besetzen würde, oder gar zur Unterstützung der deutschen Truppen bereit sei. Die schwedische Seite hielt sich bedeckt.
Als sich die Lage auf dem Kriegsschauplatz zuspitzte, rief Göring Dahlerus an, um mit ihm die Frage eines Transits deutscher Truppen über schwedisches Hoheitsgebiet zu verhandeln. Während ihre erste Begegnung am 6. Mai noch in Carinhall stattfand, empfing der Oberbefehlshaber der Luftwaffe seinen Gast fünf Tage später demonstrativ in seinem »Feldquartier auf Rädern«, dem Sonderzug »Asien«. Obwohl sich die Standpunkte kaum angenähert hatten, war Göring beim zweiten Mal deutlich besser gelaunt. Am Vortag hatte der langerwartete deutsche Angriff im Westen begonnen, und nach anfänglichen Schwierigkeiten in den Ardennen ging der Vormarsch inzwischen zügig voran. Am 15. Mai kapitulierten die Niederlande, fünf Tage darauf feierte Göring in Berlin vor Vertretern der deutschen Presse bereits das Genie des »Feldherrn Adolf Hitler«.
Am 24. Mai erging Hitlers berühmter »Haltebefehl« an die deutschen Panzerspitzen vor Dünkirchen, der dem alliierten Oberkommando völlig unerwartet die Möglichkeit bot, Teile der eingekesselten britischen und französischen Truppen zu evakuieren.[18] Görings volltönende Ankündigung, seine Jäger würden die feindlichen Truppen aus der Luft vernichten, erfüllte sich nicht. Während Churchill den Erfolg dieser Operation »Dynamo« noch als großen Sieg feierte, ging der deutsche Vormarsch in Frankreich unaufhaltsam weiter. Am 17. Juni 1940 erklärte der neue Staatschef Pétain in einer Rundfunkansprache, daß der Zeitpunkt gekommen sei, den Kampf einzustellen. Am 22. Juni wurde der Waffenstillstandsvertrag im Wald von Compiègne, an gleicher Stelle wie die deutsche Kapitulation im November 1918, unterzeichnet.
In Carinhall herrschte in den nun folgenden Wochen ein ständiges Kommen und Gehen. In Zusammenarbeit mit seinem Generalstabschef Hans Jeschonnek bereitete Göring die »Luftschlacht um England« vor. Doch es stellte sich bald heraus, daß die Verluste, die insbesondere die britischen Jäger vom Typ »Spitfire« und »Hurricane« der Luftwaffe vor allem während der Kämpfe um Dünkirchen und der Schlußphase des Frankreichfeldzuges zugefügt hatten, schwerer waren, als ursprünglich angenommen. Als Voraussetzung für den Erfolg der von Hitler am 16. Juli 1940 angeordneten Landung (Operation »Seelöwe«) verlangte die Marine von der Luftwaffe die Erringung der absoluten Lufthoheit im südlichen Teil der britischen Inseln. Die Zeit drängte, weil die Wetterbedingungen mit fortschreitender Jahreszeit unweigerlich schlechter werden würden. Eine politische Lösung stand inzwischen auch nicht mehr zu

Görings Bomberheer war mit insgesamt 1 000 Flugzeugen auch am Norwegenfeldzug im Frühjahr 1940 beteiligt: deutsche Luftlandeeinheiten auf dem Flugplatz von Oslo.

erwarten, nachdem der neue britische Premierminister Winston S. Churchill auf Hitlers am 19. Juli 1940 im Reichstag unterbreitetes »letztes Angebot« nicht eingegangen war.
Hitler schien auf dem Höhepunkt seiner Macht angelangt zu sein. Weil ihm einerseits der Erfolg offenkundig rechtgegeben hatte und er vor allem andererseits die britische Reaktion weder verstehen konnte noch wollte, hatte Göring mit Jahresbeginn seinen eigenen bisherigen Kurs aufgegeben. Wie schon während des »Rheinland-Abenteuers« bestärkte er Hitler in gewohnter Manier auch in den kritischen Tagen des Norwegen-Feldzuges.[19] Hitler registrierte dankbar, daß er wieder auf seinen »ersten Paladin« bauen konnte, und ernannte Göring am 19. Juli 1940 zum Reichsmarschall. Zu seinem Architekten Albert Speer meinte er damals bewundernd: »Wenn ich mit Göring spreche, ist das für mich wie ein Stahlbad, ich fühle mich danach frisch. Der Reichsmarschall hat eine mitreißende Art, die Dinge vorzutragen. Mit Heß wird jedes Gespräch zu einer unerträglich quälenden Anstrengung. Immer kommt er mit unangenehmen Sachen und läßt nicht nach.«[20]
Es war dies der Zeitpunkt, zu dem der Pressefotograf Eitel Lange als persönlicher Bildberichterstatter in das Stabsamt des Reichsmarschalls kommandiert wurde. Eine seiner ersten Amtshandlungen war wie selbstverständlich ein Besuch in Carinhall. Nach dem erfolgreich beendeten Westfeldzug hatte Göring seinen Staatssekretär Gritzbach wissen lassen, daß er künftig mehr und vor allem bessere Fotos von sich zu sehen wünschte und diese von nun an möglichst regelmäßig in der Presse erscheinen sollten. Lange war, wie Gritzbach bald zufrieden feststellte, tatsächlich der erste, dem es gelang, Göring, der inzwischen bei einer Körpergröße von 1,70 Meter 230 Pfund wog, halbwegs »schlank«[21] zu fotografieren.

Ranghöchster Soldat der deutschen Wehrmacht – Reichsmarschall Göring mit Marschallstab (30. Januar 1943).

Der »große Krieg«

Nach den hektischen Wochen des Frühsommers kehrte in der Schorfheide langsam wieder Ruhe ein. Politische Besucher, mit denen Göring in Carinhall einen intensiven Meinungsaustausch hätte führen können, machten sich allerdings zunehmend rar. Graf Ciano, der ihm ohnehin nie sonderlich große Sympathie entgegengebracht hatte, fühlte sich bei seinem Besuch am 20. Juli von der immer größer werdenden Pracht und dem Luxus des Waldhofes eher abgestoßen; eine Feststellung, die um so bemerkenswerter war, wenn man bedenkt, daß Görings Sammelleidenschaft zu diesem Zeitpunkt noch lange nicht ihren Höhepunkt erreicht hatte.[22]

Am 6. August 1940 fällte Göring im Rahmen einer Flottenchefbesprechung in Carinhall die Entscheidung über Auftakt und Verlauf der »Luftschlacht um England«, die am 13. August, dem »Adlertag«, mit Großangriffen auf britische Flughäfen begann, die erhoffte und erwartete schnelle Entscheidung aber nicht herbeiführte.[23] Obwohl die Angriffe unentwegt weitergingen, ließ es sich der Oberbefehlshaber der Luftwaffe auf dem Höhepunkt der Offensive nicht nehmen, zu Beginn der alljährlichen Jagdsaison von seinem Hauptquartier in Frankreich nach Rominten zu reisen. Einige seiner besten Offiziere wie die Jagdflieger Werner Mölders und Adolf Galland wurden von Göring Ende September aufgefordert, ihn dort zu besuchen.[24] Als Hitler mit Rücksicht auf die immer schlechter werdenden Wetterbedingungen am Kanal die Vorbereitungen für »Seelöwe« stillschweigend abbrechen ließ, stand für Göring bereits fest, daß seine Luftwaffe und mit ihr das Reich eine empfindliche, wenn nicht sogar entscheidende Niederlage erlitten hatten. Seine großsprecherische Ankündigung, die geschlagenen Briten und Franzosen allein mit der Luftwaffe zur Kapitulation zu zwingen, war nicht nur an den ungünstigen Witterungsbedingungen gescheitert, sondern vor allem am Unvermögen, genügend Bomber für einen solchen Einsatz bereitzustellen. Anstatt aber die Fehler nüchtern zu analysieren und die Defizite im Aufbau und bei der Planung zu suchen, richtete er seine Kritik wahllos sowohl gegen seine Mitarbeiter im Ministerium als auch gegen die Offiziere und Mannschaften an der Front.

Göring schien sich damit abgefunden zu haben, daß der Sieg über Großbritannien nicht in diesem Jahr und vor allem wohl auch nicht auf direktem Weg zu erreichen sein würde. Entsprechend setzte er beim Besuch des sowjetischen Außenministers Molotow vom 12. bis 14. November 1940 in Berlin alles daran, sich im Interesse der Pflege und des Ausbaus der überraschend reibungslos funktionierenden Wirtschaftsbeziehungen als »jovialer Biedermann« zu geben.[25]

Zu Beginn des Jahres 1941 boten sich das Mittelmeer und Nordafrika als vielversprechende neue Kriegsschauplätze an. Mit seinem überraschenden Angriff auf Griechenland machte Mussolini diese Pläne jedoch zu einem Teil wieder zunichte. Bei seinem Treffen mit Botschafter Alfieri am 10. Januar 1941 in Berlin erhob Göring gegen Italien ob dieses Alleingangs schwere Vorwürfe. Neben schlechter Vorbereitung und mangelhafter Strategie kritisierte er vor allem die Wahl des Ortes und den Zeitpunkt. Wenn überhaupt, dann hätte man im Mittelmeerraum strategisch wichtige Punkte, wie zum Beispiel die Insel Kreta, angreifen müssen.[26]

Mit der Ausweitung des Krieges auf den Balkan gerieten die politischen Verhältnisse in Südosteuropa von neuem in Bewegung. In einer improvisierten Aktion besetzten daraufhin deutsche Truppen am 2. März 1941 Bulgarien. Als die jugoslawische Regierung unmittelbar nach ihrem Beitritt zum deutsch-italienisch-japanischen »Dreimächtepakt« gestürzt wurde, entschloß sich Hitler am 6. April 1941, die Situation durch einen neuen Feldzug zu »bereinigen«. Am 17. April kapitulierte Jugoslawien, sechs Tage später streckte Griechenland die Waffen.

Den wenigen ausländischen Gästen, die Göring in jenen Tagen noch zum Gespräch empfing, fiel auf, daß er sich trotz der Erfolge zunehmend pessimistisch hinsichtlich der Dauer des Krieges äußerte. Gegenüber dem italienischen Botschafter kündigte er am 1. März 1941 vage »neue Operationen im Osten« an, wobei Alfieri bei Göring wenig Zuversicht zu verspüren glaubte.[27] Gleiche Andeutungen machte er dem japanischen Außenminister Matsuoka, den er am 29. März 1941 zu einer längeren Aussprache in Carinhall empfing. Matsuoka befand sich auf einer mehrtägigen Europareise, auf der er, ähnlich wie im Jahr zuvor der amerikanische Unterstaatssekretär

Ende März 1941 fand sich Josuke Matsuoka, der Außenminister des mit dem Deutschen Reich und Italien im »Drei-Mächte-Pakt« verbündeten Japan, zu einer Unterredung im Waldhof ein. Im Hintergrund der Bibliotheksflügel.

Sumner Welles, die politische Lage sondieren wollte. Japan als Verbündeter Deutschlands hatte der Abschluß des »Hitler-Stalin-Paktes« 1939 in eine schwere innenpolitische Krise gestürzt. Das Verhältnis Japans zur UdSSR war traditionell gespannt, während sich die Spannungen zu den USA und Großbritannien langsam, aber stetig verschärften. Hitler, der sich am 18. Dezember 1940 mit der Unterzeichnung der Weisung »Barbarossa« endgültig zum Angriff auf die UdSSR entschlossen hatte, lehnte die Bildung eines »euroasiatischen Kontinentalblocks« zwischen Japan, dem Reich, Italien und der UdSSR ab und befürwortete indirekt den Abschluß eines eigenen japanisch-russischen Nichtangriffsvertrages. Darüber hinaus sagte er Japan im Falle eines Krieges mit den USA seine umgehende Unterstützung zu. Hinter diesen Überlegungen stand das Kalkül, sich im Falle eines weltumspannenden Konfliktes der Unterstützung der starken japanischen Flotte versichern zu können, weil die deutschen Großkampfschiffe bislang nur auf dem Reißbrett existierten.

Ab Frühjahr 1941 wurden deutsche Truppen an der Demarkationslinie zur Sowjetunion massiert, wobei man sich in der Wehrmachtführung sicher war, auch im Osten binnen weniger Wochen einen schnellen Sieg garantieren zu können. Sobald die Schlacht gegen Rußland entschieden wäre, sollte das Gros der

Während Göring in Carinhall eine selbstherrliche Idylle inszenierte, bombardierten die »Adler« seiner Luftwaffe Städte im Ausland. Zu einem Symbol deutscher Zerstörungswut wurde das englische Coventry Ende 1940.

Verbände sofort wieder an die Kanalküste zum Kampf gegen England verlegt werden. Abgesehen von der Aussicht auf neue Siege für seine Luftwaffe sowie schier unerschöpflich scheinende Lebensmittel- und Rohstoffvorräte, zeigte Göring für den östlichen Kriegsschauplatz aber wenig Interesse. Als die deutschen Truppen am 22. Juni 1941 die Sowjetunion überfielen, blieb er in Carinhall. Bis zum Ende des Krieges geriet sein persönlicher Bildberichterstatter, »Sonderführer« Lange, jedesmal aufs neue in große Schwierigkeiten, wenn man von ihm verlangte, der Presse Bilder von »seinem« Reichsmarschall an der Ostfront zu liefern.[28]

Der verstummte Staatsmann

Nachdem der Stellvertreter des »Führers« Rudolf Heß durch seinen spektakulären England-Flug am 10. Mai 1941 »ausgefallen« war – Heß hatte im Alleingang versucht, Friedensverhandlungen mit Großbritannien aufzunehmen und war dort interniert worden –, bekräftigte Hitler in einem Erlaß vom 29. Juni 1941 nochmals ausdrücklich, daß Göring im Falle seines Todes sein Nachfolger werden sollte. Im Monat darauf, am 16. Juli 1941, nahm Göring gemeinsam mit dem Chef des Oberkommandos der Wehrmacht, Generalfeldmarschall Keitel, dem Chef

Erörterung der militärischen Lage mit Befehlshabern und Kommandeuren im Besprechungssaal von Carinhall am 15. Juni 1941, rechts neben Göring: Hans Jeschonnek. In der Woche darauf begann der Überfall auf die Sowjetunion.

der Reichskanzlei, Heinrich Lammers, dem Nachfolger von Heß, Martin Bormann, sowie dem neuernannten Minister für die besetzten Ostgebiete, Alfred Rosenberg, an einer Besprechung teil, in der Hitler die Grundlagen der künftigen deutschen Besatzungspolitik und die Aufteilung der UdSSR in vier Reichskommissariate verkündete.
Zwei Wochen später beauftragte Göring in seiner Eigenschaft als Beauftragter für den Vierjahresplan Reinhard Heydrich mit der Durchführung der »Endlösung der Judenfrage«, die den millionenfachen Massenmord an den europäischen Juden beinhaltete.
Mit dem Beginn der russischen Gegenoffensive vor Moskau war am 6. Dezember 1941 das deutsche Konzept gescheitert, die UdSSR im Rahmen eines weiteren »Blitzkrieges« auszuschalten. Der von vielen Generälen befürchtete zermürbende Zweifrontenkrieg war nun endgültig zur Realität geworden. Hitler löste Generalfeldmarschall von Brauchitsch ab und übernahm selbst den Oberbefehl über das Heer. Auf der Suche nach einem Ausweg aus der Krise zögerte er keinen Augenblick, als die Japaner am 7. Dezember 1941 die amerikanische Flotte in Pearl Harbour auf Hawaii angriffen. Am 11. Dezember 1941 löste er seine gegenüber Matsuoka gegebene Zusage ein und erklärte den Vereinigten Staaten den Krieg. Während Hitler deren Rüstungspotential vergleichsweise gering einschätzte, war ihm wichtig, daß Japan auch Großbritannien mit seinen Außenposten Singapur und Hongkong in den Krieg im Fernen Osten verwickelt hatte. Göring fühlte sich übergangen, weil Hitler ihn zuvor nicht unterrichtet hatte.
Am 12. Februar 1942 fand das vermutlich letzte staatspolitische Treffen in Carinhall statt: Der rumänische »Staatsführer« Ion Antonescŭ wurde bei Göring vorstellig, um sich über dessen »Sonderbeauftragten für Wirtschaftsfragen« in Bukarest, Hermann Neubacher, zu beschweren. Neubacher hatte Antonescŭ öffentlich zu einem gemäßigteren Umgang mit seinen Gegnern aufgefordert und damit den Unmut des rumänischen Diktators auf sich gezogen. Doch Antonescŭs Erwartung, der Chef der deutschen Wirtschaft könnte intervenieren, wurde enttäuscht, und Neubacher blieb im Amt. Über Görings Führungsschwäche konnte auch der folgende rauschende Abendempfang im Waldhof nicht hinwegtäuschen.

Einer der letzten Staatsgäste in Carinhall: der rumänische Diktator Antonescŭ, hier im neuen Teil der Großen Galerie.

Eine Woche zuvor, am 8. Februar 1942, war Fritz Todt, der am 17. März 1940 anstelle des ursprünglich vorgesehenen Göring Minister für Bewaffnung und Munition geworden war, tödlich verunglückt. Noch ehe der Reichsmarschall im Führerhauptquartier »Wolfschanze« in Ostpreußen seine Ansprüche anmelden konnte, hatte Hitler überraschend und zu Görings größtem Verdruß bereits den Außenseiter Albert Speer zu Todts Nachfolger bestimmt.[29] Göring erkannte die Zeichen und handelte entsprechend: So, wie er sich in den folgenden Wochen um einen modus vivendi mit Speer bemühte, zog er sich bis zum Ende des Jahres praktisch aus fast allen ihm zugewiesenen Aufgaben zurück.
Der »zweite Mann im Reich«, der offenkundig nicht mehr das Vertrauen seines »Führers« genoß, ging dafür immer häufiger auf Reisen. Statt nach Berlin oder in das jeweilige Führerhauptquartier im Osten führten ihn seine Wege jedoch meist in die großen Me-

Bis zum Schluß galt Göring als beliebt. Die jährlichen Weihnachtsbescherungen für die »Ärmsten« hatten ihren Anteil daran. Gern verschenkte er »nützliches« Spielzeug, wie Zinnsoldaten, Panzer- und Flugzeugmodelle.

tropolen im Westen oder Süden Europas. Während er Carinhall zielstrebig zum Hort einer der größten und wertvollsten Kunstsammlungen der Welt ausbaute, mußte ihn sein Adjutant Karl Bodenschatz immer häufiger bei Hitlers Lagebesprechungen vertreten. Um Görings Abwesenheit zu vertuschen, wies Erich Gritzbach, bei dem als oberstem Chef des Stabsamtes alle Fäden zusammenliefen, am 31. August 1942 schließlich alle dem Reichsmarschall des »Großdeutschen« Reiches unterstellten Dienststellen ausdrücklich an, auf offiziellen Schreiben statt einer genauen Ortsangabe nur noch die Formulierung »Hauptquartier, den ...« zu verwenden.[30]

Der Beginn der Bomberoffensive der Amerikaner, die bei hellichtem Tag ins Reichsgebiet einflogen und dadurch die Nachtangriffe der Engländer ergänzten, veranschaulichte ab Anfang 1943 praktisch für jedermann den rapiden Machtverfall des einstmals gefeierten Oberbefehlshabers der Luftwaffe. Aufgerieben, begingen zwei der engsten Mitarbeiter Görings Selbstmord. Generalluftzeugmeister Ernst Udet hatte sich bereits am 17. November 1941 erschossen. Auch Generalstabschef Hans Jeschonnek wollte nicht länger ertragen, daß Hitler ihn wegen der Abwesenheit seines lethargischen Chefs zur alleinigen Zielscheibe seiner Vorwürfe machte. Im Abschiedsbrief vom 19. August 1943 fand sich der bezeichnende Satz: »Ich kann mit dem Reichsmarschall nicht mehr zusammenarbeiten, es lebe der Führer!«[31] Göring zeigte sich jeweils nur kurz beeindruckt. Er zog sich immer mehr in seine Scheinwelt zurück. Wenn er nicht auf Reisen war, hielt er entweder in Carinhall oder einer seiner vielen Residenzen hof bzw. gab sich in der ländlichen Abgeschiedenheit in der Rominter Heide und auf dem Darß seiner Jagdleidenschaft hin. Goebbels und Speer, die ihn zu Beginn des Jahres 1943 aus seiner Teilnahmslosigkeit reißen wollten, um mit seiner Unterstützung den übermächtig gewordenen Einfluß Bormanns, Lammers' und von Ribbentrops zurückzudrängen, erkannten schnell die Sinnlosigkeit ihres Unterfangens und gaben das Projekt nach einer ersten Begegnung mit Göring umgehend wieder auf. Nicht nur sie, auch seine engste Umgebung konnte sich diese Haltung damals nur so erklären, daß Göring wieder zu Drogen gegriffen hatte, unter deren Einfluß die ihm eigenen Stimmungsschwankungen noch verstärkt wurden.

Aus Anlaß des zehnten Jahrestages der »Machtergreifung« trat der »zweite Mann des Reiches« am 30. Januar 1943 vor die Öffentlichkeit. Mit Blick auf die bevorstehende Vernichtung der 6. Armee in Stalingrad hielt er eine flammende Durchhalterede. Er erwähnte dabei mit keinem Wort, daß er mit seiner voreiligen Zusage, die eingeschlossenen Truppen aus der Luft zu versorgen, entscheidenden Anteil an der Katastrophe hatte.

Deutschlands Städte sanken nacheinander in Schutt und Asche, und Göring zitierte im Herbst 1943 endlich die führenden Vertreter der deutschen Flugzeugindustrie zu sich nach Carinhall. Doch statt nun zu entscheiden, ob künftig die Produktion von Jägern Vorrang vor dem Bau von Bombern haben sollte, schlummerte der Reichsmarschall bereits nach wenigen Minuten der Besprechung friedlich ein.[32]

Das ruhmlose Finale

Goebbels drängte bei Hitler immer offener darauf, den Reichsmarschall aus seinen Ämtern zu entlassen, doch der »Führer« nahm seinen »Paladin« selbst noch im Januar 1945 in Schutz und suchte die Schuld für dessen Rückzug ins Privatleben bei Emmy Göring. Goebbels ließ nicht locker: »Ich schilderte dem Führer noch einmal all die vielen Kompromisse unserem Lebensstil und unserer Weltanschauung gegenüber, die Göring sich hat zuschulden kommen lassen. Daran ist er eigentlich gescheitert. Wir sind selbst schuld daran, da wir ihn, als er mit diesen Kompromissen in der guten Zeit anfing, keinen Widerstand entgegengesetzt haben. Nun müssen wir gemeinsam mit ihm die angerichtete Suppe auslöffeln. Der Führer ist über diese Entwicklung bei Göring sehr traurig. Zum ersten Mal äußert er mir sehr starke Bedenken darüber, daß Göring eventuell – was Gott vergüten möge – wenn dem Führer etwas passierte, sein Nachfolger werden würde. Göring ist zu illusionistisch. Er besitzt keine reale Wertungsgabe, und zwar beruht das hauptsächlich darauf, daß er die Wahrheit nicht hören mag. Infolgedessen werden seine Mitarbeiter immer bestrebt sein, ihm einen blauen Dunst vorzumachen, an den er nur allzu gern glaubt. Aber ich lege dem Führer die Frage vor, warum er dann Göring so hohe Ämter und so hohe Würden anvertraut habe. Der Führer antwortet mir darauf, daß er damals über Göring noch nicht so im klaren gewesen wäre wie heute. Die ganze Frage Göring stellt in der Reichsführung ein sehr trauriges Kapitel dar. Trotzdem halte ich es immer noch für notwendig, Göring weiter beim Führer und auch in der Öffentlichkeit zu stützen. Er stellt nun einmal ein enormes Vertrauenskapital dar, das man nicht leichtsinnig preisgeben darf.«[33]

Buchstäblich bis in die letzten Tage des Krieges blieb Görings Beliebtheit unter der Bevölkerung ungebrochen. Am 20. April 1945 befand sich Göring auf dem Weg von Carinhall in die Reichskanzlei, um Hitler letztmalig zum Geburtstag zu gratulieren, als er mit seinem Gefolge in einen Luftangriff geriet. Karl Koller, sein letzter Generalstabschef, berichtete, daß der Oberbefehlshaber der Luftwaffe, als er Zuflucht in einem öffentlichen Luftschutzkeller suchte, »von der Bevölkerung nicht unfreundlich aufgenommen worden [sei], er selbst habe sich leutselig gegeben und Witze gemacht, vor allem auch über seinen berüchtigten Ausspruch, er wolle Meier heißen, wenn ... Man sandte sogar Boten aus den Nachbarkellern, um ihn auch dorthin zu bitten. Er ging auch hin und war bei den Berlinern durchaus populär.«[34]

Ließ Hitler Göring wegen dieses vermeintlich größeren Rückhaltes in der deutschen Öffentlichkeit nicht fallen, oder fühlte er sich nun umgekehrt durch das »Führerprinzip« auch Göring gegenüber zur vielzitierten »Nibelungentreue« verpflichtet? Es fiel auf, daß sich Hitler zwar seine Bewunderung für Görings Fähigkeit, in schwierigen Situationen Ruhe

Der Krieg war an seinen Ursprungsort zurückgekehrt: Portal der Neuen Reichskanzlei in Berlin nach dem alliierten Luftangriff vom 19. Januar 1944.

zu bewahren, die Lage rasch zu erfassen und dann »eiskalt« zu reagieren, lange erhalten, gleichzeitig aber nie ernstlich einen Gedanken daran verschwendet hatte, daß sich diese Gabe seines »getreuen Paladins« einmal gegen ihn selbst richten könnte.

Nachdem er sich von Hitler in der Reichskanzlei verabschiedet hatte, war Göring von Berlin nach Süden aufgebrochen. Als er nach seiner Ankunft in Berchtesgaden erfuhr, daß der »Führer« zusammengebrochen war, schickte er Hitler einen Funkspruch, daß er bereit sei, seine Nachfolge anzutreten. Bormann stellte Hitler die Situation so dar, daß Göring seine Dienste in letzter Minute noch dem Gegner andienen wollte, woraufhin Göring von der SS unter Arrest gestellt wurde.

Als Göring nach seiner Gefangennahme durch die Amerikaner am 8. Mai 1945 von der geradezu gespenstischen Szenerie während der letzten Tage im Bunker unter der Reichskanzlei erfuhr, glaubte er sich in seiner Annahme bestätigt, daß Großadmiral Dönitz »seine Ernennung zum Nachfolger des Führers nur einem Zufall«[35] zu verdanken gehabt habe. An dieser Maxime orientierte er sich auch, als er erkennen mußte, daß man ihm keine Gelegenheit geben würde, sich mit einer Proklamation an das deutsche Volk zu wenden. Auf den Rand der Anklageschrift in Nürnberg schrieb er dann trotzig: »Der Sieger wird immer der Richter und der Besiegte stets der Angeklagte sein.«[36] Dennoch erfüllte es ihn mit Genugtuung, auf der Anklagebank endlich als »erster Mann des Reiches« und »Nazi No. One« Platz nehmen zu können.

In diesem Bewußtsein hatte sich Göring im Lager Mondorf den Maßnahmen der behandelnden Gefängnisärzte widerspruchslos gefügt. Von seiner Tablettensucht befreit und um einige Kilogramm leichter, präsentierte sich bei der Eröffnung des Nürnberger Prozesses am 14. November 1945 ein merklich veränderter Göring der Öffentlichkeit. Immer wieder versuchte er, den Verlauf der Sitzungen zu beeinflussen oder das Verhalten, wenn nicht gar die Aussagen seiner Mitangeklagten ebenso wie die der Zeugen zu steuern. Seine von Speer als »Görings Diktatur«[37] charakterisierte Prozeßstrategie hatte nur begrenzt Erfolg, nicht zuletzt, weil einige seiner Nachbarn auf der Anklagebank weiter in der Hoffnung lebten, ihre Verantwortung relativieren zu können.

Göring war in allen vier Punkten – Verbrechen gegen den Frieden, Planen und Durchführen eines Angriffskrieges, Verschwörung, Kriegsverbrechen und Verbrechen gegen die Menschlichkeit – angeklagt worden. Sorgfältig und so weit, wie ihm dies die Gefängnisordnung erlaubte, bereitete er sich auf seine Verteidigung vor. Der Gedanke, sich mit den »besten Juristen Englands, Amerikas, Rußlands und Frankreichs mit ihrer ganzen rechtlichen Maschinerie«[38] messen zu können, spornte ihn sichtlich an. Befriedigt nahm er zur Kenntnis, daß er neben Hjalmar Schacht (143) und Arthur Seyss-Inquart (141) von allen Angeklagten mit einem Wert von 138 über den höchsten Intelligenzquotienten verfügte.[39] Sorgfältig studierte er die Empfehlungen, die Hans Fritzsche für seine Mitangeklagten notiert hatte. Der ehemalige Rundfunksprecher, der im Grunde für seinen toten Chef Joseph Goebbels auf der Anklagebank saß, hatte in den ersten Tagen des Prozesses die Dolmetscher bei ihrer schwierigen Arbeit genau beobachtet und nicht zuletzt mit Blick auf die störanfällige Technik einige Ratschläge zusammengestellt.

Während seiner Vernehmung sollte es Göring tatsächlich ein ums andere Mal gelingen, den amerikanischen Chefankläger Justice Jackson durch seine Zwischenbemerkungen so zu provozieren, daß der schließlich aus der Fassung geriet und der Präsident es vorzog, die Sitzung zu unterbrechen. Einige Prozeßbeobachter teilten damals die Sorge Albert Speers, daß Angeklagte wie Göring »mit der von ihnen eingenommenen Pose aufrechter Loyalität durch[kommen] könnten, da es das Gericht oft versäumte, politisch und psychologisch interessante Fragen zu stellen. Er [Speer] war bekümmert, daß man Görings und Keitels Versagen, dem Volk unnötig Tod und Elend zu ersparen, nicht enthüllte, sondern ihnen die Möglichkeit ließ, den Prozeß dazu zu benutzen, um als treue Nationalsozialisten ehrenvoll von der Bühne abzutreten.«[40]

Doch Speer sollte sich täuschen. Göring verstand es zwar mit großem Geschick, die Unzulänglichkeiten des Prozesses zu seinen Gunsten zu nutzen. Er »verblüffte alle Anwesenden, Angeklagte, Verteidiger, Journalisten und sichtlich auch viele Gerichts-

Auf der Anklagebank des Internationalen Militärgerichtshofes in Nürnberg im März 1946 saß Göring endlich als »erster Mann« des Dritten Reiches – abgemagert, in taubenblauer Uniform. Er nutzte das Forum für eine letzte Selbstdarstellung.

personen durch seine geistige Spannkraft und Redegabe, durch Festigkeit, Sarkasmus, Vitalität – und Eitelkeit«[41]. Trotz des einen oder anderen spektakulären Augenblickserfolges gelang es ihm jedoch zu keinem Zeitpunkt, darüber die bedrückende Bilanz einer zwölfjährigen Herrschaft des Nationalsozialismus in Deutschland, die verheerenden Folgen eines weltumspannenden Krieges, insbesondere aber die Millionen Opfer vergessen zu machen. Als am 29. November 1945 ein Film über das Grauen in den Konzentrationslagern gezeigt wurde, reagierten fast alle Zuhörer im Gerichtssaal mit Betroffenheit. Göring dagegen, so berichtete der amerikanische Gerichtspsychologe Dr. Gustave Gilbert, »war sichtlich gekränkt, weil der Film seine ›Show‹ verdorben hatte. ›Es war ein so angenehmer Nachmittag ... Mein Telefongespräch über die Österreich-Affäre wurde verlesen, und alle lachten mit mir darüber. Und dann kam dieser grauenhafte Film und verdarb einfach alles.‹«[42]

Bis zum Schluß lebte Göring in der Erwartung und dem festen Glauben, daß es ihm am Ende gelingen werde, ruhmvoll in die Geschichte einzugehen. Er sah sich bereits als Vorbild einer neuen Bewegung, die eines Tages wie ein Phoenix aus der Asche wieder aufsteigen und es sich zur Aufgabe machen werde, »die Demütigung [zu] rächen, die wir jetzt erleiden«[43]. Am Tage der Urteilsverkündung und nachdem er in allen vier Punkten für schuldig befunden war, versicherte Göring Dr. Gilbert, daß er genaugenommen sogar froh darüber sei, zum Tode verurteilt worden zu sein, da der »zu lebenslänglichem Gefängnis Verurteilte keine Chance habe, ein Märtyrer zu werden. ›In 50 oder 60 Jahren werden in ganz Deutschland Standbilder Hermann Görings zu sehen sein‹, meinte er und fügte hinzu: ›Vielleicht kleine Standbilder, aber eines in jedem Haus.‹«[44]

In der Nacht vor der geplanten Hinrichtung durch den Strang beging Hermann Göring am 15. Oktober 1946 Selbstmord. Der Biß auf die Zyankalikapsel war kein Ausdruck der Verzweiflung darüber, daß man ihm den ehrenvollen Tod durch ein Erschießungskommando verweigert hatte, sondern der letzte noch fehlende Beweis dafür, daß er von vornherein nicht die Absicht gehabt hatte, sich dem Urteil des Internationalen Gerichtshofes zu unterwerfen. Es war seine letzte Selbstinszenierung.

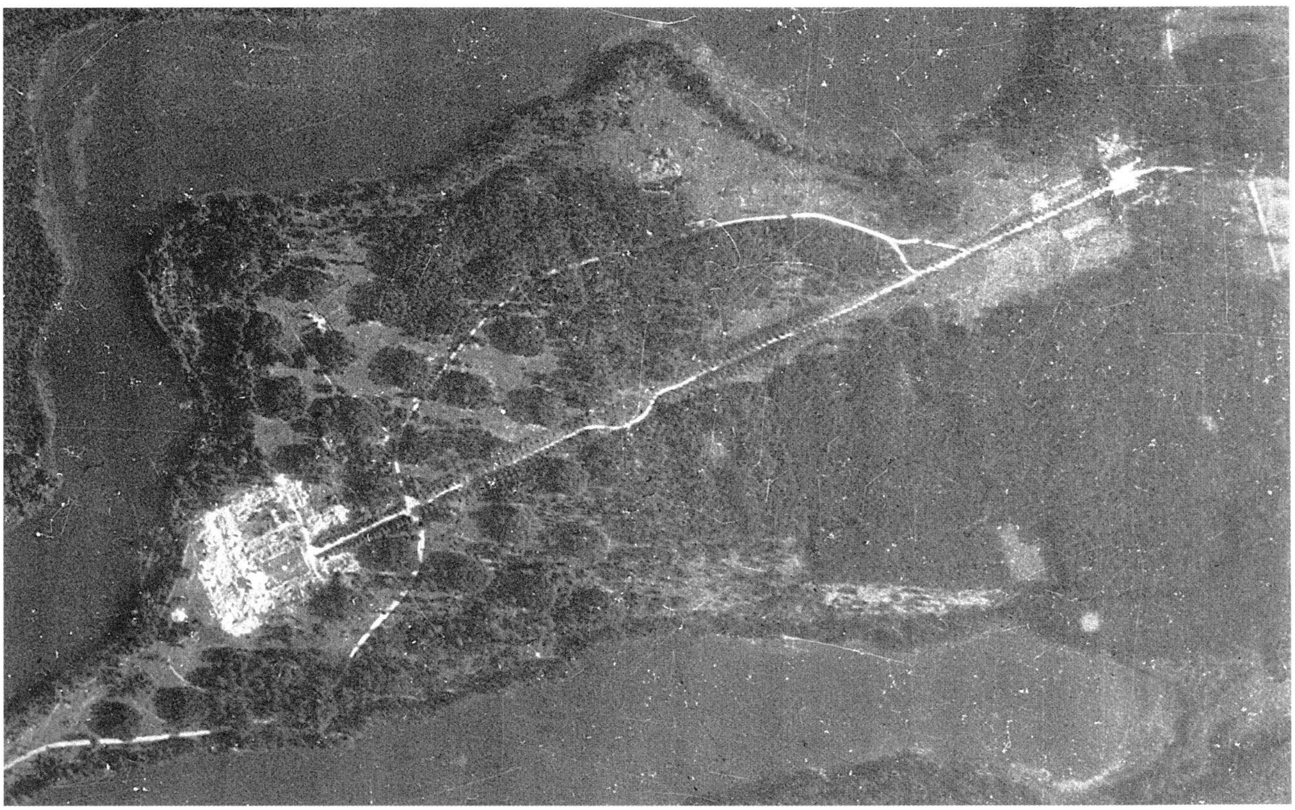

Luftaufnahme des Trümmerfeldes von Carinhall im Jahr 1953: Zufahrt von der Fernverkehrsstraße 109 (links unten), Gebäuderuinen des Waldhofes, Rondell auf der Zufahrtsallee (Mitte), Torwärter- und Wachhäuser (rechts).

Eingeebnet und vergessen – Carinhall zu DDR-Zeiten

Kunstbergungsaktionen in den ersten Nachkriegsjahren

Über den Zustand der Gebäude Carinhalls in den ersten Wochen nach Kriegsende gibt es keine Aufzeichnungen. Obwohl völlig zerstört und unbenutzbar, wurden der Waldhof und das Gelände ringsum von der Roten Armee bis Juni 1946 hermetisch abgeriegelt. Erst nach Abzug der Sowjets konnten die deutschen Behörden mit einer Sichtung und Bestandsaufnahme dessen beginnen, was vom Waldhof übriggeblieben war. Seitens der sowjetischen Besatzungsmacht hatte man die Verwaltung der staatlichen Liegenschaften Preußens formell dem neugeschaffenen Land Brandenburg übertragen. Zuständig für Carinhall war bis Frühjahr 1947 das Regierungshochbauamt Templin und danach bis Oktober 1949 das entsprechende Bauamt in Eberswalde. Da das Land Preußen aber erst 1947 aufgelöst und die Rechtsfolge geklärt wurde, kümmerten sich anfänglich auch offizielle Stellen Groß-Berlins um die Reste von Carinhall.

Im Juni 1947 ging auch die Stiftung Schorfheide in das Eigentum der Provinzialregierung Brandenburg als Nachfolgerin Preußens über.[1]

Unmittelbar nach Abzug der russischen Wachsoldaten, noch in den letzten Julitagen 1946, besichtigte Baurat Arnarde vom Hochbauamt Templin Ruinen und Gelände des Waldhofes.[2] Bei diesen Besichtigungen erfolgte auch eine Bestandsaufnahme des Zustandes der Nebengebäude Carinhalls. Im Bericht vom 16. September 1946 wurde angemerkt, daß neben anderen Baulichkeiten das neue Schade-Haus und die beiden Wachhäuser am östlichen Ende der zum Waldhof führenden Kastanienallee sowie Görings Badehäuschen am Seeufer unterhalb des Waldhofes baulich intakt seien. Auch das Edda-Schlößchen war weitgehend unversehrt geblieben. Davor stand noch immer die fast unbeschädigt gebliebene französische Marmorgruppe.

Bei seinem Besuch der Trümmerstätte galt Arnardes Sorge vor allem aber der Erfassung, Sicherung und Bergung aller brauchbaren Materialien, die beim Wiederaufbau in irgendeiner Form Verwendung finden konnten. Arnarde mußte jedoch feststellen, daß trotz ständiger Präsenz der Russen überall auf dem Gelände und in den mehr oder weniger unversehrt gebliebenen Nebengebäuden geplündert und gestohlen worden war. Nach glaubhaften Aussagen von Bewohnern der umliegenden Dörfer hatten Soldaten der Roten Armee noch vorhandene Kunst- und Einrichtungsgegenstände abtransportiert oder einfach zerstört. Bei einigen Wehrmachtsbaracken wiederum hatten die Anwohner bereits mit dem Abbau begonnen. Mit polizeilichen Hausdurchsuchungen in den Gemeinden um Carinhall wurde versucht, der Lage Herr zu werden, wobei sich herausstellte, daß bei solchen »Beschaffungsaktionen« meist nur einfache Gebrauchsgegenstände und Mobiliar mitgenommen worden waren. Von wenigen Ausnahmen abgesehen, waren durch die Diebstähle der Bevölkerung keine Kunstwerke von größerem Wert abhanden gekommen. Um weitere Plünderungen zu verhindern, wurden zur Bewachung des Geländes rund um Carinhall zeitweise zwei Männer eingesetzt. Das Hochbauamt Templin mußte bei einer Geländebegehung am 10. April 1947 jedoch unter anderem feststellen: »Ein regelmäßiger Wachdienst wird von den beiden anwesenden Männern nicht durchgeführt; der eine ist vielmehr mit der Zubereitung von Essen und Trinken beschäftigt, während der andere durch die Umgegend zieht, um Lebensmittel herbeizuschaffen.«[3]

Niemand weiß, weshalb es Göring vor seiner Flucht unterlassen hatte, den Sarg seiner ersten Frau auszulagern, um ihn dem Zugriff der herannahenden Roten Armee zu entziehen, – er war in Carinhall verblieben. Bei den Plünderungen waren daher auch Grabstätte und Sarg Carin Görings aufgebrochen und verwüstet worden. Im Frühjahr 1947 meldete ein Forstbediensteter der zuständigen sowjetischen Kommandantur in Templin den Fund von Leichenteilen. Auf deren Anordnung hin wurden die vor der Gruft verstreut umherliegenden Gebeine Carin Görings zunächst vor dem Granit-Menhir beerdigt, der ihr Familienwappen trug. Auf Veranlassung der Familie von Fock sorgte der Pfarrer der schwedischen

Der Sarg seiner ersten Frau Carin war von Göring in Carinhall zurückgelassen worden. Die Gruft hatte man nicht gesprengt. Erst um 1956 wurde die Grabanlage endgültig beseitigt, Reste der Gruft sind noch heute zu erkennen.

Gemeinde in Berlin, Probst Heribert Jansson, im Herbst 1951 dafür, daß die sterblichen Überreste erneut exhumiert, heimlich nach Westberlin geschafft und im Krematorium Wilmersdorf unter falschem Namen eingeäschert wurden. Die Urne wurde daraufhin von Jansson nach Schweden transportiert und am 17. Oktober 1951 – wie schon rund 30 Jahre zuvor – auf dem kleinen Friedhof von Lovö beerdigt.[4]

Noch bevor Baurat Arnarde mit seiner Bestandsaufnahme begonnen hatte, war bereits eine Kommission des Berliner Magistrats in Carinhall gewesen, um sich der dort vermuteten und tatsächlich vorhandenen Kunstgegenstände anzunehmen. Unter den Mitgliedern dieser Kommission waren auch zwei kunstsachverständige Vertreter der Besatzungsmächte: die Französin Capitaine Rose Valland und die Russin Agajanowa. Bereits 1945 war auf Veranlassung des Architekten Kurt Reutti die Zentralstelle zur Erfassung und Pflege von Kunstwerken im Amt Museen und Sammlungen des Magistrats von Groß-Berlin gegründet worden, in deren Zuständigkeitsbereich Carinhall fiel.[5] Diese Dienststelle unter der Leitung von Dr. Jannasch war im Ermelerhaus in der Breiten Straße 11 in Berlin-Mitte[6] untergebracht und befaßte sich mit der Sicherung von herrenlos gewordenem Kunst- und Kulturgut. Reutti, der Initiator, wurde ehrenamtlicher Mitarbeiter.

Als diese Behörde im Juni 1946 mit ihrer Arbeit begann[7], fand sie auf dem Gelände des Waldhofes einen wüsten Trümmerhaufen vor. Der Gebäudekomplex von Carinhall war durch die Sprengung zwar nicht völlig in sich zusammengefallen, aber dennoch total zerstört und nur unter erheblicher Eigengefährdung teilweise noch begehbar. Die Giebelwand des linken Hauptportals mit dem Wappen Görings war stehengeblieben. Davor saßen zwischen den Trümmern zwei überlebensgroße Renaissance-Löwen aus rotem Verona-Marmor. Wie durch Zufall war trotz der Sprengung ein Raum des Waldhofes komplett erhalten geblieben, darin befand sich unter anderem ein französischer Schreibtisch aus dem 18. Jahrhundert mit reichem Bronzebeschlag. Außerdem entdeckte die Behörde zahlreiche Gruben, aus denen erkennbar Gegenstände und Behältnisse ausgegraben worden waren.

Auf dem Gelände rund um die Ruine fanden sich unzählige mehr oder weniger wertvolle, zum Teil beschädigte Kunstgegenstände aus Stein und Marmor. Überall im Park verstreut lag, von den Sockeln geworfen und zerschlagen, eine große Anzahl französischer Gartenplastiken des 18. Jahrhunderts aus Marmor und gebranntem Ton. Antike Statuen waren auf einem Platz zusammengestellt und von den sowjetischen Soldaten offensichtlich als Zielscheibe benutzt worden. Auch nach ihrem Abzug erschienen auf dem Gelände Carinhalls immer wieder »Gruppen von Russen«, die »Schießübungen« abhielten und plünderten. Die deutschen Verwaltungsbehörden standen dieser Willkür der Besatzungsmacht machtlos gegenüber.[8]

Vor dem Eingang von Görings Privatbunker stand auf ihrem Sockel Stucks »Reitende Amazone«, die 1937 den ersten Innenhof geziert hatte und heute renoviert in der Nähe des Marktplatzes von Eberswalde steht. Ein überlebensgroßer Rothirsch, der von Johannes Darsow für die Internationale Jagdausstellung 1937 in Berlin aus Bronze gegossen worden war und danach den nach ihm benannten Hirschplatz am westlichen Ende der Kastanienallee in Carinhall geziert hatte, wurde an der Freilichtbühne des Tierparks Berlin-Friedrichsfelde aufgestellt.[9] Anderen aus Carinhall stammenden Bronzestatuen war ein weniger dauerhaftes Schicksal beschieden. Der etwa zehn Zentner schwere Braunschweiger Löwe, den Göring 1937 von der Braunschweiger Landesregierung als Geschenk zu seinem 44. Geburtstag erhalten und der bis 1948 hinter einer Scheune auf dem Hof des Friedrichswalder Bauern August Havenstein gestanden hatte, wurde ebenso eingeschmolzen wie die

Der Bronzehirsch aus Carinhall wurde später im Tierpark Berlin-Friedrichsfelde aufgestellt, das romanische Taufbekken dagegen verschwand spurlos.

Bis Ende der 50er Jahre standen Reste der Gebäude Carinhalls. Blick auf die Innenseite des Hauptportals.

lebensgroße Statue Carin Görings. Aus dem daraus gewonnenen Rohmaterial wurden Lampen für das Jagdschloß Hubertusstock gefertigt.[10]

An der stehengebliebenen Nordwand der Großen Halle des Waldhofes fand sich ein unversehrt gebliebenes spätgotisches Portal, das nach seiner Bergung als das 1913 durch eine Kopie ersetzte Südportal der Lambertikirche in Münster identifiziert wurde. Im Gang zum »Pilzbunker« lagen zahlreiche französische Marmorfiguren, im nahen Wald standen oder lagen unter anderem gotische und Renaissance-Steinkamine, zum Abtransport verpackte Steinputten, ein auseinandergenommener französischer runder Gartenpavillon mit kannelierten Säulen und vergoldeten Kapitellen, ein Abguß von Benvenutos »Diana von Fontainebleau« in Originalgröße sowie eine unfertige Kopie der »Nike von Samothrake« aus dem Pariser Louvre. Was die Sowjet-Armee davon nicht als Kriegsbeute konfisziert und abtransportiert hatte, wurde in zahlreichen Aktionen von der Zentralstelle geborgen, katalogisiert und im Berliner Stadtschloß, im Schloß Charlottenburg, im Museum Dahlem, in den Museen auf der Museumsinsel und anderen Depots in Berlin aufbewahrt. Stücke, die nachweislich aus französischem Besitz stammten, wurden der französischen Restitutionskommission unter Capitaine Rose Valland zurückgegeben.

Diese Bergungsaktionen des Berliner Magistrats sah man seitens der Provinzialregierung als Eingriff in den Zuständigkeitsbereich des Landes Brandenburg an, wenngleich diese zu einer umfassenden Bergung des herrenlos gewordenen Kunst- und Kulturgutes offenbar nicht in der Lage war. In einem Bericht vom 23. März 1949 an seinen Amtsleiter warf Reutti den

Blick auf die Reste des Hauptportals mit dem Wappen Görings (Hofseite).

zuständigen staatlichen Stellen Brandenburgs anhand exemplarisch dargestellter Fälle grobe Versäumnisse, besonders mangelnde Wachmaßnahmen vor, die dazu geführt hätten, daß Werte in nicht unerheblichem Umfang unwiederbringlich verlorengegangen seien.
Die Kunstbergungsaktionen in Carinhall erfolgten, soweit dies möglich war, streng geheim. Aus Gründen der Tarnung wurden nur behelfsmäßige Akten[11] angelegt, die zum Teil erhalten geblieben sind und noch heute Aufschluß über die Unmengen von Kunst- und Wertgegenständen geben, die Göring in seinem Waldhof gehortet hatte. Neben Carinhall waren auch andere Objekte Ziel solcher Rückholaktionen, so zum Beipiel Görings Berliner Stadtvilla am Leipziger Platz 11, mehrere Safes der Reichsbank, das Staatsatelier Arno Brekers am Käuzchensteig in Berlin-Grunewald und seine übrigen Werkstätten in Jäckelsbruch, Itritz und Wriezen sowie das Hohenzollernbaudepot in Berlin.
Daß eine solche Nachsuche auf dem Gelände von Carinhall durchaus erfolgversprechend war, ließ ein Inventarverzeichnis erwarten, in dem der Direktor der Göringschen Kunstsammlung, Walter Andreas Hofer, nachträglich alle Kunst- und Wertgegenstände aufgeführt hatte, die dort zurückgeblieben waren.[12] Nachdem in den Trümmern und auf dem Gelände weit mehr gefunden und sichergestellt worden war, mußte davon ausgegangen werden, daß die Liste unvollständig war und nur Stücke enthielt, die in Hofers Augen einen besonderen Wert darstellten.[13]

Die »Reitende Amazone« aus Carinhall steht heute in der Nähe des Marktplatzes von Eberswalde.

Enttrümmerung und Materialverwertung

Erst im Herbst 1946 begannen die planmäßigen Aufräumungsarbeiten in Carinhall. Bereits wenige Monate später waren die Trümmermassen so weit beseitigt, daß im Januar 1948 mit der Bergung wiederverwertbarer Materialien begonnen werden konnte. Alles Brauchbare – Rohre, Kabel und Zentralheizungen – wurde geborgen, nach Verwendungsmöglichkeiten sortiert und registriert. Ein Teil dieser Materialien wurde zur Sanierung des von Göring vernachlässigten, baufällig gewordenen Jagdschlosses Hubertusstock und seiner Nebengebäude verwendet, auch einige der Häuser der »Pionierrepublik« am Werbellinsee bei Altenhof wurden mit Feldsteinen des Waldhofes erbaut. Die Schuppen und Wehrmachtsbaracken fanden neue Besitzer und Verwendungen, das größte der vier hölzernen Bootshäuser Görings zerlegte man 1946 fachmännisch in seine Einzelteile und brachte es nach Friedrichswalde, wo es fortan als Maschinenschuppen einer Holzsägerei diente. Nach dem Tod des Besitzers Otto Tietz lange Zeit ungenutzt, verkam der Schuppen und mußte im Frühjahr 1997 einem Wohnhausneubau weichen.
Nachdem die Ruine des Waldhofes »ausgeschlachtet« und alles Verwertbare von offizieller wie von privater Seite geborgen worden war, begann Anfang der 50er Jahre die damalige Kasernierte Volkspolizei (KVP) und schließlich ab 1956 die Nationale Volksarmee (NVA), das Gelände von Carinhall systematisch einzuebnen. Während sich je-

doch der unterirdisch gebaute und unversehrt gebliebene Privatbunker Görings einfach mit Erde überdecken ließ, gelang es trotz mehrfacher Versuche nicht, den aus der Erde herausragenden »Pilzbunker« auseinanderzusprengen. Schließlich wurde er Stück für Stück abgetragen. 1956 stellte man die Arbeiten dann ein. Ein dicht mit Gebüsch bewachsener Erdhügel nordöstlich des ehemaligen Waldhofes verbirgt heute die Reste dieses massiven Betonklotzes, der durch einen unterirdischen Gang mit dem Hauptgebäude verbunden gewesen war. Als letzter steinerner Zeuge des Waldhofes Carinhall verschwand gegen Ende der fünfziger Jahre die stehengebliebene Giebelwand eines der beiden Hauptportale mit dem Wappen Görings. Eine gezielte Aufforstung mit schnellwachsenden Lärchen trug dazu bei, daß in den folgenden Jahren das Trümmerfeld langsam verschwand und die Natur sich Stück für Stück zurückholen konnte. Das Gelände wurde zum Naturschutzgebiet erklärt und der Zutritt zeitweilig verboten.

Wie der Waldhof waren auch die Flakgeschütze gesprengt worden, bevor sich die Wachtruppen vor der heranrückenden Roten Armee zurückgezogen hatten. Im Zuge der Enttrümmerungsarbeiten Ende der 40er Jahre wurden die Geschütz- und Scheinwerfertürme demontiert, ihre Holzbalken und Stahlträger als Rohmaterial für den Wiederaufbau von Wohnhäusern verwendet. Mit Ausnahme der Plattformstellung im See sind die Fundamente sämtlicher Türme noch heute erkennbar. Selbst die Lafette eines der Geschütze liegt nach über 50 Jahren offenbar unbeachtet noch an der Stelle, an der sie die Geschützbedienung beim Rückzug liegen ließ.

Im Zuge der Enttrümmerungsarbeiten wurden die gesprengten Geschütz- und Scheinwerfertürme abgetragen. Die Fundamente dagegen, hier die der Flakstellung Wuckersee, ragen noch immer aus dem Waldboden.

1943: Das massive Holztor bei Posten 2 der Zufahrtskontrolle zum inneren Bereich von Carinhall. 1995: Bis auf die Fundamentreste des Sockels einer der beiden Figuren (rechts) ist nichts geblieben.

1937: Blick auf die Westseite des Anwesens vom Nordufer des Großen Döllnsees. 1998: Die Natur hat sich das Ihre zurückgeholt, von Görings Waldhof ist nichts mehr zu erkennen.

Schatzsucher und Jäger in der Schorfheide

Im Jahr der deutschen Wiedervereinigung, das reich an wundersamen Meldungen und Spekulationen war, kam auch Carinhall plötzlich in die Schlagzeilen. Anfang Juli 1990 bargen Polizeitaucher aus dem Großen Döllnsee fünf Figuren, die einst Görings Waldhof geziert hatten: die von Arno Breker geschaffenen lebensgroßen Bronze-Statuen »Schreitende«, »Eos« und »Anmut«, die Waldgruppe »Mädchen mit Hirschkuh« von Hans Krückeberg und den Bronzeabguß der »Venus von Medici« aus den Uffizien in Florenz. Diese Figuren waren unmittelbar vor der Sprengung Carinhalls im See versenkt und später nachweislich nicht in die Liste Andreas Hofers aufgenommen worden.

Was damals in der Presse als sensationeller Fund dargestellt wurde, war dem Ministerium für Staatssicherheit (MfS) der DDR bereits seit Jahren bekannt gewesen.[14] Man hatte seinerzeit Bergungsversuche abgebrochen, nachdem die Taucher im trüben Wasser auf Leitwerke von Fliegerbomben gestoßen waren und eine Sprengfalle vermutet hatten. Daß es sich dabei um harmlose Blechteile handelte, die 1945 vom »Sprengkommando Carinhall« ins Wasser geworfen worden waren, konnten die Taucher nicht ahnen.
Die Figuren lagern seitdem im Depot der Stiftung Preußische Schlösser und Gärten in Potsdam. Das Land Brandenburg, in dessen Besitz die Statuen übergegangen sind, hat derzeit keine Verwendung für sie. Diese spektakuläre Bergungsaktion und die neugewonnenen Möglichkeiten nach dem Ende der

Im Herbst 1993 war der Einstieg zu Görings Privatbunker von einem Schatzsucher freigelegt worden, im Mai 1998 wurde er auf Veranlassung der zuständigen Forstbehörde jedoch wieder zugeschüttet.

Im Juli 1990 bargen Polizeitaucher fünf Statuen, darunter die »Venus von Medici«, aus dem Großen Döllnsee.

»Waldgruppe«, »Eos«, »Schreitende« und »Anmut« (von links) lagern nunmehr in einem Potsdamer Depot.

DDR veranlaßten unzählige Abenteurer, im märkischen Sand der Schorfheide nach Görings verborgenen Schätzen zu graben. Aber lediglich einmal wurde man dabei fündig: Ein Gruppe Schatzgräber aus Berlin fand 1991 eine der beiden Säulen aus rotem Veroneser Marmor, die sich einst am Eingang des Festsaales im Erdgeschoß von Carinhall befunden hatten. Sie ist heute im Schorfheide-Museum in Groß-Schönebeck zu besichtigen.

Immer neue frisch aufgeworfene Erdhügel und Gruben zeugen aber davon, daß noch immer fleißig gegraben wird, obwohl es auf dem Gelände des ehemaligen Waldhofes längst nichts mehr von Wert zu holen gibt.

Mit dem Ende des Zweiten Weltkrieges schien auch die jagdliche und forstliche Bedeutung der Schorfheide untergegangen zu sein. Die russischen Besatzer dezimierten den Wildbestand durch großangelegte Treibjagden, bei denen teilweise Panzer die Treiber ersetzten und das austretende Wild mit Maschinengewehren erlegt wurde. Die Baumbestände verwandelten sich zu Tausenden von Festmetern in Gruben-, Schwellen- und Brennholz; riesige Kahlschläge entstanden. Niemals zuvor war solch ein Raubbau an der Schorfheide betrieben worden.

Mit dem waldwirtschaftlichen Neubeginn ließen sich, wie selbstverständlich alter Tradition folgend, auch die neuen SED-Machthaber zur Jagd in der

Oben: Görings neues Schade-Haus, heute ein Hotel.
Unten: Honeckers Jagdhaus »Wildfang« in der Schorfheide.

Schorfheide nieder, die dafür zum Staatsjagdgebiet erklärt wurde. Die selbstgeschaffenen Privilegien genossen nun Spitzenfunktionäre wie Walter Ulbricht, Willi Stoph, Erich Honecker, Erich Mielke, Harry Tisch, Günter Mittag und Horst Sindermann, die sich jeweils personengebundene Sonderjagdreviere zuordnen ließen. Statt russischer Großfürsten wie zur Zeit Bismarcks kamen jetzt Repräsentanten der Sowjetunion wie Leonid Breschnew, Andrej Gromyko und Alexej Kossygin. Auch Vertreter anderer »Bruderstaaten«, beispielsweise Polens General Wojciech Jaruzelski und der tschechoslowakische KP-Chef Gustáv Husák, weilten als Jagdgäste in der Schorfheide. Hierfür wurde auch Görings Gästeunterkunft, das neue Schade-Haus, genutzt. Es hatte Krieg, Sprengung und Nachkriegszeit nahezu unbeschadet überstanden. Durch Görings Badehaus vom gegenüberliegenden Ufer des Großen Döllnsees ergänzt, wurde das Haus bis 1954 von der Freien Deutschen Jugend (FDJ) als Jugendherberge genutzt. Daraufhin diente der mehrfach erweiterte Gebäudekomplex als Ferienhaus, zunächst Walter Ulbricht, der hier am 1. August 1973 auch starb, dann Erich Honecker. Bis zum Ende der DDR war es Gästehaus der Regierung. Hier fand im Dezember 1981 eines der beiden Gespräche zwischen Bundeskanzler Helmut Schmidt und dem DDR-Staatsratsvorsitzenden Erich Honecker statt. Modernisiert und umgebaut, wird das Anwesen nunmehr als gehobenes Tagungshotel »Döllnsee-Schorfheide« betrieben.

Bis heute hat sich in der Schorfheide der Ruf Görings als Gönner und Förderer erhalten. Hinter vorgehaltener Hand kann man bei den Älteren noch immer erfahren, daß es schließlich Göring gewesen sei, der die Stiftung Schorfheide ins Leben gerufen, der als Reichsforst- und -jägermeister neue Jagd- und Naturschutzgesetze erlassen habe. Immerhin habe doch der Reichsmarschall den Bau der Straßen und Wege in den Ortschaften und Wäldern der Region veranlaßt. In der Tat war Göring als Hausherr von Carinhall bis 1945 der Hauptarbeitgeber zahlreicher Handwerks- und Landwirtschaftsbetriebe in der Umgebung seines Landsitzes gewesen, hatte Patenschaften für Kinder aus kinderreichen Familien übernommen und sich in den zwölf Stiftungsgütern als großzügiger Gutsherr zu geben gewußt. Doch Göring fand ein ebenso ruhmloses Ende wie sein Anwesen, das er in der Schorfheide errichten ließ.
Vom eigentlichen Carinhall sind lediglich die beiden Wachgebäude und die dazugehörigen Postenhäuser am Beginn der Kastanienallee erhalten geblieben; noch immer zieren sie die beiden gekreuzten Marschallstäbe Görings. In der Nachkriegszeit dienten die Wachgebäude zunächst der Aufnahme von Flüchtlingen, später als Wohnungen für Forstbedienstete. Die Postenhäuser weisen bis zum heutigen Tage den Weg zu jenem Gelände, auf dem Carinhall einst gestanden hat. Warum sie 1945 nicht zerstört bzw. im Zuge der späteren Räum- und Sprengarbeiten beseitigt wurden, bleibt das letzte Geheimnis von Carinhall.

1942: Bau zweier Torwärterhäuser als repräsentative Einfahrt für das Hermann-Göring-Museum. Zur Tarnung gegen Lufteinsicht wurden sie mit Netzen verhängt, abgesägte Bäume auf Holzkreuze genagelt und auf die Allee gestellt. 1998: Die beiden Torhäuser mit den Insignien des Reichsmarschalls Göring sind das letzte Zeugnis von Carinhall.

Görings Residenzen, Sonderzüge und Yachten im Überblick

Hauptquartiere

Alpenhaus auf dem Obersalzberg: bei Berchtesgaden/Bayern; Baubeginn Dezember 1933, Fertigstellung Mitte Mai 1934, mehrere Um- und Erweiterungsbauten. Das Haus verfügte ab 1940 über einen Privatbunker für Göring. 1943/44 wurde außerdem ein unterirdisches Bunker- und Stollensystem (ca. 240 laufende Meter/400 Quadratmeter) gebaut, das jedoch nicht mit dem gleichzeitig entstehenden übrigen Stollensystem unter dem Obersalzberg verbunden wurde. In diesem Haus wurde Göring in der Nacht zum 24. April 1945 auf Befehl Hitlers von der SS verhaftet.

Ab Dezember 1937 wurde unterhalb des Landhauses die sogenannte Adjutantur zur Unterbringung des Stabes gebaut. Dieses Gebäude überstand die Bombardierung des Obersalzberges am 25. April 1945 weitgehend unbeschadet und dient heute als Wohnhaus.

Château Gros-Blois: bei Paris; im Herbst 1940 als Privatwohnung für Göring beschlagnahmt, für etwa 200 000 RM ausgebaut und dann bewacht; Göring hat es nie gesehen.[1]

Coudray-sur-Thelle: südöstlich von Beauvais/Frankreich, Deckname: »Robinson I«[2]; im September und Oktober 1940 von der Organisation Todt erbautes Lager mit etwa 40 Baracken und drei schweren Bunkern. Dieses Hauptquartier wurde von Göring zwischen 1940 und 1943 insgesamt achtmal für jeweils wenige Stunden besucht. Das für ihn errichtete Haus wurde lediglich anläßlich weniger Besprechungen genutzt. Bei seinen Aufenthalten wohnte er ausschließlich in seinem Sonderzug, der unmittelbar neben der Anlage sicher in einem Eisenbahntunnel abgestellt war. Nachdem der Luftwaffen-Führungsstab im Herbst 1942 nach Goldap verlegt worden war, wurde Coudray-sur-Telle Sitz des IX. Fliegerkorps.

Johannisburg: Ostpreußen (heute: Pisz, Polen); ursprünglicher Standort für das Oberkommando der Luftwaffe im Osten; das Quartier erwies sich aber als zu feucht, wurde deshalb aufgegeben und nach Goldap verlegt.[3]

Kalinowka: bei Winniza, Ukraine; 1942 in der Nähe von Hitlers Feldhauptquartier »Wehrwolf« für Göring mit einem Kostenaufwand von ca. zwei Millionen RM gebaut. Die riesige Anlage wurde von ihm nur einige Male, Ende 1942 und Anfang 1943, genutzt, als Hitler zeitgleich in »Wehrwolf« weilte.

»Kurfürst«: in Wildpark-Werder, bei Potsdam; Sitz des Oberkommandos der Luftwaffe / des Luftwaffen-Führungsstabes (OKL/LwFSt). »Kurfürst« war gleichzeitig die Bezeichnung für den jeweiligen Aufenthaltsort des OKL.

Le Déluge: nahe Beauvais/Frankreich; 1940 ausgebauter und äußerst komfortabel eingerichteter Bauernhof, der von Göring aber nie benutzt wurde.[4]

Reichsjägerhof Rominten: etwa 15 Kilometer nordöstlich von Goldap in der Rominter Heide/Ostpreußen (heute: Königsberger/Kaliningrader Gebiet, Rußland, direkt an der Grenze zu Polen); sollte ursprünglich die Bezeichnung Emmyhall erhalten.[5] Von April bis September 1936 wurde dort im Blockhausstil ein Gebäude erbaut, das von zwei Seitenflügeln flankiert einen Innenhof umschloß und dadurch in seiner baulichen Anordnung Carinhall ähnelte. Der Reichsjägerhof wurde zunächst als Jagdhaus, mit Beginn des Rußlandfeldzuges im Sommer 1941 auch als Görings Hauptquartier im Osten genutzt. Ebenso wie Carinhall wurde der Reichsjägerhof mit seinen Nebengebäuden von Görings Wachregiment mit großem Aufwand ständig gesichert. Als die Rote Armee im Herbst 1944 nach Ostpreußen vorstieß, wurden auf Befehl Görings Vorbereitungen getroffen, den Reichsjägerhof planmäßig zu zerstören (Aktion »Johannisfeuer«), um ihn nicht unversehrt dem Kriegsgegner in die Hände fallen zu lassen. Am 20. Oktober 1944 wurden die Gebäude vom allein zurückgebliebenen Hausmeister in Brand gesteckt und vernichtet.[6]

Reichsmarschallhaus: im Führerhauptquartier »Wolfschanze«, bei Rastenburg/Ostpreußen (heute: Kętrzyn, Polen); von Göring hauptsächlich nach der Vernichtung des Reichsjägerhofes Rominten bis zum 20. November 1944 genutzt, ansonsten nur anläßlich von Besprechungen bei Hitler.

Reichstagspräsidenten-Palais: Berlin, Hermann-Göring-Straße 30 (vormals und heute: Ebertstraße); wurde von Göring bis zum Bezug seiner Villa im Hof des Reichsluftfahrtministeriums genutzt.

»Tannenwald«: Schloß Kransberg im Taunus; 1939 wurde das Schloß beschlagnahmt und für militärische Zwecke ausgebaut, von Göring wurde es aber nur während der Ardennenoffensive genutzt. 1945/46 alliiertes Vernehmungslager, ab 1947 für einige Zeit Sitz der neugegründeten »Organisation Gehlen«[7].

Villa im Hof des Reichsluftfahrtministeriums: Berlin, Leipziger Platz 11; ehemaliger Sitz des Preußischen Handelsministers, 1933/34 von Albert Speer für Göring umge-

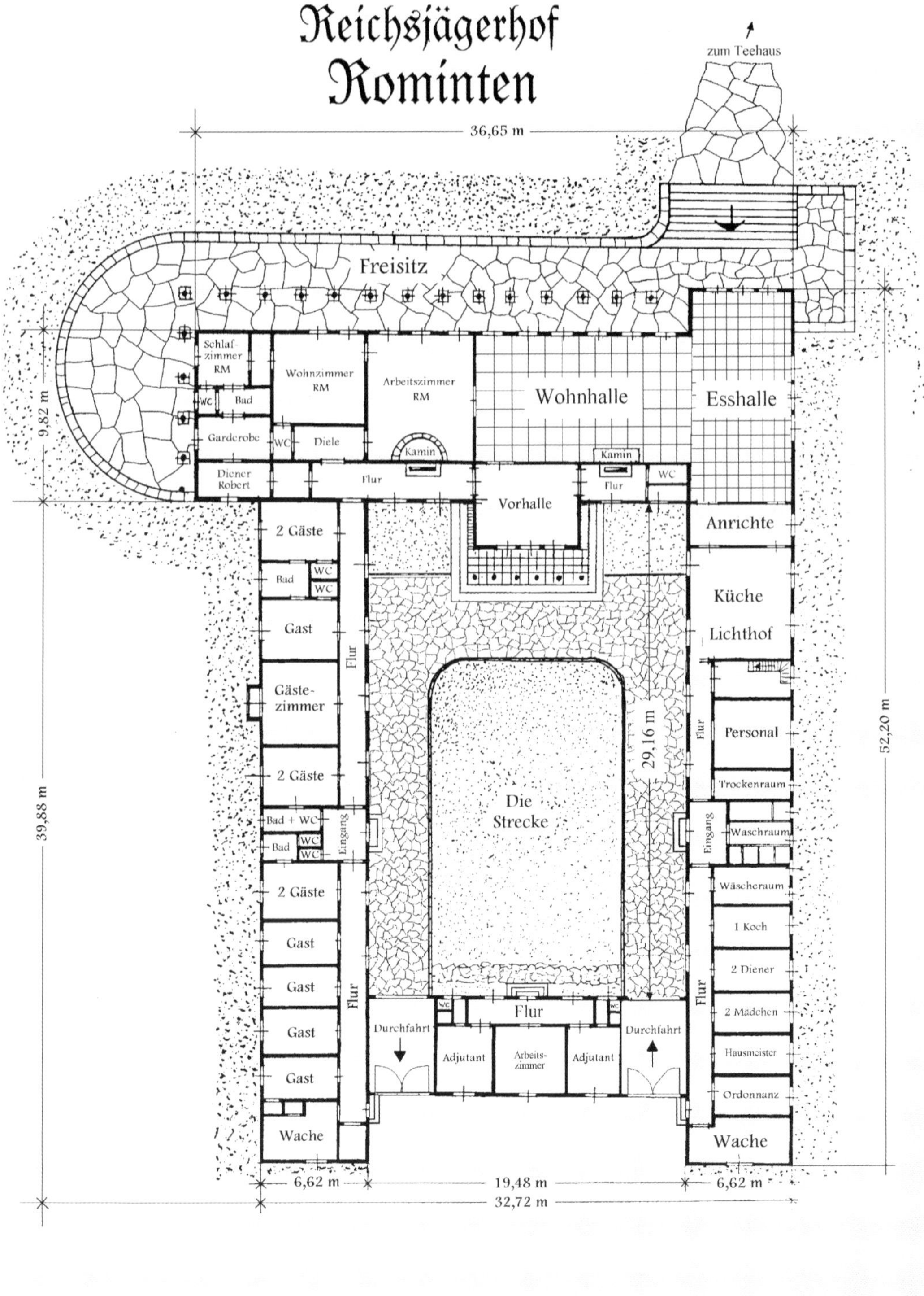
Reichsjägerhof
Rominten
zum Teehaus
36,65 m
Freisitz
Schlafzimmer RM
WC
Bad
Wohnzimmer RM
Arbeitszimmer RM
Wohnhalle
Esshalle
Garderobe
WC
Diele
Kamin
Kamin
Diener Robert
Flur
Vorhalle
Flur
WC
9,82 m
Anrichte
2 Gäste
Bad
WC
WC
Küche
Lichthof
Gast
Flur
Gästezimmer
29,16 m
Flur
Personal
52,20 m
2 Gäste
Trockenraum
Die Strecke
Bad + WC
Eingang
Bad
WC
WC
Eingang
Waschraum
39,88 m
2 Gäste
Wäscheraum
1 Koch
Gast
2 Diener
Gast
Flur
Flur
2 Mädchen
WC
Flur
WC
Gast
Durchfahrt
Durchfahrt
Adjutant
Arbeitszimmer
Adjutant
Hausmeister
Gast
Ordonnanz
Wache
Wache
6,62 m
19,48 m
6,62 m
32,72 m

baut,[8] Ort zahlreicher Empfänge (wie zum Beispiel für den Ozeanflieger Charles Lindbergh am 28. Juli 1936 sowie für die deutsche Olympiamannschaft 1936).

Weitere Immobilien

Burg Mauterndorf: im Lungau/Österreich; war seit 1894 im Besitz von Görings Taufpaten Dr. Hermann Epenstein, einem Freund seines Vaters, und dessen Hauptwohnsitz bis zu seinem Tode am 5. Juni 1934. Dem Wunsch ihres Mannes entsprechend, setzte seine Witwe in ihrem Testament Göring als Erben ein. Nach ihrem Tod im September 1939 nahm dieser Mauterndorf in Besitz, ohne daß er rechtliches Eigentum daran erwarb. Wie sich erst nach dem Krieg herausstellte, hatte Göring es versäumt, eine gesetzlich geforderte Erklärung über die Annahme des Legats abzugeben. 1954 erstritten sich die Erben der Witwe Epensteins vor dem österreichischen Verfassungsgerichtshof die Eigentumsrechte an der Burg.[9]

Burg Veldenstein: bei Neuhaus an der Pegnitz/Franken; gehörte seit November 1897 ebenfalls Epenstein. Hier verbrachte Göring einen Teil seiner Kindheit und Jugend. Nach dem Tod Epensteins überschrieb dessen Witwe am 23. Dezember 1938 auch diese Burg an Göring und seine am 2. Juni desselben Jahres geborene Tochter Edda.[10]

Jagdhaus Burow: Pommern (heute: Burowo, Polen); 1942/43 erbautes Göring-Objekt, beschrieben von Architekt Friedrich Hetzel als »Jagdhaus an einem norddeutschen See«[11]. Hetzelt war neben Hermann Tuch einer der beiden Architekten der Staatlichen Bauleitung für Sonderaufgaben, die Görings Bauten planten und betreuten. Die Lage des Jagdhauses und seiner Nebengebäude, die bauliche Anordnung, Nutzung und Einrichtung der Gebäude ähneln nicht nur der Anlage Carinhall in den Jahren 1933/35, sondern weisen auch deutlich auf Göring als Bauherrn hin, der es im dritten Kriegsjahr wohlweislich vermied, den Bau eines weiteren aufwendigen Anwesens für sich öffentlich bekanntzugeben. Die Verbindung zwischen dem Anwesen und Göring ergibt sich aus einem bislang unbekannten Schreiben, das er am 12. Dezember 1943 mit der Ortsangabe »Jagdhaus Burow/Pommern« unterzeichnet hatte.[12]

Jagdhaus Darß: am westlichen Steilufer der Halbinsel an der Ostsee; im Frühjahr 1935 erbautes, reetgedecktes Blockhaus mit einem sechseckigen, kegelförmigen Turm, das 1954 abgebrannt ist.

Jagdhaus »Elchwald«: in Nidden, Kurische Nehrung/Ostpreußen (heute: Nida, Litauen); ehemaliges Haus des Schriftstellers Thomas Mann, das dieser 1930 erworben und bis 1932 genutzt hatte. Von Sommer 1939 bis Januar 1945 gehörte es Göring, der es jedoch niemals besuchte.[13] Heute wird das Haus als Thomas-Mann-Kulturzentrum der Republik Litauen betrieben.

Jagdhaus »Pait«: am Fluß Pait, etwa vier Kilometer nordöstlich von Inse, Kreis Elchniederung/Ostpreußen (heute: Pritschaly, Königsberger/Kaliningrader Gebiet, Rußland); ehemaliges Jagdgebiet und -haus Kaiser Wilhelms II.

Jagdhaus Röth: Königssee; 1934 für 42 000 RM gebaut und von Göring während seiner Aufenthalte auf dem Obersalzberg zur Jagd genutzt. Die komfortable Jagdhütte wurde ohne zwingenden Grund im Frühjahr 1949 auf Veranlassung der bayerischen Forstbehörde abgerissen.[14]

Strandhaus Wenningstedt: (»Min Lütten«) auf der Insel Sylt; Privatbesitz Emmy Görings, 1937 vom Sylter Architekten Heilmann auf einem 9 000 Quadratmeter großen Grundstück unmittelbar an der Küste erbaut und von Emmy Göring am 12. Juni 1937 übernommen. Das Haus wurde nach Kriegsende von den britischen Streitkräften requiriert und diente als Offiziersheim. Über ihren Münchener Anwalt Dr. Ziegelhöfer forderte Emmy Göring das Haus 1961 von der englischen Krone zurück. Nach der Rückgabe verkaufte sie es; das Haus steht noch heute.

Sonderzüge

Obwohl er Reichsminister für Luftfahrt und Oberbefehlshaber der Luftwaffe war, zog es Göring meist vor, auf Reisen seinen mit allem Komfort ausgestatteten Sonderzug »Asien« (ab 1. Februar 1943 »Pommern I«) zu benutzen.[15] Über Nacht wurde der Zug stets in Tunneln abgestellt, die zu diesem Zweck zuvor auf ihre Eignung erkundet worden waren und scharf bewacht wurden. Weilte Göring in Berlin oder seinem Waldhof Carinhall, stand »Asien« gewöhnlich im Berliner Bahnhof Yorkstraße oder in der Nähe der Station Wildpark-Werder bei Potsdam, wo sich im Hauptquartier »Kurfürst« das Oberkommando der Luftwaffe mit seinem Luftwaffen-Führungsstab unter Generaloberst Hans Jeschonnek befand. »Residierte« Reichsmarschall Göring nach Beginn des Rußlandfeldzuges im Reichsjägerhof, stand sein Zug neben der nur wenige Kilometer entfernten kleinen Bahnstation Eichkamp. Wenn Göring mit seinem Zug unterwegs war, mußte stets auch sein Generalstab in unmittelbarer Nähe sein. Im Verlaufe des Krieges wurde für den Luftwaffen-Führungsstab zu diesem Zweck ein weiterer Zug eingesetzt, der die Bezeichnung »Robinson« (ab 1. Februar 1943 »Pommern II«) trug.[16]

Eigentlich bestand »Asien« sogar aus zwei Sonderzügen: Vor dem Hauptzug, in dem sich Göring, sein engerer Stab und Gäste aufhielten, fuhr noch ein Vorzug, der im Landserjargon »Bombenräumer« genannt wurde. Dieser bestand in der Regel aus 14 normalen D-Zug-Wagen, zu denen nach dem Frankreichfeldzug 1940 noch zwei Luxuswagen der französischen Eisenbahn hinzukamen, die zuvor zwischen Paris und Deauville eingesetzt gewesen waren. In Spezialwagen dieses Vorzuges waren etwa zehn Autos (darunter auch zwei französische Beutefahrzeuge, ein Lasalle und ein großer Buick), eine leistungsstarke Lichtanlage, Wannen und Brausen für die Mannschaft sowie ein Friseursalon untergebracht. In den beiden französischen Luxuswagen hatten Beamte aus dem Begleitpersonal, der für den Wagenpark verantwortliche Oberamtmann Kieninger, der Cheffahrer und Leibwächter Görings, Willi Schulz, und die übrigen Kraftfahrer ihre Quartiere.

Der Hauptzug, den Göring neben Carinhall am meisten liebte, wurde von zwei schweren D-Zug-Lokomotiven gezogen, die auf Reisen ständig ausgetauscht wurden. Direkt dahinter lief der vordere Flak-Wagen mit je einem 2-cm-Vierlingsgeschütz, »Anton« und »Berta«, an beiden Enden. Zwischen diesen beiden Geschützen befand sich die Unterkunft der 20 Flak-Soldaten vom Wachkommando Sonderzug Reichsmarschall. Ein weiterer Flak-Wagen dieser Art, im amtlichen Sprachgebrauch Sonderplattformwagen genannt, befand sich am Zugende. Die Flakgeschütze kamen während des Krieges lediglich einmal zum Einsatz.

Neben den Vierlingsgeschützen und den Unterkünften waren auf diesen Wagen noch je ein 2-cm-Einzelgeschütz, ein Kübelwagen, Scheinwerfer und Unmengen von Munition untergebracht. Hinter dem ersten Flak-Wagen rollten erst ein, später zwei lange Salon-Maschinengepäckwagen mit dem persönlichen Gepäck Görings und seiner Gäste. In einem von ihnen befanden sich ein Funk-Übertragungsraum und ein Abteil für Schallplattenaufnahmen, ebenso ein riesiger Sonderkühlschrank, in dem Görings Weine, seine Zigarren und ihm vorbehaltenes frisches Obst verwahrt wurden. In diesen beiden Wagen waren acht Beamte der Eisenbahn-Sicherheitspolizei untergebracht, die, sobald der Hauptzug irgendwo anhielt, und sei es nur für Minuten, sofort schwerbewaffnet aus ihren Wagen sprangen und das Wohnabteil Görings umstellten.

Die folgenden beiden Wagen bewohnte Reichsmarschall Göring. Sie waren wie alle Wagen Spezialanfertigungen und mit Bleiplatten belastet, damit der Zug nicht schaukelte. Jeder dieser beiden Wagen hatte ohne seine Innenausstattung den Staat 680 000 RM gekostet, die anderen jeweils rund 391 000 RM. Im vorderen Wagen (Nr. 10 205) befand sich die geradezu fürstliche Garderobe Görings mit unzähligen Uniformen, Zivilanzügen, Jagdgewändern, Schuhen, Stiefeln, diversen Morgenröcken aus Brokat und Seide sowie Waffen und seinen 172 Orden.

Görings Badezimmer und eine Toilette waren dort ebenfalls untergebracht. Wenn Göring in Fürstenmanier sich morgens zum Bad und anschließenden Frühstück anschickte, mußten Zug und Vorzug anhalten, bis beides beendet war. Oft blockierten beide Züge dadurch die Hauptstrecke, wobei es nicht die geringste Rolle spielte, ob durch das Bad des Herrn Reichsmarschall Transportzüge, Lazarettzüge und später Flüchtlingszüge für Stunden liegenblieben. Alles hatte sich dem persönlichen Wohl dieses Mannes unterzuordnen.

Außerdem befanden sich in diesen beiden ersten Wagen mehrere Schlafabteile, darunter zwei größere für Göring und seine Gattin, die diesen Raum während des gesamten Krieges jedoch niemals nutzte. An den Schlafraum Görings schlossen sich ein kleiner Privatsalon und eine Bibliothek an. Die Böden der Abteile waren mit dicken Teppichen belegt. Innenräume und Mobiliar dieser Salonwagen waren aus wertvollsten Hölzern.

1940 war Görings Sonderzug noch der große Salon-Beratungswagen Nr. 10 215 hinzugefügt worden. Auch er war aufs feudalste ausgestattet. Hier fanden die abendlichen Filmvorführungen statt, zu denen Göring nach dem Abendessen einzuladen pflegte. Durch seine Sonderausstattung war dieser Wagen so schwer geraten, daß er auf einem sechsachsigen Fahrwerk laufen mußte. Jeder der Salonwagen, auch die der anderen Sonderzüge der Reichsregierung, war auf seine eigene Weise innenarchitektonisch gestaltet, selbst jedes Abteil im Wagen hatte sein unverwechselbares Dekor. Die Innenräume von Görings erstem Salonwagen waren beispielsweise mit wertvollsten Hölzern ausgestattet.[17] An diesen schloß sich der »Arbeitswagen« an, von dem aus Göring seine Befehle erteilte. Die eine Hälfte nahm ein Lageraum ein, in dem sich ein großer Kartentisch und ein ständig indirekt beleuchtetes Bildnis Adolf Hitlers an der Wand befanden. In der anderen Hälfte waren das Adjutantensprechzimmer, der Funkraum, die Telefonzentrale und ein Schreibzimmer untergebracht. Während der Fahrt war der Sonderzug durch Funk mit dem jeweiligen Hauptquartier Hitlers und mit Berlin verbunden. Von allen Hauptstationen bestand eine direkte Telefonverbindung mit dem ganzen Reich, sämtlichen Dienststellen und allen Fronten.

Hinter diesen drei Wagen lief der erste Salon-Speisewagen, der sowohl über Elektro- und Dampfheizung als auch

Oben: Jagdhaus Darß (1936). Unten: Emmy Görings Strandhaus Wenningstedt auf Sylt (1938).

Oben: Jagdhaus Röth. Unten: Göring unterwegs mit seiner Yacht »Carin II« auf dem Weser-Ems-Kanal (Sommer 1939).

über ein Kühlaggregat verfügte. Es folgten die übrigen Sonderwagen, die alle Spezialanfertigungen mit Kirschbaumtäfelungen waren. Hier wohnten Chefadjutant Bernd von Brauchitsch, der Leibarzt Görings, Oberstabsarzt Ramon von Ondarza, der Zugkommandant Fritz Görnnert und Gäste, unter anderen Görings langjährige Vertraute Generalfeldmarschall Erhard Milch, Generaloberst Ernst Udet und Generaloberst Bruno Loerzer, der ihn wie ein Schatten während des gesamtes Krieges begleitete.
Es folgten drei D-Zug-Wagen, ebenfalls Spezialanfertigungen nach dem Muster der Mitropa-Schlafwagen, in denen die Bewachungsmannschaft, Kriminalbeamte des Reichssicherheitsdienstes (RSD) und weitere Gäste wohnten, dann der Speisewagen für die Beamten und Mannschaften sowie der Vorratswagen, der an Lebensmitteln das Feinste aus ganz Europa enthielt. Hier standen der Backofen, der den Zug jeden Tag mit frischem Brot und Brötchen versorgte, Kuchen und Gebäck lieferte, und die großen Kühlschränke. Zudem gab es hier Küchen und Wohnräume für die Köche und die Männer der Bedienung. Über sie wachte Amtmann Gerch, ein ehemaliger Berufssoldat, der zum Intendanten in Görings Stabsamt aufgestiegen war. Vor dem zweiten Flakwagen mit den Vierlingsgeschützen »Cäsar« und »Dora«, der zugleich das Zugende bildete, lief ein weiterer Salon-Gepäckwagen Nr. 105 733, der für den Transport von Autos eingerichtet war. Neben Göring und seinen Gästen wohnten und arbeiteten in diesen beiden Zügen ständig 171 Männer, unter ihnen Görings persönliche Propagandatruppe, der »Sondertrupp Reichsmarschall«.
Nach Kriegsende übernahmen die Amerikaner neben Spezialwaggons anderer Nazi-Spitzen auch den 1937 gebauten, 23,5 Meter langen und 63,8 Tonnen schweren Salonwagen Nr. 10 205 aus dem Sonderzug Görings. Dieser lief fortan mit der Wagennummer »096« im amerikanischen Sonderzug A 400, den die Alliierten in den ersten Nachkriegsjahren in Frankfurt am Main unterhielten. Am 2. Mai 1949 gab die amerikanische Armee diesen und andere Wagen aus verschiedenen Sonderzügen der Nazis an die Deutsche Reichsbahn im Vereinigten Wirtschaftsgebiet (ab 7. September 1949: Deutsche Bundesbahn) zurück.
Weil es die Sparsamkeit gebot, benutzte nun die Regierung der noch jungen Bundesrepublik diese Waggons weiterhin. Der von den Bundespräsidenten Theodor Heuss und Heinrich Lübke benutzte Salonwagen war als Nr. 10 214 für den Sonderzug Heinrich Himmlers (»Heinrich«) gebaut worden, während der Salonwagen des Bundesverkehrsministers während der NS-Zeit Joseph Goebbels zur Verfügung gestanden hatte (»Rheinland«).
Görings Salonwagen Nr. 10 205 wiederum hat bis heute eine Sonderstellung unter all den ehemaligen Sonderzugwaggons eingenommen, er wurde »Bundeskanzlerwagen«: Bis 1963 diente er Konrad Adenauer auf seinen häufigen Reisen als komfortables Transportmittel, dann bis 1969 Ludwig Erhard und Kurt Georg Kiesinger. Willy Brandt war der letzte Kanzler, der bis 1974 in diesem Wagen reiste. Bis zum Ende seiner Betriebszeit im Jahr 1980 wurde er daraufhin von der Deutschen Bundesbahn als Gesellschaftswagen mit Sonderausstattung eingesetzt. Am 5. Oktober 1990 wurde der weitgehend im Originalzustand erhaltene Salonwagen, ein »Objekt der deutschen Zeitgeschichte«, wie es offiziell hieß, als erstes, größtes und gewichtigstes Exponat mittels schwerer Kranwagen in den Rohbau des Hauses der Geschichte der Bundesrepublik Deutschland in Bonn eingelassen. Dort steht er seither im Eingangsbereich der U-Bahnstation den Besuchern zur Besichtigung offen.[18]

Yachten

Schon wenige Monate nach Fertigstellung das Jagdhauses am Großen Döllnsee im April 1934 spielte Göring mit dem Gedanken, sich ein eigenes Schiff zuzulegen, mit dem er die Gewässer rund um Carinhall befahren könnte.[19] Über seine Adjutantur, die zum damaligen Zeitpunkt noch nicht unter militärischer, sondern unter der forstlichen Leitung des Oberlandforstmeisters Erhard Hausendorff stand, ließ Göring Erkundigungen nach geeigneten Wasserfahrzeugen anstellen. Bald lagen mehrere Offerten von Privatpersonen und Werften vor, in denen Boote verschiedenster Größe, Bauart und Motorisierung zum Verkauf angeboten wurden. Von sieben Yachten kamen – wie sollte es anders sein – nur die beiden teuersten und komfortabelsten in die engere Auswahl. Weil Göring aber zu diesem Zeitpunkt offenbar noch nicht über so nahezu unbeschränkte Mittel verfügte wie in späteren Jahren und öffentliche Gelder daher nicht flossen, wurde im Jahr 1934 keine Yacht angeschafft.
Nachdem Göring davon Kenntnis erlangt hatte, daß die Werbellinsee-Reederei Bade[20] bei der Gustav-Schröder-Werft in Marienwerder am Oder-Havel-Kanal den Neubau eines Fahrgastschiffes in Auftrag gegeben hatte, ließ er dem künftigen Eigner am 6. Mai 1935 durch seinen Adjutanten Hausendorff mitteilen, »daß eine Namensgebung des neuen Schiffes ›Reichsforstmeister Göring‹ gewünscht ist«[21]. Der Namenspatron hatte bereits zu dieser Zeit am nahegelegenen Südufer des Großen Döllnsees ein Boots-

haus erbauen lassen, das später durch zwei weitere Bootshäuser im Blockhausstil auf Holzpfeilern im Wasser ergänzt wurde. Hier waren seine Motorboote und die Segeljolle untergebracht. Der zuständige Hausangestellte erinnert sich: »Wir hatten drei Motorboote, einen Zweisitzer, einen Viersitzer und ein in Berlin-Gatow als Versuchsboot gebautes Gleitflächenboot. Die Gleitflächen mußten von mir immer peinlich sauber gehalten und poliert werden, damit das Boot auch gut durchs Wasser gleiten konnte.«[22] Doch Göring selbst nutzte diese Boote eher selten, vielmehr waren es die Mitglieder seiner Familie und Gäste, die sich den Sommer über mit Wassersport auf dem See vergnügten. 1943 wurde auf der Landspitze nördlich des Waldhofes ein weiteres, das sogenannte neue Bootshaus errichtet, wo die Boote Görings zur Überwinterung aufgebockt wurden. Der Verbleib der Boote ist bis zum heutigen Tage ungeklärt.

Der Wunsch des Preußischen Ministerpräsidenten nach einem eigenen größeren Schiff sollte aber bald erfüllt werden: Der Reichsverband der Deutschen Automobilindustrie, dem die Bemühungen des Reichsforst- und -jägermeisters nicht verborgen geblieben waren, machte Göring im Frühsommer 1935 eine 16 Meter lange Motoryacht zum Geschenk, die am 6. Juli in Hamburg vom Stapel lief und auf den Namen »Carin« getauft wurde. Als er dann Gefallen an der Seefahrt gefunden hatte, verlangte Göring bald nach einem noch größeren Schiff.[23]

So erhielt die Hamburger Yacht- und Motorbootswerft Hermann Heidtmann den Auftrag, nach den Wünschen Görings eine sowohl seetüchtige als auch kanalgängige Yacht zu konstruieren. Die Kosten von rund 750 000 RM wurden abermals von der Deutschen Automobilindustrie getragen. Nach einjähriger Bauzeit wurde das Schiff nach dem Hamburger Derby am 27. Juni 1937 im Rahmen einer kleinen Feier an der Alster-Anlegestelle Teufelsbrück dem Preußischen Ministerpräsidenten übergeben. Damit es auf seinem Weg zur Elbe unbeschadet unter den Brücken hindurchfahren konnte, mußte der Wasserspiegel der Alster um zehn Zentimeter abgesenkt werden.

Die neue Yacht »Carin II« war größer und komfortabler ausgestattet als »Carin«. Das Schiff verfügte über einen Dreischrauben-Dieselmotor, war 27,5 Meter lang, 4,85 Meter breit, hatte einen Tiefgang von 1,28 Meter und eine Verdrängung von 71,12 Bruttoregistertonnen.[24] Die Wände und Schränke des zehn Quadratmeter großen Salons der Yacht waren aus Kaukasisch-Nußbaum-Wurzelholz gearbeitet, Sessel, Sofa und Vorhänge dazu passend in gelbbraun-gestreiftem Stoff. Im Achterschiff befand sich das Zweibett-Schlafzimmer der Görings, dessen Wände mit geblümten Stofftapeten bespannt waren. Außerdem gab es einen Waschraum, einen Baderaum mit Wannenbad und vergoldeten Armaturen, einer Dusche und einer Toilette, deren übergroße Klosettbrille aus edelstem Mahagoni gefertigt worden war. Zudem verfügte das Schiff über einen kleinen Salon als Schreibzimmer und eine Gästekabine für zwei Personen. Bis Kriegsbeginn befuhr Göring mit der »Carin II« unter Kapitän Georg von Höne und seiner vierköpfigen Besatzung[25] oft monatelang fast alle schiffbaren Gewässer Deutschlands samt Nord- und Ostsee und legte auch in Dänemark an, um in Helsingborg die Hamlet-Festspiele zu besuchen. Wegen ihrer Seekrankheit weilte Emmy Göring nur selten auf dem Schiff. Eine Ausnahme war zum Beispiel eine Fahrt auf dem Wannsee anläßlich des Besuches des jugoslawischen Prinzregenten Paul und Prinzessin Olgas Anfang Juni 1939. Das Schiff diente Göring ohnehin nicht ausschließlich zur Erholung, sondern auch für Konferenzen mit seinen Mitarbeitern und politische Besprechungen. Mussolini, der italienische Luftmarschall Italo Balbo und der ungarische Reichsverweser Admiral Nikolaus von Horthy waren ebenso Gast an Bord der Yacht wie Hitler, Himmler, Ribbentrop und andere Nazi-Größen.

Entgegen anderslautender Behauptungen hat die »Carin II« jedoch zu keinem Zeitpunkt vor den Toren Carinhalls auf dem Großen Döllnsee gelegen. Zur Heimat des Schiffes wurde, nachdem Göring dort im Frühjahr 1938 ein hölzernes Bootshaus mit Anlegesteg hatte bauen lassen, der Werbellinsee. Dieser kleine Yachthafen lag vor Zabelshof bei Elsenau am nordöstlichen Seeufer. An das Bootshaus und den Steg erinnern heute lediglich noch die Rammpfähle, die an der Anlegestelle des heutigen Yachtclubs »Schorfheide« aus dem Wasser ragen. Würde nicht die Werbellinsee-Reederei Wiedenhöft bei ihren Ausflugsfahrten verschiedentlich an die Anlage erinnern, wäre sie längst in Vergessenheit geraten.

Während des Krieges lag die Yacht unter militärischer Bewachung in einem eigens zu diesem Zweck gebauten Bootsschuppen in Berlin-Gatow. Kurz vor Kriegsende erhielt der Hamburger Kapitän Friedrich Wilken, der im Mai 1939 seinen Vorgänger abgelöst hatte, den Befehl, das Schiff nach Mölln bei Lübeck in Sicherheit zu bringen, wo es den Engländern in die Hände fiel und auf deren Anordnung nach Kiel gebracht wurde. Kein geringerer als der Oberbefehlshaber der britischen Besatzungstruppen, Feldmarschall Bernard Law Montgomery, war Bordgast bei dieser Fahrt. Aus Gefangenenlagern holten sich die neuen Besitzer einige Marine-Soldaten, die das Schiff in Ordnung zu halten hatten. Ende 1945 kam es dann von Kiel nach Hamburg, wo es im Yachthafen Waltershof festgemacht war, der heute nicht mehr existiert. Aus der »Carin II« war zu diesem Zeitpunkt bereits die »Royal Albert« geworden, benannt nach dem Prinzgemahl von Königin Victoria. Montgomery machte das Schiff schließlich der damaligen Prinzessin und späteren Königin Elizabeth II. zum Geschenk, die es nach der Geburt ihres ersten Sohnes in »Prince Charles« umbenannte. Nachdem das Schiff 1950 auf den Rhein in die Nähe von Krefeld-Uerdingen verlegt worden war, unternahmen Mitglieder der englischen Königsfamilie Fahrten durch Deutschland und die Niederlande. Mehrfach waren Prinz Philip, die Herzogin von Kent (eine Schwester jener Prinzessin Olga von Jugoslawien, die bereits 1939 mit der Yacht den Wannsee befahren hatte) und Prinzessin Margret Gäste an Bord der Yacht. Als Flaggschiff der britischen Rheinarmee wurde die »Prince Charles« 1954 bei einem britischen Flottenbesuch in der Schweiz, dem ersten seit 1812, von 40 000 Besuchern bestaunt. Auch die Spitzen der deutschen Bundesregierung, allen voran Bundeskanzler Konrad Adenauer, betraten in den Folgejahren das Deck der nunmehr königlichen Yacht – wenn Seelord Cambell-Walters sie dazu eingeladen hatte. Über ihren Münchener Anwalt Dr. jur. Hanns Ziegelhöfer forderte Emmy Göring 1960 das Schiff von der Englischen Krone zurück. Da es zu keinem Zeitpunkt militärischen, sondern formalrechtlich ausschließlich privaten Zwecken gedient hatte und außerdem auf ihren Namen eingetragen war, wurde ihrer Forderung am 29. Juni 1960 stattgegeben.[26] Nur wenige Monate später, Ende Oktober 1960, verkaufte Emmy Göring das Schiff einem Bonner Druckereibesitzer, der es nach seiner Gattin in »Theresia« umbenannte und auf den Rhein nach Oberwinter verlegte. 1973 wechselte das Schiff abermals seinen Besitzer. In Geldnot geraten, verkaufte der Druckereibesitzer die Yacht für 160 000 DM dem *Stern*-Reporter Gerd Heidemann aus Hamburg, der das Schiff nicht nur von Grund auf überholen ließ, sondern ihm auch den Namen »Carin II« wiedergab[27] – eine Geschichte, die durch Helmut Dietls Film »Schtonk« hinlänglich bekannt wurde.

Zum bislang letzten Mal in seiner bewegten Geschichte wechselte das Schiff Ende November 1985 den Eigner und verschwand aus europäischen Gewässern. Als Gerd Heidemann wegen der Hitler-Tagebuch-Affäre in Untersuchungshaft genommen worden war und weder seine Kredite noch die fälligen Zinsen zurückzahlen konnte, betrieb die Deutsche Bank die Zwangsversteigerung des Schiffes. Über einen Mittelsmann erhielt ein Ägypter bei 270 000 DM den Zuschlag. Heute liegt es im Hafen des Badeortes Hurghada am Roten Meer auf Reede (siehe Foto).

Zeittafel: Hermann Göring und Carinhall

1893
12. Januar: Geburt Hermann Wilhelm Görings im Sanatorium Marienbad in Rosenheim,

Vater: Dr. Heinrich Ernst Göring, geboren am 31. Oktober 1838 in Emmerich, gestorben am 7. Dezember 1913 in München, Landgerichtsrat, unter Bismarck erster Reichskommissar für Deutsch-Südwestafrika; in zweiter Ehe am 26. Mai 1885 in London verheiratet mit

Mutter: Franziska (»Fanny«), geborene Tiefenbrunn, geboren am 21. April 1859 in München, gestorben 15. Juli 1923 ebendort;

Geschwister: Karl Ernst, geboren am 3. August 1885 in Rosenheim, gestorben am 4. Oktober 1932 in Hannover; Olga Sophie Therese, geboren am 16. Januar 1889 in Walfish-Bay, gestorben am 7. Oktober 1970; Paula Rosa Elisabeth, geboren am 13. Mai 1890 in Rosenheim, gestorben am 30. November 1960; Albert Günter, geboren am 9. März 1895 in Berlin-Friedenau, gestorben am 20. Dezember 1966 in München.

1893–96
Während seine Mutter zu ihrem Mann reist, der den Posten des Generalkonsuls in Haiti übernommen hat, bleibt Göring in der Obhut einer Schulfreundin der Mutter, Therese Graf, in Fürth.

1896–98
Nachdem sein Vater aus gesundheitlichen Gründen in den vorzeitigen Ruhestand getreten und 1896 nach Deutschland zurückgekehrt war, wohnt die Familie in Berlin-Friedenau.

1898–1913
1898 siedelt die Familie auf die Burg Veldenstein bei Neuhaus/Pegnitz über, die seit November 1897 im Besitz eines Freundes des Vaters und Görings Taufpaten, Dr. Hermann Epenstein, war.

1898–1903
Volksschule Fürth.

1903–1905
Internat Ansbach.

1905–1909
Kadettenanstalt Karlsruhe,

1909 Versetzung in die Hauptkadettenanstalt Groß-Lichterfelde, dort am 10. März 1911 Fähnrichsexamen mit Prädikat »vorzüglich«.

1911
April: Italienreise mit Freunden.

1912
März: Fähnrich im Infanterieregiment.

1913
Januar: Abitur,

März–Dezember: Kriegsschulkurs mit Offiziersexamen.

1914
10. Januar: Bataillons-Adjutant beim 4. Badischen Infanterieregiment Nr. 112 »Prinz Wilhelm« in Mühlhausen/Elsaß,

20. Januar: Leutnant,

1. August: Ausbruch des Ersten Weltkrieges; Kampfeinsätze Görings im Elsaß, Eisernes Kreuz II,

23. September: Lazarettaufenthalte in Metz (Gelenkrheuma) und Freiburg/Breisgau,

16. Oktober: Kommandierung zur Ausbildung als Beobachter, Fliegerersatzabteilung 3 in Darmstadt,

28. Oktober: Versetzung zur Feldflugabteilung 25 (5. Armee des Kronprinzen).

1915
25. März: Eisernes Kreuz I (zusammen mit Bruno Loerzer als seinem Flugzeugführer), vom Kronprinzen persönlich überreicht,

Juni–September: Pilotenlehrgang in Freiburg/Breisgau, Ausbildung zum Flugzeugführer,

September: Abkommandierung zur 5. Armee, gegenüber der Festung Verdun,

3. Oktober: erster Einsatz als Flugzeugführer im Geleitschutz für Bomberverbände, später Jagdflieger,

16. November: erster anerkannter Luftsieg (bis 16. Juli 1918 insgesamt 22).

1916
5. August: Feldflugabteilung 25,

6. September: zur Kampfstaffel Metz (mit Loerzer),

28. September: Jagdstaffel 5 (Somme-Front), Bruchlandung,

2. November–Februar 1917: Lazarettaufenthalte in Valenciennes, Bochum und München.

1917
15. Februar: Jagdgeschwader 26 in Mühlhausen/Elsaß,

17. Mai: Staffelführer der Jagdstaffel 27,

18. August: Oberleutnant.

1918
Januar: Verlobung mit Marianne Mauser-Mühltaler in Mauterndorf,
2. Juni: Auszeichnung mit dem Pour le Mérite, dem höchsten preußischen Orden,
6. Juli: (letzter) Kommandant »Jagdgeschwader Richthofen« (Richthofen war am 21. April abgeschossen worden, sein Nachfolger Wilhelm Reinhardt am 3. Juli tödlich abgestürzt),
11. November: Ende des Ersten Weltkrieges.
1919
Frühjahr: Kunst- und Verkehrsflieger in Dänemark und Schweden,
2. August: Erwerb einer schwedischer Fluglizenz für Passagierluftfahrt und Anstellung bei der »Svenska Lufttrafik AB«, Stockholm.
1920
13. Februar: Göring reicht von Stockholm aus seinen Abschied von der Reichswehr ein und beantragt unter Verzicht auf jeglichen Pensionsanspruch seine »Vorzugsbeförderung« zum Hauptmann; im Juni 1920 bewilligt.
20. Februar: Göring fliegt den schwedischen Forschungsreisenden Graf Eric von Rosen zu dessen Gut Rockelstad und übernachtet auf seinem Landsitz. Erste Begegnung mit seiner späteren ersten Frau, Carin Axelina Hulda von Kantzow, geborene Freiin von Fock, der Schwester von Graf Erics Frau Mary.
1920–22
Carin verläßt ihren Mann Nils von Kantzow und bezieht mit Göring gemeinsame Wohnungen in Stockholm, Karlavägen und Östermalm/Schweden, ab 1921 ein kleines Haus in Hochkreuth bei Bayrischzell und im November 1922 eine Villa in der Münchener Reginbaldstraße.
1921 hatte sich Göring an der Münchener Ludwig-Maximilians-Universität für die Fächer Geschichte, Nationalökonomie und Staatswissenschaft immatrikuliert, besuchte aber nur wenige Vorlesungen und legte keinerlei Prüfungen ab.
12. Oktober 1922: erste Begegnung Görings mit Hitler.
1923
Nach Scheidung von ihrem Mann Nils am 13. Dezember 1922 heiraten Carin von Kantzow und Göring am 25. Januar 1923 in Stockholm. Die Trauung wird am 3. Februar vor einem deutschen Standesbeamten in München-Obermenzing wiederholt.
Frühjahr: Erster Führer der SA,
9. November: Teilnahme am Marsch auf die Feldherrnhalle (»Hitler-Putsch«), bei dem Göring schwer verwundet wird.
1923–27
Emigration: zunächst Innsbruck/Österreich, später Italien, dann Schweden; Spätsommer 1925 dreimonatige Morphium-Entziehungskur in der Nervenheilanstalt Langbro/Schweden,
Herbst 1927: Nach Generalamnestie und Aufhebung des am 10. November 1923 in München erlassenen Haftbefehls kehrt Göring nach Deutschland zurück.
1928
13. Juni: Nach seiner Wahl zum Reichstagsabgeordneten der NSDAP geht Göring als »politischer Beauftragter des Führers« nach Berlin und trägt die nächsten Jahre maßgeblich zur Ebnung des Weges für Hitler bei.
1931
10. Oktober: erstes Treffen Hindenburgs mit Hitler und Göring,
17. Oktober: Vier Tage vor ihrem 43. Geburtstag stirbt Carin Göring in Schweden an Tuberkulose.
1932
31. Juli: Wahlsieg der NSDAP bei den Reichstagwahlen,
30. August: Göring wird zum Präsidenten des Deutschen Reichstages gewählt.
1933
30. Januar: »Machtergreifung« der Nazis, Göring wird Reichsminister ohne Geschäftsbereich im »Kabinett der nationalen Konzentration« Hitlers, Reichskommissar für das Preußische Innenministerium und Chef der Polizei, Reichskommissar für Luftfahrt; zusammen mit Himmler und Heydrich ist Göring maßgeblich an der Einrichtung der ersten KZ für politische Gegner beteiligt.
11. April: Preußischer Ministerpräsident,
5. Mai: Hitler und Reichspräsident Paul von Hindenburg unterzeichnen die Ernennungsurkunde Görings zum Reichsminister der Luftfahrt.
30. August: General der Infanterie,
26. Oktober: Richtfest für das Jagdhaus Carinhall.
1934
April: Fertigstellung und Bezug Carinhalls,
20. April: Göring gibt die Führung der Geheimen Staatspolizei (Gestapo) an Himmler ab.
1. Mai: Göring wird von seinem Amt als Preußischer Innenminister entbunden, behält aber die oberste Leitung der Landespolizei, die er vom Preußischen Innenministerium auf den Ministerpräsidenten überträgt.
20. Juni: Beisetzung der am Tag zuvor in Schweden exhumierten Gebeine von Carin Göring in Carinhall,
30. Juni: Göring ist einer der Hauptverantwortlichen für das Blutbad beim »Röhm-Putsch«, bei dem die gesamte Spitze der SA ermordet wird.

3. Juli: Göring erhält als »Entschädigung« für den Verlust des Preußischen Innenministeriums das Amt des Reichsforst- und -jägermeisters.
7. Dezember: Hitler bestimmt in einem Geheimerlaß zu seinen Stellvertretern: General von Blomberg für Angelegenheiten der Reichswehr (ab 1935: Wehrmacht) und der Verteidigung, Rudolf Heß für Angelegenheiten der NSDAP und Hermann Göring für alle übrigen Angelegenheiten der Staatsführung. (Die öffentliche Ernennung Görings zum Nachfolger Hitlers erfolgt am 1. September 1939 und am 29. Juni 1941.)

1935

1. März: Enttarnung der Luftwaffe, Göring wird ihr Oberbefehlshaber, forciert Auf- und Ausbau zusammen mit General der Flieger Erhard Milch und Oberst Ernst Udet.
10. April: In zweiter Ehe heiratet Göring die Schauspielerin Emmy Sonnemann.

1936

4. April: Rohstoff- und Devisenkommissar,
20. April: Generaloberst,
September: Beginn der ersten Erweiterungsphase von Carinhall,
18. Oktober: Beauftragter für den Vierjahresplan, Göring hat damit praktisch die Kontrollvollmacht über die deutsche Industrie.
11. Dezember: Richtfest in Carinhall.

1937

20. Juli: Einweihung des neuen »Waldhofes« Carinhall,
Juli: Gründung der »Reichswerke Hermann Göring« (größter Stahlkonzern Europas mit ca. 700 000 Mitarbeitern und etwa 400 Millionen RM Kapital),
27. November – 31. Januar 1938: kommissarischer Reichswirtschaftsminister.

1938

Februar: Göring ist maßgeblich am Sturz des Reichskriegsministers Generalfeldmarschall von Blomberg und des Oberbefehlshabers des Heeres Generaloberst von Fritsch beteiligt.
4. Februar: Generalfeldmarschall,
2. Juni: Geburt der Tochter Edda,
29. September: Münchener Konferenz,
12. November: Göring verlangt nach der »Reichspogromnacht« von den Juden eine »Entschädigung« von einer Milliarde RM.

1939

Januar: Beginn der zweiten Ausbauphase von Carinhall,
Mai: Richtfest,
30. August: Vorsitzender des Reichsverteidigungsrates.

1940

Januar: Fertigstellung Carinhalls,
17. März: Ernennung Fritz Todts zum Reichsminister für Bewaffnung und Munition gegen den Willen und alleinigen Führungsanspruch Görings in der Wirtschaftspolitik,
19. Juli: Nach Polen- und Frankreichfeldzug Ernennung zum Reichsmarschall – Höhepunkt der Macht und Popularität Görings,
13. August: »Adlertag« – offizieller Beginn der »Luftschlacht um England«, Göring reist auf dem Höhepunkt der Kämpfe am 20. September zur Jagd nach Rominten.

1941

19. Januar: Einstellung der Luftangriffe auf die britischen Inseln,
22. Juni: Überfall auf die Sowjetunion (Unternehmen »Barbarossa«),
31. Juli: Göring beauftragt Reinhard Heydrich mit der »Endlösung der Judenfrage«.
11. Dezember: Hitler erklärt den USA den Krieg.

1942

8. Februar: Nach dem Tod von Fritz Todt ernennt Hitler Albert Speer zum neuen Rüstungsminister. Nach wochenlangen Verhandlungen akzeptiert Göring am 22. April Speers Vorschlag, ein Zentrales Planungsamt für die Rüstung zu schaffen. Spätestens ab Mitte 1942 nimmt Göring kaum noch entscheidenden Einfluß auf die deutsche Politik und Kriegsführung.
30./31. Mai: Nach dem verheerenden »1000-Bomber-Angriff« auf Köln übt Hitler erstmals offen Kritik an Göring.

1943

1. März: Goebbels besucht Göring auf dem Obersalzberg, um mit ihm über die »Führerkrise« zu beraten. Goebbels läßt den Plan fallen, als ihm klar wird, daß Göring in Ungnade gefallen ist und Hitler nach den alliierten Bombenangriffen auf Deutschland lediglich aus »staatspolitischen« Gründen an ihm festhält.
19. August: Selbstmord des Generalstabschefs der Luftwaffe Hans Jeschonnek.

1944

23. Juli: Nach dem fehlgeschlagenen Stauffenberg-Attentat auf Hitler »bittet« Göring als ranghöchster Soldat, künftig nur noch den Hitlergruß als Ehrbezeigung in der Wehrmacht zuzulassen.

1945
20. April: Nachdem Göring Hitler in der Reichskanzlei zu dessen 56. Geburtstag seine Aufwartung gemacht hat, verläßt er Berlin in Richtung Obersalzberg.
23. April: Als Folge der Meldung »Der Führer ist zusammengebrochen« funkt Göring an Hitler, daß er als sein Stellvertreter »sofort die Gesamtführung des Reiches mit voller Handlungsfreiheit nach innen und außen« übernehme. Noch am späten Abend wird Göring als Hochveräter unter Hausarrest gestellt.
25. April: Der »Großdeutsche« Rundfunk meldet, daß der Reichsmarschall wegen einer schweren Herzerkrankung von allen seinen Ämtern zurückgetreten sei.
28. April: Sprengung Carinhalls, Verlegung Görings nach Burg Mauterndorf,
30. April: Selbstmord Hitlers,
8. Mai: Göring begibt sich freiwillig in die Gefangenschaft der US-Army.
20. November: Beginn des Nürnberger Prozesses.
1946
1. Oktober: Göring wird in allen vier Anklagepunkten für schuldig befunden und zusammen mit elf weiteren Angeklagten zum Tod durch den Strang verurteilt.
15. Oktober: Gegen 22.50 Uhr, etwa zwei Stunden vor seiner festgelegten Hinrichtung, begeht Göring Selbstmord durch Zerbeißen einer Blausäurekapsel (Zyankali). Sein Leichnam wird – ebenso wie die Leichen der in Nürnberg Hingerichteten – am folgenden Tag im Krematorium des Münchener Ostfriedhofes verbrannt und die Asche im Münchener Vorort Solln in den Conwentzbach, einen Nebenfluß der Isar, geworfen.
1953
12. Januar: geplante Eröffnung des Hermann-Göring-Museums in Carinhall.
1956 – 59
Einebnung der letzten Trümmerreste Carinhalls.
1990
Juli: Bergung von fünf Statuen des Waldhofes aus dem Großen Döllnsee.
1993
Dezember: Aufstellung eines Findlings mit der Aufschrift »Karinhall« durch Verantwortliche des Biosphärenreservats Schorfheide-Chorin an der ehemaligen Zufahrt.

Die Ämtervielfalt Hermann Görings

Anmerkungen

Hermann Göring – der »zweite Mann im Dritten Reich«

1 Schacht, Hjalmar: Abrechnung mit Hitler. Hamburg 1948, S. 5.

2 Der Halbbruder Herbert L. W. Göring, der später Mitarbeiter des Reichswirtschaftsministeriums wurde, soll aus der Verbindung zwischen Franziska Göring und Hermann Görings Taufpaten, Epenstein, hervorgegangen sein.

3 Einzelheiten bei Gritzbach, Erich: Hermann Göring. Mensch und Werk. München 1938, S. 246, sowie Bross, Werner: Gespräche mit Hermann Göring während des Nürnberger Prozesses. Flensburg, Hamburg 1950, S. 197 ff.

4 (Auslassungspunkte im Original.) Wilamowitz-Moellendorff, Fanny Gräfin von: Carin Göring. Leipzig 1936, S. 52 f. Das Hakenkreuz ist als Symbolträger seit etwa 4 000 Jahren in verschiedenen europäischen und außereuropäischen Kulturen verbreitet, zum offiziellen Symbol der NSDAP wurde es 1920. Insofern dürfte es als Schmuckwerk im Haushalt der Rosens zu diesem Zeitpunkt noch keine nationalsozialistische Bedeutung gehabt haben, wenngleich seine exponierte Stellung in der Beschreibung bei Wilamowitz-Moellendorff dies nachträglich suggerieren soll.

5 Vgl. Gritzbach: Göring ..., S. 181.

6 Kelley, D. M.: 22 Cells in Nuremberg. London 1947, S. 53.

7 Fest, Joachim C.: Hermann Göring – Der zweite Mann. In: ders.: Das Gesicht des Dritten Reiches. Profile einer totalitären Herrschaft. München 1977, S. 107.

8 Luedecke, Kurt: I Knew Hitler. London 1938, S. 129.

9 Heiber, Helmut (Hrsg.): Hitlers Lagebesprechungen. Die Protokollfragmente seiner militärischen Konferenzen 1942 – 1945. Stuttgart 1962, S. 306.

10 Göring, Hermann: Aufbau einer Nation. Berlin 1934, S. 52.

11 Beispiele für entsprechende frühe Äußerungen vgl. Jäckel, Eberhard: Frankreich in Hitlers Europa. Stuttgart 1966, S. 14.

12 Zur Krankengeschichte ausführlich Irving, der sich auf Briefe Carin Görings und eine schwedische Untersuchung stützt. Vgl. Irving, David: Göring. Hamburg 1986, S. 116 ff.

13 In seinem Brief an Oberstleutnant a. D. Lahr vom 26. Juni 1926 schrieb Göring, er habe die Belege und seine Briefe an Hitler sorgfältig aufgehoben. In: Geheimes Preußisches Staatsarchiv Berlin (GStAPrKB), Rep. 90/B Nr. 286. Auch Otto Strasser hat später entsprechende Andeutungen gemacht. Vgl. ders.: Hitler und ich. Konstanz 1948, S. 119.

14 Zit. nach Irving: Göring ..., S. 99.

15 Eintrag vom 13. Februar 1933. In: Goebbels, Joseph: Vom Kaiserhof zur Reichskanzlei. München 1938, S. 262.

16 Vgl. Diels, Rudolf: Lucifer ante Portas. Es spricht der erste Chef der Gestapo. Stuttgart 1949.

17 Zum Forschungsamt vgl. Irving, David: Breach of Security. London 1968 sowie Gellermann, Günther: ... und lauschten für Hitler. Bonn 1991.

18 Braunbuch über Reichstagsbrand und Hitlerterror. Faksimile-Nachdruck der Originalausgabe von 1933. Frankfurt/Main 1978.

19 Das Reichsgericht in Leipzig hatte Göring im Herbst 1933 im Zuge des Reichstagsbrandprozesses als Zeuge vorgeladen. Georgi Dimitroff, der sich als Angeklagter selbst verteidigte, war es durch geschicktes Fragen gelungen, den Verdacht derart in Richtung auf eine Täterschaft Görings zu lenken, daß dieser schließlich völlig die Beherrschung verlor und Dimitroff offen bedrohte. Für einen Moment hatte Göring die Maske fallen lassen und sein wahres Gesicht gezeigt.

20 In einem bis dahin »in der deutschen Militärgeschichte einmaligen Vorgang« war Göring am 30. August 1933 durch den Reichspräsidenten vom Hauptmann direkt zum General der Infanterie befördert worden. Vgl. Absolon, Rudolf: Die Wehrmacht im Dritten Reich. Bd. 1, Boppard 1969, S. 65.

Refugium des Preußischen Ministerpräsidenten – Jagdhaus Carinhall 1933 bis 1936

1 Das Haus bewohnte später der Chef der Reichskanzlei, Reichsminister Dr. Hans Heinrich Lammers, nachdem er während des Krieges in Berlin ausgebombt worden war. Zu DDR-Zeiten war es, um einige zeittypische Anbauten erweitert, das »Kinderheim Anne Frank« für schwererziehbare Kinder.

2 Vgl. Bewley, Charles: Hermann Göring. Göttingen 1958, S. 142.

3 Werner March (1894 – 1976), seit 1932 verantwortlich

für den Umbau des Deutschen Stadions auf dem »Reichssportfeld« in Berlin für die Olympischen Spiele 1936, unterstützt von Albert Speer; Erbauer des Olympischen Dorfes; 1953–62 Ordinarius für Städtebau und Siedlungswesen an der TH Berlin.

4 Vgl. Göring, Emmy: An der Seite meines Mannes. Begebenheiten und Bekenntnisse. Göttingen 1967, S. 16.

5 Zit. nach Jaeger, Birgit: Carinhall, Görings Residenz. Bonn 1987.

6 Gritzbach, Erich: Hermann Göring. Werk und Mensch. München 1938, S. 25.

7 Zentralblatt der Bauverwaltung 35/1934.

8 Brandenburgisches Landeshauptarchiv (BLHA), Rep. 15 G, ebenso in einem Auszug der Grundsteuermutterrolle des Katasteramtes Niederbarnim vom 2. Januar 1939, in der es »Führerhaus« genannt wird.

9 Mündliche Mitteilung Kurt H. an Verfasser vom 27. April 1996. Die weiteren genannten Aufenthalte Hitlers in Carinhall lassen sich durch Fotodokumente belegen.

10 So Hans Holzach im Rostocker Anzeiger vom 15. April 1934. Das Bild hing später im Arbeitszimmer seines Hauses auf dem Obersalzberg.

11 Beide Türflügel, die aus einem Schrottdepot in Westberlin geborgen worden waren, wurden im Mai 1990 auf einer Auktion in München für 23 000 DM versteigert.

12 Dieses Edelweiß hatte eine besondere Bedeutung: Carin Görings Großmutter mütterlicherseits, Mrs. Beamish, hatte in Schweden eine »Edelweiß«-Gesellschaft gegründet, deren Aufgabe die Nächstenliebe war. Zu diesem Zweck wurde eine kleine »Edelweißkapelle« eingerichtet. Der Wunsch der Großmutter war es, daß Carin diesem Verein später vorstehen solle; doch Carin starb am 17. Oktober 1931, drei Wochen nach dem Ableben ihrer Mutter. Beide wurden jeweils nach ihrem Tod in der Kapelle aufgebahrt. Vgl. Wilamowitz-Moellendorff, Fanny Gräfin von: Carin Göring. Berlin 1936, S. 24–31.

13 »Carin Görings Ankunft in Eberswalde«. In: Märkischer Stadt- und Landbote – Eberswalder Zeitung vom 20. Juni 1934. Anhand vorhandener Fotodokumente lassen sich sachliche Fehler in dieser Darstellung feststellen: Weder gab es eine Reitereskorte noch Forstbeamte als Sargträger und in der Ehrenkompanie.

14 Zur Vorgeschichte vgl. Rubner, Heinrich: Deutsche Forstgeschichte 1933–1945. Forstwirtschaft, Jagd und Umwelt im NS-Staat. St. Katharinen 1985, S. 72 ff.

15 BLHA, Rep. 15 G.

16 Das heute in Deutschland gültige Jagdrecht geht in seinen Grundzügen auf diese Gesetzeswerke zurück.

17 Siewert kam 1943 bei Filmarbeiten auf Kreta ums Leben.

18 Vgl. Gritzbach: Hermann Göring ..., S. 110.

19 Siehe hierzu Buchholz, Erwin; Coninx, Ferdinand: Die Schorfheide. Stuttgart 1969, S. 113.

»Sonderbotschafter« Hitlers – 1934 bis 1936

1 Vgl. Berichte von Phipps vom 13. Juni 1934. In: Documents on British Foreign Policy, 2nd Series, Vol. VI, S. 749 ff. sowie die Depesche seines französischen Kollegen vom 12. Juni 1934, die sich im Centre d'Archives du Ministère des Affaires Étrangères Nantes (MAE-Nantes) befindet. Auf den Bericht hat mich freundlicherweise Claus W. Schäfer aufmerksam gemacht.

2 Documents on British Foreign Policy, 2/XII, S. 690, Anm. 6.

3 Vgl. Jacobsen, Hans-Adolf: Nationalsozialistische Außenpolitik 1933–1938. Frankfurt/Main 1968, S. 827.

4 Laut Zeugnis aus dem Jahre 1911 waren seine Kenntnisse in Englisch, Französisch und Latein »gut«. Über seine Italienischkenntnisse gehen die Meinungen auseinander. Sein Schwedisch hingegen war so gut, daß es ihm keine Mühe bereitete, eine offizielle Delegation beim Besuch in Berlin in ihrer Landessprache zu begrüßen. Bei wichtigen Besuchern zog Göring allerdings trotzdem oft einen Dolmetscher hinzu.

5 Bundesarchiv Koblenz (BAK), Akten der Reichskanzlei R 43 II/1660.

6 Vgl. Akten zur Deutschen Auswärtigen Politik, Serie C, Bd. 2, S. 263, Anm. 3.

7 Zu den Einzelheiten siehe Martens, Stefan: Hermann Göring. »Erster Paladin des Führers« und »Zweiter Mann im Reich«. Paderborn 1985, S. 43 ff.

8 Vgl. Documents Diplomatiques Français, Séries I, tome VII, S. 838. Mit seinem Besuch in Agadir an Bord des Kanonenbootes »Panther« hatte Wilhelm II. im Jahre 1905 eine schwere internationale Krise ausgelöst.

9 Schmidt, Paul: Statist auf diplomatischer Bühne 1923–1945. Bonn 1953, S. 316.

10 Vgl. Jedrzejewia, Waclaw (Hrsg.): Diplomat in Berlin 1933–1939. Papers and Memoirs of Józef Lipski, Ambassador of Poland. New York, London 1968, S. 188 ff.

11 Als Aufenthaltsort für die umfangreiche polnische De-

legation entschied sich Göring wegen Platzmangels in Carinhall bei deren Gegenbesuch in Deutschland im Oktober 1935 für Rominten. In: Akten zur Deutschen Auswärtigen Politik, C/4, S. 685, Anm. 2.

12 Emma Johanna Sonnemann, geschiedene Köstlin; geboren am 24. März 1899 in Hamburg, gestorben am 8. Juni 1973 in München.

13 Documents on British Foreign Policy, 2/XII, S. 689.

14 Schmidt: Statist auf diplomatischer Bühne ..., S. 314.

15 Rohmaterial Deutsches Nachrichtenbüro (DNB) vom 27. Mai 1935. In: Politisches Archiv des Auswärtigen Amtes Bonn (PA), Pol. Abt. II, Pol. 11, Nr. 3, Göring.

16 MAE-Nantes, Berlin, Série B 138, Télégramme n° 244 – 249 vom 26. September 1935. Ich danke Herrn Claus W. Schäfer für diesen Hinweis.

17 Dies berichtete jedenfalls der italienische Konsul Renzetti am 16. Oktober 1934 an Mussolini. Vgl. Irving, David: Göring. Hamburg 1986, S. 229.

18 François-Poncet, André: Als Botschafter in Berlin 1931 – 1938. Mainz 1947, S. 282.

19 Kershaw, Ian: Hitler 1889 – 1936. Stuttgart 1998, S. 740.

20 Fröhlich, Elke (Hrsg.): Die Tagebücher von Joseph Goebbels. Sämtliche Fragmente. Bd. 2, München 1987, S. 581 f.

21 Vgl. Gritzbach, Erich: Hermann Göring. Werk und Mensch. München 1938, S. 320 f.

22 Fröhlich: Die Tagebücher von Joseph Goebbels ..., S. 662 f.

23 Zum Verlauf der Unterredung mit dem spanischen Abgesandten vgl. Abendroth, Hans Henning (Hrsg.): Mittelsmann zwischen Franco und Hitler. Johannes Bernhardt erinnert 1936. Marktheidenfeld 1978.

24 Treue, Wolfgang: Hitlers Denkschrift zum Vierjahresplan 1936. In: Vierteljahrshefte für Zeitgeschichte 3/1955, S. 184 ff.

25 Frank, Hans: Im Angesicht des Galgens. Deutung Hitlers und seiner Zeit auf Grund eigener Erlebnisse und Erkenntnisse. München 1953, S. 403.

26 Vormals: Preußischer Landtag, heute: Abgeordnetenhaus des Landes Berlin.

27 Gritzbach, Erich: Hermann Göring. Werk und Mensch. München 1938.

28 Haase, Günther: Kunstraub und Kunstschutz. Eine Dokumentation. Hamburg 1991, S. 198.

29 Abteilung I: Politische Abteilung, Leiter: Ministerialrat Dr. Ing. Fritz Görnnert;

1. Allgemeine politische Angelegenheiten,
2. Angelegenheiten der NSDAP, ihrer Gliederungen und angeschlossenen Verbände,
3. Verbindungen zur Kanzlei des Führers,
4. Angelegenheiten der Geheimen Staatspolizei,
5. Angelegenheiten des Reichstags,
6. Angelegenheiten des Preußischen Staatstheaters,
7. Repräsentationsangelegenheiten,
8. Vorbereitung und Organisation der Reisen,
9. Verwaltung und Sicherung der Yacht »Carin II«, Verwaltung und Sicherung des Sonderzuges »Asien«, Angelegenheiten des Reichsverkehrsministeriums,
10. Dienstaufsicht der Häuser in Berlin, Carinhall, Berchtesgaden, Wenningstedt
und der Jagdhäuser Rominten, Röth, Darß, Pait und Riddachshausen,
11. Bauliche Angelegenheiten,
12. Dienstaufsicht, Dienstregelung und Personalangelegenheiten der Amtsdiener und Fernsprechzentrale.

Abteilung II: Zentralsekretariat und privater Sektor, Leiterin: Greta Grundtmann, ab 1943 Gisela Limberger;

1. Posteingang,
2. Hauptabrechnung,
3. Private Angelegenheiten,
4. Vermögensverwaltung,
5. – 7. Dienstaufsichten,
8. Theaterkarten,
9. Bildstelle und Filmarchiv,
10. Inventar des gesamtes Besitzes,
11. Archiv und Geheimarchiv.

Abteilung III: Militärische Abteilung, Adjutantur, Leiter: Chefadjutant Major Conrath, dann Major von der Osten, (ab 1939 bis Kriegsende: Hauptmann (Oberst) Bernd von Brauchitsch, Vertreter: Major Werner Teske);

1. Allgemeine militärische Angelegenheiten,
2. Geschäfte der Chefadjutanten des Reichsluftfahrtministeriums,
3. Regelung der ständigen Begleitung, Dienstregelung und Ordonnanz,
4. Termingestaltung,
5. Angelegenheiten des Reichsluftfahrtministeriums,
6. Führung des Tagebuchs,
7. Gesamtsicherung, Wachgestellung, Ausweise,
8. Fahrzeugpark, Dienstaufsicht Kraftfahrer,
9. Verwaltung, Betreuung Pferdematerial, Dienstaufsicht Stallmeister und Pferdewärter.

In: Institut für Zeitgeschichte (IfZ), München, MA 144/3.

30 Schmidt: Statist auf diplomatischer Bühne ..., S. 338 f.

31 Vgl. Martens: Göring ..., S. 266, Anm. 127, sowie Londonderry, Lord: England blickt auf Deutschland. Essen 1938, S. 159 ff.

32 Schmidt: Statist auf diplomatischer Bühne ..., S. 353.

33 Documents on British Foreign Policy, 2/XIX, S. 93 ff.

34 Vgl. Henderson, Nevile: Failure of a Mission. Berlin 1937–1939. London 1940, S. 89 f.

35 Bullitt, O. H. (Hrsg.): Correspondence between F. D. Roosevelt and W. C. Bullitt. For the President. Personal and Secret. Boston 1972, S. 123 (Übersetzung Stefan Martens).

Familien- und Repräsentationssitz – Waldhof Carinhall 1936 bis 1939

1 Speer, Albert: Erinnerungen. Frankfurt/Main 1969, S. 49.

2 Gritzbach, Erich: Hermann Göring. Werk und Mensch. München 1938, S. 343.

3 Ebenda, S. 338 f. An anderer Stelle gerät Gritzbach über das Interieur des Waldhofes ins Schwärmen: »Im Innern ist alles auf das Persönliche zugeschnitten. In allem erkennt man die Geisteshaltung des Erbauers. Großzügig, wuchtig und doch ruhig wie der Bau sind Raumeinteilung und innenarchitektonische Ausgestaltung. Wie Hermann Göring Grundriß und Aufbau aus dem Wesen seiner starken und eigenwilligen Persönlichkeit geschaffen, wie er die straffe Haltung der Gegenwart in der Dauerhaftigkeit der Anlage versinnbildlicht hat, so hat er auch im Sinne der letzten geistigen Umbildung unserer deutschen Art im betonten Gefühl für Rhythmus und Elastizität die Beziehung und den Schmuck der Räume untereinander zum Ganzen geordnet und damit einen imponierenden Beitrag zum baulichen Ausdruck unserer Zeit geliefert.« Ebenda, S. 340.
Daß Gritzbach Carinhall mit einem »K« schreibt, entspricht der damals auch in der Presse üblichen, aber falschen Schreibweise. Noch auf dem 1993 am ehemaligen Waldhof aufgestellten Findling ist der Name so geschrieben zu lesen.

4 Ebenda.

5 Vgl. Bewley, Charles: Hermann Göring. Göttingen 1958, S. 142.

6 Rechnung der Firma Fahnen-Hoffmann, Berlin, vom 19. August 1937: »... gestickte Ausführung unter Verwendung echter Seide, Stickereien von Hand in Gold ausgeführt, der äußere Rand in Fahnenbrokat mit eingesticktem Hakenkreuz, Größe 100 x 100 cm ...« (Kopie im Besitz des Verfassers).

7 Ebenda: »... Größe 100 x 100 cm in echter Fahnenripsseide, doppelseitig mit Goldbrokat und handgestickten Applikationen, Schrift in erhabener Goldkantillenstickerei doppelseitig ausgeführt, der äußere Rand aus Goldbrokat gefertigt.«

8 Vgl. Schmidt, Paul: Statist auf diplomatischer Bühne 1923–1945. Bonn 1949, S. 374.

9 Schriftliche und mündliche Mitteilung Hermann Eßling an Verfasser.

10 Gritzbach: Hermann Göring ..., S. 104.

11 Besuch am 29. März 1941. Schmidt, Paul: Statist ..., S. 374.

12 Vgl. ebenda.

13 Siehe Bilddokument in: Library of Congress Washington D. C. (LoC), Album 22/152 ff.

14 Ursprünglich war das Gemälde im Baldachin des Bettes so angebracht, daß Göring es auf dem Rücken liegend betrachten konnte. Vgl. Speer: Erinnerungen ..., S. 193, sowie Fotodokument im Besitz des Verfassers.

15 Vgl. Lange, Eitel: Der Reichsmarschall im Kriege. Stuttgart 1950, S. 141 f. Nachdem im August 1942 einige der Wachsoldaten des Diebstahls von Tabakwaren und Schokolade aus den Privaträumen Görings überführt und umgehend zu einer Strafkompanie an die Ostfront abkommandiert worden waren, wurde fortan innerhalb des Hauses auf »Schlafzimmerposten« verzichtet.

16 Gritzbach: Hermann Göring ..., S. 341.

17 Göring erhielt diverse solcher Ehrenbürgerschaften (Auswahl): im Jahre 1936 am 5. Februar Groß Schönebeck, am 12. März Königsberg, am 26. März Karlsruhe, am 25. Oktober Wesermünde, am 1. November Braunschweig; am 7. April 1937 Lübeck, Bernburg/Saale, Bad Sulza; am 13. Juni 1939 Eberswalde.

18 Schmidt: Statist ..., S. 374.

19 Vgl. Haase, Günther: Kunstraub und Kunstschutz. Eine Dokumentation. Hamburg 1991, unpaginierter Anhang.

20 Bundesarchiv Koblenz (BAK), ZA I 12213 (Lichtes Einbaumaß).

21 Auch Goebbels ließ sich in sein Landhaus am Bogensee bei Wandlitz ein solches versenkbares Fenster einbauen. Dieses Fenster ist das einzige erhalten ge-

bliebene der drei; Goebbels' Landhaus ist heute die »Internationale Begegnungsstätte am Bogensee«; das Fenster befindet sich im dazugehörigen Restaurant.

22 Zimmer drei bis zwölf: »Rockelstad« (wie das Landgut seines Schwagers Eric von Rosen in Mittelschweden, wo Göring 1920 Carin zum ersten Mal begegnet war), »Rominten«, für besondere Gäste (nach der Rominter Heide/Ostpreußen, wo sich seit 1936 Görings Reichsjägerhof befand), »Veldenstein« (wie die gleichnamige Burg bei Neuhaus an der Pregnitz/Oberfranken, die er 1938 geerbt hatte), »Mauterndorf« (ein Schloß bei Salzburg, das er 1939 geerbt hatte), »Röth« (südlich des Königsees, wo sich eine weitere Jagdhütte befand), »Berchtesgaden« (Görings Landhaus auf dem Obersalzberg), »Darß« (auch auf dieser pommerschen Halbinsel gab es eine Jagdhütte Görings), »Wenningstedt« (Ort auf der Insel Sylt, wo Emmy Göring ein Landhaus besaß), »Hochkreuth« (wo Göring die ersten Jahre mit Carin verbracht hatte) und »Riddachshausen« (richtig: Riddagshausen, heute Stadtteil von Braunschweig, wo Göring am 5. Mai 1935 den »Reichsjägerhof Hermann Göring« seiner Bestimmung übergeben hatte).

23 Bis 1990 befand sich auf dem hermetisch abgeriegelten Gelände eine Funkerschule des Ministeriums für Staatssicherheit (MfS); derzeit liegt es brach.

24 Vgl. Mosley, Leonard: Göring. München 1975, S. 255.

25 Mündliche Mitteilung B. H. an Verfasser.

26 Name erwähnt bei Frischauer, Willi: Ein Marschallstab zerbrach. Ulm 1951, S. 168.

27 Am Südausgang gab es eine sogenannte Carinecke, in der eine sitzende Frauengestalt aus Bronzeguß stand, die an die Namenspatronin des Waldhofes erinnern sollte. Mit dem Anbau von 1939 wurde sie an die östliche Stirnseite des Bibliotheksflügels verlegt.

28 Mündliche Mitteilung Ilse G. an Verfasser vom 5. August 1997.

29 Vgl. Bewley: Hermann Göring ..., S. 145.

30 Der RSD (nicht zu verwechseln mit dem SD, dem Sicherheitsdienst der SS) wurde 1934 als Kriminalkommando z.b.V. zum Schutz Hitlers, der Reichsminister und ausländischer Staatsgäste geschaffen und dem Innenministerium direkt unterstellt. In ihm dienten besonders bewährte Kriminal- und Schutzpolizeibeamte, die neben ihren Polizeidienstgraden auch SS-Ränge erhielten.

31 Mündliche Mitteilung Ilse G. an Verfasser vom 25. Februar 1997.

32 Der Bunker erhielt diese Bezeichnung, weil er zur Hälfte aus der Erde herausragte und dieser Teil eine gewisse Ähnlichkeit mit einem Pilz aufwies. Ein baugleicher, unversehrt gebliebener Bunker steht noch heute unweit der Försterei Zehdenick.

33 Bundesarchiv-Militärarchiv Freiburg (BA-MA), RL 32: Kriegstagebuch Wachregiment (KTB), Eintrag vom 1. September 1939.

34 Geheimes Staatsarchiv Preußischer Kulturbesitz Berlin (GStAPrKB), I HA, Rep. 90.

35 BA-MA, RL 32.

36 Der unversehrt gebliebene Göring-Bunker wurde nach Kriegsende zugeschüttet, im Herbst 1993 von einem Schatzgräber entdeckt und von diesem in 18monatiger »Nachtschicht« freigelegt. Dabei kamen einige beschädigte Fundstücke aus Görings Hinterlassenschaft zum Vorschein, die in das Eigentum des Landes Brandenburg übergingen, da der Finder aus rechtlichen Gründen daran kein Eigentum erwerben konnte. Der freigelegte Bunker war – wenn auch verbotswidrig und auf eigene Gefahr – begehbar, bis der Eingang und die aufgeworfene Grube auf Veranlassung der zuständigen Forstbehörde am 25. Mai 1998 mit Erdreich und Trümmerresten wieder verschlossen wurden.

37 BAK, ZA I 12213.

38 Vgl. Irving, David: Göring. München 1987, S. 192, sowie Paul, Wolfgang: Wer war Hermann Göring? Esslingen 1983, S. 246.

39 Gebäudeversicherung Nr. 153 881 mit 10 150 000 RM; Inventarvers. Nr. 153 882 mit 4 000 000 RM; Wasserschadensversicherung Nr. 40 632 mit 4 000 000 RM; Gebäudeversicherung Bereitschaftshaus Nr. 155 765 mit 120 000 RM; Gebäudeversicherung Jagdhaus, Gästehaus und Wohnhäuser für Hausmeister Neuhäuser und Kammerdiener Kropp Nr. 155 764 mit 523 000 RM. In diesen Verträgen eingeschlossen waren auch die Gebäude, die sich auf dem Gelände der Unterkunft und am Südufer des Kleinen Döllnsees befanden. Vgl. Kopien der Verträge (im Besitz des Verfassers).

40 GStAPrKB, I HA, Rep. 90.

Sicherung und Bewachung von Carinhall

1 Zum Beispiel in Gritzbach, Erich: Hermann Göring. Werk und Mensch. München 1938, S. 338–343, oder in entsprechenden Berichten des *Völkischen Beobachters.*

2 Vgl. Schreiben der Graphischen Kunstanstalten F. Bruckmann, München, vom 10. Februar 1939 (Kopie im Besitz des Verfassers).

3 Vgl. Gritzbach: Hermann Göring ..., S. 43 f.

4 Vgl. Otte, Alfred: Die weißen Spiegel. Friedberg 1989. Weiße Kragenspiegel waren innerhalb der Luftwaffe eigentlich den Generälen vorbehalten. Die übrigen Luftwaffeneinheiten trugen die Kragenspiegel in den jeweiligen Waffenfarben: karmesin (Generalstab), schwarz (Reichsluftfahrtministerium), rot (Artillerie), braun (Luftnachrichten), gelb (Flieger), blau (Sanitätsdienst), grün (Wehrmachtsbeamte) und rosa (Ingenieurskorps der Luftwaffe).

5 Die Kasernenanlage wurde nach dem Krieg als »Quartier Napoleon« von den französischen Besatzungstruppen genutzt und als »schönste Kaserne Europas« gepriesen. Nach deren Abzug aus Berlin wurde die Anlage Ende September 1994 von der Bundeswehr übernommen und am 5. Januar 1995 in »Julius-Leber-Kaserne« umbenannt. Der ausgedehnte Komplex beherbergt heute neben der Standortkommandantur Berlin und dem Verteidigungsbezirkskommando 100 zwei Kompanien des Wachbataillons, ein Sanitäts- und ein Fernmeldebataillon, eine Feldjägerkompanie, das Heeresmusikkorps 400 sowie eine Lehrküche.

6 Zit. nach Otte: Die weißen Spiegel ..., S. 10.

7 Die Gendarmen siedelten in andere, 1937/38 gebaute Häuser über, die sich noch heute an der B 109, unmittelbar hinter der Bushaltestelle »Forsthaus Gollin«, etwa fünf Kilometer nördlich des damaligen Carinhall, befinden und bewohnt sind.

8 Aktenvermerk Forstmeister Coninx, Forstamt Schorfheide, vom 8. April 1938. In: Brandenburgisches Landeshauptarchiv (BLHA), Rep. 15 G.

9 Halbzug »Rominten«: je ein Zugführer, Futtermeister, Hufschmied, Gruppenführer, 24 Reiter, 28 Reitpferde, acht leichte Zugpferde, ein Pferdetransport-, drei Wirtschafts- und ein Gefechtswagen; Halbzug »Carinhall«: dasselbe, jedoch drei Gruppenführer und kein Hufschmied.

10 Der Chef der Sicherheitspolizei Reinhard Heydrich verfügte mit seinem Erlaß vom 4. November 1939, daß in Carinhall »ein Kommando von vier Beamten unter Leitung des Kriminalrats Fähnrich eingesetzt« wurde. In: Bundesarchiv-Militärarchiv Freiburg (BA-MA), R 58. Im Verlauf des Jahres 1940 wurde dieses Kriminalkommando auf sechs Beamte aufgestockt und Kriminalkommissar Paul Heinecke unterstellt. Vgl. Lange, Eitel: Der Reichsmarschall im Kriege. Stuttgart 1950, S. 81, sowie mündliche Mitteilung B. H. an Verfasser.

11 Zunächst ein 2-cm-Einzelgeschütz, ab 1943 ein 2-cm-Vierlingsgeschütz.

12 Geschütz Wuckersee: Flakturm mit 2-cm-Einzelgeschütz, Mitte Südufer Wuckersee, etwa 60 Meter vom Ufer entfernt, 50 Meter östlich davon Scheinwerferturm mit 60-cm-Flakscheinwerfer;
Geschütz Carinhall: Flakturm mit 2-cm-Einzelgeschütz, ca. 300 Meter östlich des Waldhofes, oberhalb der alten Straße, Richtung Posten 3, 50 Meter östlich davon Scheinwerferturm mit 60-cm-Scheinwerfer. Zwischen diesen beiden Türmen befand sich auch der Kommandostand (Zugbefehlsstelle), von dem aus die Flakstellungen befehligt wurden.
Geschütz Döllnsee: Flakturm mit 2-cm-Einzelgeschütz, gegenüber dem Waldhof, am Nordufer des Großen Döllnsees, 50 Meter nördlich Scheinwerferturm mit 60-cm-Flakscheinwerfer.

13 Mit 2-cm-Einzelgeschütz, 600 Meter östlich des Waldhofes, etwa 80 Meter unterhalb der später angelegten Allee und 1943 ein 2-cm-Vierlingsgeschütz auf einer Plattform vor dem Ufer des Großen Döllnsees auf Höhe des Posten 2 an der Engstelle zwischen den beiden Seen sowie drei Holztürme mit je einem 3,7-cm-Geschütz am Nordufer des Großen Döllnsees.

14 Mündliche Mitteilung G. Prütz an Verfasser vom 17. November 1997.

15 Das Funkhaus diente in der Nachkriegszeit Flüchtlingen und Ausgebombten als Notquartier. Der Backsteinbau ist bis heute erhalten und wird als privates Wochenendhaus genutzt. Selbst die Reste des ehemaligen Funkmastes finden sich noch wenige Meter rechts des Zufahrtsweges im Wald.

16 Hitlers Chefpilot Hans Baur: »[Die Ju 52] war innen mit grünem Saffianleder tapeziert, ebenso waren die sechs Klubsessel in der Kabine mit grünem Saffianleder gepolstert. Er war ein Prunkstück von einer Maschine. Um bei Bedarf seines Herrn zur Stelle zu sein, hatte der Flugkapitän Görings, Oberst Ing. Hucke, mit seiner Flugstaffel dem Sonderzug des Reichsmarschalls stets zu folgen. Wohin auch immer die Sonderzüge fuhren, Oberst Hucke schwebte mit seinen leeren Maschinen über ihnen. Noch im Jahre 1943 hatte Göring eine nagelneue Ju 52 erhalten, die mit Tischchen, Schränkchen, Telefon, Luftatmungsgerät, Fallschirm und einem breiten tiefen Sessel aus luftwaffenblauem Leder seinen Wünschen entsprechend eingerichtet worden war. In einer abgeteilten Kabine war Platz für weitere sechs

Fluggäste.« Baur, Hans: Ich flog Mächtige der Erde. Kempten 1962, S. 133.

17 Vgl. Speer, Albert: Erinnerungen. Frankfurt/Main 1969, S. 232.

Außenpolitiker Göring – 1937 bis 1939

1 Zit. nach Schausberger, Norbert: Griff nach Österreich. Der »Anschluß«. München, Wien 1978, S. 393.

2 Vgl. dessen handschriftliche Notizen vom 27. Juli 1937. In: Churchill College, Cambridge, Christie Papers, I/5, S. 59 ff. bzw. S. 92 ff.

3 Vgl. Documents Diplomatiques Français, 2/VI, S. 442 ff., hier S. 445 (Übersetzung Stefan Martens). Zur nachfolgenden Einschätzung im Anschluß an eine Unterredung mit Göring am 30. Juni 1937 vgl. ebenda, S. 261 f.

4 Stehlin, Paul: Témoignage pour l'histoire. Paris 1964, S. 61 f.

5 Zur Krise in der Luftrüstung 1937 vgl. Budraß, Lutz: Flugzeugindustrie und Luftrüstung in Deutschland 1918–1945. Düsseldorf 1998, S. 471 ff.

6 Zu den Besuchen vgl. Martens, Stefan: Hermann Göring. »Erster Paladin des Führers« und »Zweiter Mann im Reich«. Paderborn 1985, S. 92.

7 Vgl. Speer, Albert: Erinnerungen. Frankfurt/Main 1969, S. 49 ff. Zum Eindruck auf ausländische Besucher vgl. Bericht W. C. Bullitts über seinen Besuch bei Göring vom 23. November 1937. In Bullitt, O. H. (Hrsg.): Correspondence between F. D. Roosevelt and W. C. Bullitt. For the President. Personal and Secret. Boston 1972, S. 232 f.

8 Ebenda.

9 Vgl. Halifax, Earl of: Fulness of Days. London 1957, S. 184 ff.

10 Akten zur Deutschen Auswärtigen Politik, D/I, S. 380 f., hier S. 380.

11 Schmidt, Paul: Statist auf diplomatischer Bühne 1923–1945. Bonn 1953, S. 377.

12 Jedrzejewia, Waclaw (Hrsg.): Diplomat in Berlin 1933–1939. Papers and Memoirs of Józef Lipski, Ambassador of Poland. New York, London 1968, S. 298, Anm. 9.

13 Akten zur Deutschen Auswärtigen Politik, D/VII, Anhang III, S. 521 f.

14 Vgl. Bullitt: Correspondence ..., S. 231 ff.

15 Flandin, Pierre-Étienne: Politique Française. Paris 1947, S. 231 f.

16 Schuschnigg, Kurt von: Ein Requiem in Rot-Weiß-Rot. Aufzeichnungen des Häftlings Dr. Auster. Zürich 1946, S. 35 f.

17 Schultheß' europäischer Geschichtskalender 79/1938, S. 8 ff.

18 Jedrzejewia: Diplomat in Berlin ..., S. 344 ff.

19 Domarus, Max (Hrsg.): Hitler. Reden und Proklamationen 1932–1945. Bd. I/2, Wiesbaden 1973, S. 824.

20 Der Prozeß gegen die Hauptkriegsverbrecher vor dem Internationalen Militärgerichtshof Nürnberg 14.11. 1945–1.10.1946. Bd. 9, Nürnberg 1947, S. 333.

21 Essener Nationalzeitung vom 12. Mai 1938. Zum folgenden ausführlich vgl. Martens: Hermann Göring ..., S. 132 f.

22 Hill, Leonidas E. (Hrsg.): Die Weizsäcker-Papiere 1933–1950. Berlin, Frankfurt/Main, Wien 1974, S. 128 f.

23 Görlitz, Walter (Hrsg.): Keitel – Verbrecher oder Offizier? Erinnerungen, Briefe und Dokumente des Chefs des OKW. Göttingen, Berlin, Frankfurt/Main 1961, S. 185.

24 Petzina, Dietmar: Autarkiepolitik im Dritten Reich. Der nationalsozialistische Vierjahresplan. Stuttgart 1968, S. 116 ff.

25 Vgl. Martens: Hermann Göring ..., S. 138 ff.

26 Kordt, Erich: Nicht aus den Akten. Die Wilhelmstraße in Frieden und Krieg. Erlebnisse, Begegnungen und Eindrücke 1928–1945. Stuttgart 1950, S. 234.

27 Jedrzejewia: Diplomat in Berlin ..., S. 377 ff.

28 Documents Diplomatiques Français, 2/X, S. 788 ff. sowie Stehlin: Témoignage ..., S. 86 ff.

29 Auszug aus einem Notizbuch Görings, das angeblich ein französischer Offizier bei der Eroberung des Obersalzbergs an sich nahm und das W. M. Towler am 7. Juli 1945 im *Daily Herald* in englischer Übersetzung veröffentlichte.

30 Akten zur Deutschen Auswärtigen Politik, D/II, S. 519 ff.

31 Gritzbach, Erich (Hrsg.): Hermann Göring. Reden und Aufsätze. München 1938, S. 389.

32 François-Poncet, André: Als Botschafter in Berlin 1931–1938. Mainz 1947, S. 345 ff.

33 Zu den Treffen mit François-Poncet und Mastny vgl. entsprechende Einträge im Notizbuch Görings: Daily Herald vom 7. Juli 1945.

34 Vgl. Jedrzejewia: Diplomat in Berlin ..., S. 449 ff.

35 Documents Diplomatiques Français, 2/XII, S. 356.

36 Vgl. Der Prozeß gegen die Hauptkriegsverbrecher ..., Bd. XXVIII, Dok. 1816-PS, S. 499 ff.

37 Fröhlich, Elke (Hrsg.): Die Tagebücher von Joseph Goebbels. Sämtliche Fragmente. Bd. 3, München 1987, S. 533, sowie Documents Diplomatiques Français, 2/XII, S. 569 ff.
38 Jedrzejewicz: Diplomat in Berlin ..., S. 496 ff. sowie Coulondre, Robert: Von Moskau nach Berlin 1936–1939. Erinnerungen des französischen Botschafters. Bonn 1950, S. 351.
39 Vgl. Schmidt: Statist auf diplomatischer Bühne ..., S. 435 ff. und Below, Nicolaus von: Als Hitlers Adjutant 1937–1945. Mainz 1980, S. 150 ff. Zum folgenden vgl. Martens: Hermann Göring ..., S. 169 ff.
40 Fest, Joachim C.: Hermann Göring – Der zweite Mann. In: ders.: Das Gesicht des Dritten Reiches. Profile einer totalitären Herrschaft. München 1977, S. 116.
41 Jedrzejewicz: Diplomat in Berlin ..., S. 500 f.
42 Vgl. Akten zur Deutschen Auswärtigen Politik, D/VI, S. 219.
43 Vgl. Ebenda, S. 308.
44 Documents on British Foreign Policy, 3/V, S. 801.
45 Muggeridge, M. (Hrsg.): Ciano's Diary 1939–1943. London 1947, S. 91.
46 Akten zur Deutschen Auswärtigen Politik, D/VI, S. 477 ff.
47 Documents on British Foreign Policy, 3/V, S. 715.
48 Metzmacher, Helmut: Deutsch-englische Ausgleichsbemühungen im Sommer 1939. In: Vierteljahrshefte für Zeitgeschichte 14/1966, S. 369 ff.
49 Göring hatte ihm einmal in einer persönlichen Angelegenheit geholfen, und dieser hatte sich wenig später mit einem entsprechenden Dienst für Thomas von Kantzow, Carins Sohn aus erster Ehe, in Schweden revanchiert.
50 Vgl. Dahlerus, Birger: Der letzte Versuch. München 1973, sowie zum folgenden Martens: Hermann Göring ..., S. 189 ff.
51 Vgl. die entsprechende Tagebucheintragung General Halders. Zit. nach Domarus: Hitler. Reden und Proklamationen ..., Bd. II/1, S. 1229.
52 Documents on British Foreign Policy, 3/VII, S. 374 ff.
53 Hill: Die Weizsäcker-Papiere ..., S. 164.
54 Vgl. Henderson, Nevile: Failure of a Mission. Berlin 1937–1939. London 1940, S. 274 ff.
55 Dahlerus: Der letzte Versuch ..., S. 134, bzw. Documents on British Foreign Policy, 3/VII, S. 479 f.
56 Hassell, Ulrich von: Vom anderen Deutschland. Aus den nachgelassenen Tagebüchern 1938–1944. Zürich 1947, S. 81 f.

Residenz des Reichsmarschalls – Carinhall 1939 bis 1945

1 Richtspruch »Dem Hohen Bauherrn die Bauleute!« anläßlich des Richtfestes im Mai 1939. Vgl. Foto im Geheimen Staatsarchiv Preußischer Kulturbesitz Berlin (GStAPrKB).
2 GStAPrKB, I HA Rep. 90 und Brandenburgisches Landeshauptarchiv (BLHA), Rep. 15 G.
3 Ebenda: Weitere Kostenrechnungen im Zusammenhang mit Carinhall:
Wehrmachtsbaracke (Rechnung vom 17. Januar 1940): 3 742 RM
Küchenbaracke/Wehrmacht (Rechnung vom 29. Februar 1940): 1 545 RM
zwei Wagenschuppen/Wehrmacht (Rechnung vom 12. März 1940): 4 925 RM
Flak- und Scheinwerfertürme (Zusammenstellung vom 31. März 1940): 3 500 RM
Wehrmachtsbaracke (Rechnung vom 20. April 1940): 58 500 RM
Umgehungsstraße Werbellinsee und Kastanienallee (laut Aktenvermerk vom 17. November 1942): 1 162 000 RM
gärtnerische Arbeiten in Carinhall (zahlbar durch Stiftung Schorfheide, Rechnung vom 14. Januar 1943): 22 202 RM
Pferdestall (zahlbar durch Staatsministerium, Rechnung vom 18. Februar 1943): 10 498 RM
Erhaltung der Parkanlage, für Schnittblumen, Pflanzendekoration im Haus für das 1. Vierteljahr 1944 (Rechnung vom 14. Juli 1944): 42 232 RM
Erweiterung der Parkanlagen, Neuanlage (KZst. vom 1. September 1944): 18 138 RM.
4 Auch die Brennstoffmengen, die verbraucht wurden, um Carinhall für seine wenigen Bewohner zu beheizen, indes die Bevölkerung und die Front froren, sprechen für sich: In der Heizperiode 1943/44 waren es insgesamt 1 588,5 Tonnen Kohle, Briketts und Koks, im letzten Kriegswinter 1944/45 sogar 2 356,5 Tonnen. Vgl. ebenda.
5 Ebenda sowie BLHA, Rep. 15 G.
6 Gritzbach, Erich: Hermann Göring. Werk und Mensch. München 1938, S. 161.
7 Siehe BLHA, Rep. 15 G, sowie GStAPrKB, I HA, Rep. 90.
8 Lange, Eitel: Der Reichsmarschall im Kriege. Stuttgart 1950, S. 150.

9 Ebenda, S. 97.
10 Schriftliche Mitteilung E. A. an Verfasser.
11 GStAPrKB, I HA, Rep. 92.
12 Lange: Der Reichsmarschall ..., S. 150.
13 Schriftliche Mitteilung Charlotte (»Lotti«) Stein, geb. Stendel, an Verfasser.
14 Etwa die Majore Wöhlermann, Schubert, Breuer, Keutmann und Oberleutnant Claas.
15 Erich Koch (1896–1986), ab 1928 Gauleiter, ab 1933 Oberpräsident von Ostpreußen, 1942–1944 zusätzlich Reichskommissar der Ukraine, wo er eine Schrekkensherrschaft errichtete, die ca. 400 000 unschuldige Menschen das Leben kostete. Kochs fanatischer Durchhaltewille verhinderte die planmäßige Räumung der Provinz Ostpreußen bei Kriegsende und ist hauptverantwortlich für das Drama unter der Zivilbevölkerung bei ihrer Flucht. Koch wurde 1949 von der britischen Militärpolizei verhaftet, am 14. Februar 1950 an Polen ausgeliefert und dort am 9. März 1950 vom Warschauer Bezirksgericht zum Tode verurteilt, wegen Unzurechnungsfähigkeit aber zu lebenslanger Haft begnadigt. Koch starb am 12. November 1986 im Gefängnis von Wartenburg/Barczewo im polnischen Teil des ehemaligen Ostpreußen.
16 Vgl. Templiner Kreisblatt vom 25. Oktober 1940.
17 Für einen ähnlichen Katastrophenfall auf dem Gelände des Waldhofes war im Zuge der Erweiterungsarbeiten ein Pumpwerk entstanden. Es diente zwar in erster Linie der Aufbereitung des Trinkwassers, das aus einem Tiefbrunnen gefördert wurde, und speiste die einzelnen Gebäude damit, hielt aber außerdem die unterirdische Ringleitung für das Löschwasser zahlreicher Überflurhydranten konstant unter Druck.
18 Vgl. Buchholz, Erwin; Coninx, Ferdinand: Die Schorfheide. Stuttgart 1969, S. 116.
19 Der Prozeß gegen die Hauptkriegsverbrecher vor dem Internationalen Militärgerichtshof Nürnberg 14.11. 1945–1.10.1946. Bd. 9, Nürnberg 1947, S. 367.
20 GStAPrKB, I HA, Rep. 90.
21 Ebenda.
22 Schriftliche Mitteilung Erich R. an Verfasser.
23 Gritzbach: Hermann Göring ..., S. 335.
24 Vgl. Kubin, Ernst: Sonderauftrag Linz. Die Kunstsammlung Adolf Hitler. Aufbau, Vernichtungsplan, Rettung. Ein Thriller der Kunstgeschichte. Wien 1989.
25 Vgl. Haase, Günther: Kunstraub und Kunstschutz. Eine Dokumentation. Hamburg 1991, S. 86.
26 Göring war beispielsweise auch die »Führung der Preußischen Staatstheater« unterstellt. Vgl. Gritzbach: Hermann Göring ..., S. 328.
27 Vgl. Irving, David: Göring. Eine Biographie. Reinbek 1989, S. 195.
28 Zit. nach Irving: Göring ..., S. 453.
29 Vgl. Nicholas, Lynn H.: Der Raub der Europa. Das Schicksal europäischer Kunstwerke im Dritten Reich. München 1995, S. 54.
30 Siehe Haase: Kunstraub und Kunstschutz ..., S. 167–174.
31 Vgl. Backes, Klaus: Hitler und die bildenden Künste. Kulturverständnis und Kunstpolitik im Dritten Reich. Köln 1988, S. 110.
32 So Robert Scholz, Leiter des Rosenbergschen Sonderstabes Bildende Kunst in Paris, in seinem »Bericht über den bisherigen Verlauf und den gegenwärtigen Stand der Arbeit« vom 17. Februar 1941. Zit. nach Kubin: Sonderauftrag Linz ..., S. 34.
33 »In Fortführung der bisher getroffenen Maßnahmen zur Sicherstellung des jüdischen Kunstbesitzes durch den Chef der Militärverwaltung und durch den Einsatzstab Rosenberg ... wird mit den in den Louvre gebrachten Kunstgegenständen in folgender Weise verfahren.

1.) Diejenigen Kunstgegenstände, über deren weitere Verwendung sich der Führer das Bestimmungsrecht vorbehalten wird,

2.) diejenigen Kunstgegenstände, die zur Vervollständigung der Sammlungen des Reichsmarschalls dienen,

3.) diejenigen Kunstgegenstände und Bibliotheksgegenstände, deren Verwendung beim Aufbau der Hohen Schule und im Aufgabenbereich des Reichsleiters Rosenberg angebracht erscheinen,

4.) diejenigen Kunstgegenstände, die geeignet sind, deutschen Museen zugeleitet zu werden, werden unverzüglich durch den Einsatzstab Rosenberg ordnungsgemäß inventarisiert, verpackt und mit Unterstützung der Luftwaffe nach Deutschland gebracht.

5.) Diejenigen Kunstgegenstände, die geeignet sind, den französischen Museen und dem deutschen und französischen Kunsthandel zugeleitet zu werden, werden an einem noch zu bestimmenden Zeitpunkt versteigert und der dafür einkommende Erlös dem französischen Staat zu Gunsten der französischen Kriegshinterbliebenen überlassen.

6.) Die weitere Erfassung jüdischen Kunstbesitzes in Frankreich geschieht in der bisher bewährten Form durch den Einsatzstab Rosenberg in Zusammenarbeit mit dem Chef der Militärverwaltung Paris.«
In: Bundesarchiv Koblenz (BAK), NS 30/2. Auch abgedruckt in Kubin: Sonderauftrag Linz ..., S. 28.
Die staatlichen Kunstsammlungen Frankreichs hingegen rührten die deutschen Kunstpiraten während der Besatzungszeit nicht an.

34 Vgl. Irving: Göring ..., S. 453.

35 Kuratorin des Jeu de Paume war Rose Valland, die nach Kriegsende in der allierten Restitutionskommission tätig war und auch Carinhall inspizierte.

36 Am 21. April 1941 stellte Göring ihm eine Generalvollmacht aus: »Dr. Bruno Lohse ist von mir beauftragt, in Kunsthandlungen, Privatsammlungen und auf öffentlichen Versteigerungen Kunstgegenstände zu erwerben. Alle Dienststellen des Staates, der Partei und der Wehrmacht sind angewiesen, ihn bei der Durchführung seines Auftrages zu unterstützen.« In: National Archives Washington D. C. (NA), RG 239, box 84. Zit. nach Irving: Göring ..., S. 808.

37 Vgl. Feliciano, Hector: Das verlorene Museum. Vom Kunstraub der Nazis. Berlin 1998, S. 39, 111.

38 Siehe Haase: Kunstraub und Kunstschutz ..., S. 90 f.

39 Vgl. Lange: Der Reichsmarschall ..., S. 70.

40 Vgl. Feliciano: Das verlorene Museum ..., S. 47–54.

41 BAK, NS 8/260, Bl. 110.

42 Vgl. Irving: Göring ..., S. 453.

43 Vgl. Haase: Kunstraub und Kunstschutz ..., S. 126–28.

44 Vgl. Feliciano: Das verlorene Museum ..., S. 153.

45 Vgl. Haase: Kunstraub und Kunstschutz ..., S. 81 f., 132.

46 Vgl. Irving: Göring ..., S. 457.

47 Vgl. Haase: Kunstraub und Kunstschutz ..., S. 150, sowie Kubin: Sonderauftrag Linz ..., S. 88 f.
Das leergeräumte und unverteidigte Kloster Montecassino wurde während eines alliierten Bombardements am 15. Februar 1944 vollständig zerstört.

48 Vgl. Speer, Albert: Erinnerungen. Frankfurt/Main 1969, S. 335.

49 Robert Scholz in seiner abschließenden Bilanz zum 15. Juli 1944 an Hitler. In: Institut für Zeitgeschichte München (IfZ), MA 243, Bl. 491/3411.

50 Vgl. Haase: Kunstraub und Kunstschutz ..., S. 212.

51 Vgl. ebenda, S. 198.

52 Vgl. englische Übersetzung in: NA, RG 260, Ardelia Hall Papers, box 280. Für diesen Hinweis danke ich Dr. Martin Albrecht.

53 Vgl. Haase: Kunstraub und Kunstschutz ..., S. 212.
Die Amerikaner sicherten die Göringschen Kunstgegenstände, und Hofer übernahm ihre Inventarisierung. Das Gros der Werke aus den Sammlungen Görings und Hitlers gaben die Alliierten und später die Treuhandverwaltung an ihre ursprünglichen Eigentümer bzw. deren Erben zurück, ohne im Detail zwischen geschenkten, gekauften, gehehlten und geraubten Gegenständen zu unterscheiden. Der »herrenlose«, nicht unbeträchtliche Restbestand ging nach 1962 in das Eigentum der Bundesrepublik Deutschland als Rechtsnachfolgerin des Deutschen Reiches über, ein Teil wurde versteigert. Besonders um die Rückgabe einiger prominenter Geschenke führten Emmy und Edda Göring langwierige Prozesse, da sie die »Enteignung« nicht hinnehmen wollten, – ohne Erfolg.
Zum Schicksal der Kunstschätze in der Nachkriegszeit siehe Haase: Kunstraub und Kunstschutz ..., S. 209–247.

54 Zit. nach Irving: Göring ..., S. 459 f.

55 Vgl. Lange: Der Reichsmarchall ..., S. 203. B. H., ein Kriminalbeamter des Reichssicherheitsdienstes (RSD) aus der Begleitmannschaft Görings, erinnert sich, daß der Reichsmarschall am späten Abend des 20. April 1945 mit seinem Gefolge plötzlich im Stabsamt erschien und sich nach kurzer Ruhepause mit den Worten »Na, dann woll'n wir mal!« von den anwesenden Mitarbeitern verabschiedete. In seinem Hauptquartier »Kurfürst« traf er seine Begleitmannschaft, die um 20 Uhr von Carinhall weggefahren war, um Görings Flucht nach Süddeutschland abzusichern. Vgl. schriftliche und mündliche Mitteilungen Otto Neuschulz, Heinz Wegner und Otto Mittnik an Verfasser.

56 Bereits am 13. März 1945 hatten zwei Sprengstoffsachverständige vom Kriminaltechnischen Institut des Reichssicherheitshauptamtes (KTI RSHA) zusammen mit Hauptmann Frankenberger und Hausmeister Schulz den Waldhof »zwecks Vorbereitung einer Sprengung für den Fall einer Besetzung durch die Bolschewisten« besichtigt. Dabei wurde festgestellt, daß zur Sprengung der Hauptgebäude bis zu 15 Tonnen Sprengstoff erforderlich wären. Vgl. IfZ, MA 646/7661.

57 Schriftliche Mitteilung Karl Müller an Verfasser vom 20. Februar 1996.

58 Mitteilung Hans Hermann Telle an Verfasser.

»Der Reichsmarschall im Kriege« – 1940 bis 1946

1 Zit. nach Paul, Wolfgang: Wer war Hermann Göring? Esslingen 1983, S. 250.

2 Göring, Emmy: An der Seite meines Mannes. Begebenheiten und Bekenntnisse. München 1967, S. 15. Völlig ausgeschlossen ist dieses Datum zwar nicht, doch dürfte es sich wohl eher um den 2. September, den ersten Tag nach dem deutschen Überfall auf Polen, gehandelt haben.

3 Warlimont, Walter: Im Hauptquartier der deutschen Wehrmacht 1939–1945. Grundlagen, Formen, Gestalten. Frankfurt/Main 1962, S. 51.

4 Aufzeichnung von Weizsäckers vom 20. Oktober 1939. In: Politisches Archiv des Auswärtigen Amtes Bonn (PA), Büro des St.S., Besuche von Nicht-Diplomaten, Bd. 1.

5 Hassell, Ulrich von: Vom anderen Deutschland. Aus den nachgelassenen Tagebüchern 1938–1944. Zürich 1947, S. 91.

6 Hedin, Sven: Ohne Auftrag in Berlin. Buenos Aires 1946, S. 45 ff.

7 Krausnick, Helmuth; Deutsch, Harold C. (Hrsg.): Helmuth Groscurth. Tagebücher eines Abwehroffiziers 1938–1940. Stuttgart 1970, S. 403.

8 Bundesarchiv-Militärarchiv Freiburg (BA-MA), RW 19/163. Für diesen Hinweis danke ich Frau Prof. M. L. Recker, Frankfurt/Main.

9 Hillgruber, Andreas; Hümmelchen, Gerhard: Chronik des Zweiten Weltkrieges. Militärische und politische Ereignisse auf allen Kriegsschauplätzen – Tag für Tag aufgezeichnet. Frankfurt/Main 1966, S. 6.

10 Hassell: Vom anderen Deutschland ..., S. 119. Vgl. Kesselring, Albert: Soldat bis zum letzten Tag. Bonn 1953, S. 66.

11 Der Prozeß gegen die Hauptkriegsverbrecher vor dem Internationalen Militärgerichtshof Nürnberg 14.11.1945–1.10.1946. Bd. 36, Nürnberg 1947, S. 580 f.

12 Präg, W.; Jacobmeyer, W. (Hrsg.): Das Diensttagebuch des deutschen Generalgouverneurs in Polen 1939–1945. Stuttgart 1975, S. 109 ff.

13 Ebenda, S. 336.

14 Hedin: Ohne Auftrag in Berlin ..., S. 91 ff.

15 Hitler hatte am 29. Februar 1940 eigens »Richtlinien des Führers für die Gespräche mit US-Unterstaatssekretär Sumner Welles« erlassen, die »Zurückhaltung« auf deutscher Seite anwiesen. In: Moll, Martin (Hrsg.): »Führer-Erlasse« 1939–1945. Stuttgart 1997, S. 112–14.

16 Welles, Sumner: The Time for Decision. New York 1944, S. 112 ff.

17 (Mit den »modernen deutschen Malern« meint Welles nationalsozialistische Kunstwerke.) Ebenda, S. 118 f. Die deutsche Übersetzung zit. nach Nicholas, Lynn H.: Der Raub der Europa. Das Schicksal europäischer Kunstwerke im Dritten Reich. München 1995, S. 55 f.

18 Zu den Hintergründen vgl. Frieser, Karl-Heinz: Blitzkrieg-Legende. Der Westfeldzug 1940. München 1995, S. 363 ff.

19 Vgl. Eintragungen im Tagebuch von Alfred Jodl. In: Der Prozeß gegen die Hauptkriegsverbrecher ..., Bd. 28, S. 423.

20 Speer, Albert: Erinnerungen. Frankfurt/M. 1969, S. 190.

21 Lange, Eitel: Der Reichsmarschall im Kriege. Stuttgart 1950, S. 46. Zu den Fraktionskämpfen und Rivalitäten im Stabsamt vgl. ebenda, S. 88.

22 Vgl. Muggeridge, M.: Ciano's Diary 1939–1943. London 1947, S. 278.

23 BA-MA, Rl. 2/II, Bd. 30. Vgl. Martens, Stefan: Hermann Göring. »Erster Paladin des Führers« und »Zweiter Mann im Reich«. Paderborn 1985, S. 229.

24 Galland, Adolf: Die Ersten und die Letzten. Jagdflieger im Zweiten Weltkrieg. München 1953, S. 104 f.

25 Hilger, Gustav: Wir und der Kreml. Deutsch-sowjetische Beziehungen 1918–1941. Frankfurt/Main, Berlin 1956, S. 301 f.

26 Simoni, L. [Pseudonym: M. Lanza]: Berlin. Ambassade d'Italie. Paris 1947, S. 237 f.

27 Ebenda, S. 247.

28 Lange: Der Reichsmarschall ..., S. 107 ff.

29 Speer: Erinnerungen ..., S. 219 ff.

30 Institut für Zeitgeschichte München (IfZ), MA 144/3, Stabsamt Görnnert, Abt. I 1942/43.

31 Irving, David: Die Tragödie der Deutschen Luftwaffe. Aus den Akten und Erinnerungen von Feldmarschall Erhard Milch. Frankfurt/Main 1970, S. 305.

32 Brauchitsch, Manfred von: Ohne Kampf kein Sieg. Berlin o. J., S. 169 f.

33 (Goebbels schrieb wirklich »vergüten« statt verhüten.) Die Tagebücher von Joseph Goebbels. Im Auftrag des Instituts für Zeitgeschichte und mit Unterstützung des Staatlichen Archivdienstes Rußlands herausgegeben von Elke Fröhlich. Teil II: Diktate. Bd. 15, München 1995, S. 298 f.

34 Koller, Karl: Der letzte Monat. Tagebuchaufzeichnungen des ehemaligen Chefs des Generalstabes der Luftwaffe vom 14. April – 27. Mai 1945. Mannheim 1949, S. 19.
35 Bross, Werner: Gespräche mit Göring während des Nürnberger Prozesses. Flensburg, Hamburg 1950, S. 49.
36 Gilbert, Gustave M.: Nürnberger Tagebuch. Gespräche der Angeklagten mit dem Gerichtspsychologen. Frankfurt/Main 1962, S. 10. Nachfolgendes Zitat: ebenda, S. 162.
37 Speer: Erinnerungen ..., S. 513 ff.
38 Gilbert: Nürnberger Tagebuch ..., S. 204.
39 Zu den Tests und ihren Ergebnissen siehe Gilbert, Gustave M.: The Psychology of Dictatorship. New York 1950, sowie ders.: Hermann Goering. Amiable Psychopath. In: Journal of Abnormal and Social Psychology 43/1948, S. 211 ff.
40 Gilbert: Nürnberger Tagebuch ..., S. 234.
41 Lippe, Viktor Freiherr von der: Nürnberger Tagebuchnotizen. November 1945 bis Oktober 1946. Frankfurt/Main 1951, S. 181.
42 Gilbert: Nürnberger Tagebuch ..., S. 54.
43 Ebenda, S. 212.
44 Zit. nach Fest, Joachim C.: Hermann Göring – Der zweite Mann. In: ders.: Das Gesicht des Dritten Reiches. Profile einer totalitären Herrschaft. München 1977, S. 118.

Eingeebnet und vergessen – Carinhall zu DDR-Zeiten

1 Vgl. Brandenburgisches Landeshauptarchiv (BLHA), Rep. 204 A, Ministerium der Finanzen, Nr. 1709. Vgl. zum folgenden Wölker, Thomas: Carinhall, Hermann Görings Wohnsitz in der Schorfheide. Ein Beitrag zur Entmystifizierung. In: Jahrbuch für Brandenburgische Landesgeschichte 45/1994, S. 171 – 177.
2 Vgl. BLHA, Rep. 204 A und 205 A.
3 Hochbauamt Templin am 12. April 1947 an den Finanzminister der Provinzialregierung Brandenburg, Regierungsrat Dr. Hennig. In: BLHA, Rep. 204 A, Nr. 1707.
4 Vgl. Herold-Jahrbuch 1/1996, S. 113.
5 Geheimes Staatsarchiv Preußischer Kulturbesitz Berlin (GStAPrKB), I HA, Rep. 92.
6 Das Ermeler-Haus wurde im Zuge der radikalen Umbaumaßnahmen Walter Ulbrichts im Zentrum Ost-Berlins Ende der 60er Jahre abgetragen und nicht weit entfernt, am Märkischen Ufer 10, wieder aufgebaut.
7 Nach den erhalten gebliebenen Berichten erfolgte die erste Bergeaktion durch Dr. Jannasch von der Zentralstelle bereits am 25. Juni 1946 (Bergung Nr. 211). Weitere Bergungen folgten am 15./16. (Bg. 213) und 22./23. Juli (Bg. 215), am 11./12. September (Bg. 227), am 4./5. November 1946 (Bg. 244) und am 2. November 1947 (Bg. 282).
8 Vgl. Hochbauamt Templin am 12. April 1947 an Finanzminister Dr. Hennig. In: BLHA, Rep. 204 A, Nr. 1707.
9 Siehe Perschke, Mario: Der Hirsch von Johannes Darsow im Tierpark Berlin-Friedrichsfelde. In: Mitteilungen des Vereins für die Geschichte Berlins 1/1999.
10 BLHA, Rep. 204 A.
11 Vgl. Schreiben Kurt Reuttis an den Innensenator von Berlin (West) vom 16. Februar 1960. In: BLHA, I HA, Rep. 92.
12 Auflistung in Carinhall zurückgebliebener Kunst- und Wertgegenstände (Auszug):
Boizot: Venus & Amor, große Marmorgruppe;
Mädchen mit Kanne und Fruchtschale, große Marmorgruppe, Frankreich, 18. Jahrhundert;
Houdon: Sitzende Venus, große Marmorfigur;
Marmor-Büste einer jungen Frau, Frankreich, 18. Jahrhundert;
Terracotta-Büste einer jungen Frau, Frankreich, 18. Jahrhundert;
Europa mit Amor auf dem Stier, kleine Marmorgruppe, Frankreich, 18. Jahrhundert;
Venus & Amor, kleine Marmorgruppe, Frankreich, 18. Jahrhundert;
Venus mit Blume, kleine Marmorfigur, Frankreich, 18. Jahrhundert;
Sitzende Venus, kleine Marmorfigur, Frankreich, 18. Jahrhundert;
Liegende Venus, Terracotta, Frankreich, 18. Jahrhundert;
Junger Faun mit Weintraube, Terracotta, Frankreich, 18. Jahrhundert;
Pigalle: Madame Pompadour, große Marmorfigur;
Pallas Athene, große Marmorfigur, Frankreich, 18. Jahrhundert;
Madame Recamier, Marmorbüste, Kopie;
Louis L. Boilly: Junges Eheglück, Ölgemälde;
Rubens-Schule: Urteil des Paris, großes Bild;
Männerbüste, kleines Marmorrelief, 15. Jahrhundert;

große Steingruppe mit heiligem Georg, Frankreich, um 1840;
Diana auf Schloß Anet (Louvre), Marmor, lebensgroß, Kopie;
Siegesgöttin von Samothrake, Marmor, lebensgroß, Kopie;
Heilige Margarethe, Steinfigur, Frankreich, um 1840;
Pfaff: Venus im Muschelwagen, große Marmorgruppe;
griechische Grabstele, Marmor, 4. Jahrhundert v. Chr.;
Schule Fontainebleau: große Bronze-Venus, Frankreich, 16. Jahrhundert;
Heiliger Martin, Holzskulptur, 15. Jahrhundert;
Nereide und Tritonen, große Bleigruppe, Frankreich, 18. Jahrhundert;
französische Uhr, Goldbronze, mit sitzender Venus und Putten, 18. Jahrhundert;
große geschnitzte Holzumrahmung, Frankreich, 15. Jahrhundert;
französische Uhr, Goldbronze, mit sitzender Frauenfigur, 18. Jahrhundert;
zwei große Granit-Löwen, Frankreich, 18. Jahrhundert (vor linkem Portal);
großer Steintisch, Frankreich, 16. Jahrhundert;
großer runder Empire-Tisch mit Marmorplatte;
Boucher: kleines Bildnis der Madame Pompadour;
Weidemann: Bildnis Friedrich Wilhelms I.;
Mathieu: Bildnis Friedrichs des Großen;
Mathieu: Bildnis Prinz Heinrichs;
deutscher Meister, 18. Jahrhundert, Bildnis Prinzessin Friederike von Preußen;
deutscher Meister, 18. Jahrhundert, Bildnis der Prinzessin Sophie von Preußen;
deutscher Meister, 18. Jahrhundert, Bildnis der Königin Elisabeth Ulrike von Schweden;
Boldini: Großes Segelboot mit kleinen Booten, Ölgemälde;
Boldini: Kircheninneres, Ölgemälde;
Boldini: Sitzende junge Dame nach rechts, Ölgemälde;
Boldini: Stehende junge Dame, Kniefigur nach links, Ölgemälde;
Boldini: Stehende junge Dame, Halbfigur nach rechts, Ölgemälde;
Boldini: Brustbild einer jungen Dame, Ölgemälde;
Boldini: Stehende junge Dame, ganze Figur nach rechts, Ölgemälde;
Holz-Skulptur Heiliger Michael, Frankreich, 15. Jahrhundert;
Holz-Skulptur Weibliche Heilige, Frankreich, 16. Jahrhundert;
Giovanni da Bologna: Venus nach dem Bade, Bronze;
Napoleon zu Pferde, Bronze, 19. Jahrhundert;
Benvenuto Cellini: Venus, auf dem Kopf eine Schale tragend, Bronze, vergoldet;
zwei Wand-Appliquen, je zwei Posthörner, Bronze, vergoldet, Frankreich, 18. Jahrhundert;
Sofa mit Gobelin-Stickerei, Louis XV.;
zwei Armlehnen-Sessel zu vorigem gehörend;
Tisch, oval mit reichem Bronze-Beschlag, Louis XV.;
Tisch, rund, auf drei Füßen, mit Bronze-Beschlag, Louis XV.;
große Kommode mit Intarsien und reichem Bronze-Beschlag, Louis XVI.;
zwei große Kommoden mit Intarsien und Bronze-Beschlag, Louis XV.;
drei Kommoden mit reichem Bronze-Beschlag, Empire;
Sofa und Sessel mit Gobelin-Stickerei, Louis XV.;
zwei Schreibschränke mit reichem Bronze-Beschlag, Louis XVI.;
Kommode mit reichem Bronze-Beschlag, Louis XVI.;
große Kommode mit Intarsien und reichem Bronze-Beschlag, Louis XVI.;
großer Schreibtisch mit reichem Bronze-Beschlag, Louis XVI.;
großer Schreibtisch mit Aufbau und Uhr auf Rückwand und reichem Bronze-Beschlag;
zwei zweiteilige Wandschirme mit mythologischen Darstellungen, Frankreich, 18. Jahrhundert;
zwei kleine Kommoden mit Bronze-Beschlag (Gegenstücke), Louis XV.
München, 26. März 1947, gez.: Walter Andreas Hofer.
In: GStAPrKB, I HA, Rep. 92, Nr. 3.

13 Weitere Gegenstände:
Stein-Tisch aus Fontainebleau, grüner Marmor, Frankreich;
Romanische Taufschale, weißer Marmor mit Kreuz, Frankreich;
fünf Gartenplastiken aus Stein, Barock, Frankreich;
Kopie der Diana von Fontainebleau von Cellini, Bronze, Frankreich;
romanisches Portal mit zwei Wildschweinen und zwei Vögeln, weißer Marmor, 22 Einzelstücke;
ein großer Renaissance-Kamin, Sandstein, ein großer gotischer Kamin;
Renaissance-Brunnen-Anlage mit zwei Becken;
romanisches Taufbecken mit vier Löwenköpfen;
barockes Brunnen-Tempelchen, sechs Säulen, vergoldete Kapitelle, 38 Einzelteile;

romanisches Portal mit Bandornamentik, größere Anzahl in Kisten verpackter Säulen, teils glatt, teils kanneliert, Marmor.

14 Bundesbeauftragter für die Stasi-Unterlagen (BStU), X 96.

Görings Residenzen, Sonderzüge und Yachten im Überblick

1 Vgl. Lange, Eitel: Der Reichsmarschall im Kriege. Stuttgart 1950, S. 86.
2 Vgl. Alain Chazette in: 39–45 Magazine 126/1996.
3 Lange: Der Reichsmarschall ..., S. 80 f.
4 Ebenda, S. 71.
5 Görings Jagdtagebuch vom 26. September 1936 – 6. Oktober 1937. In: Library of Congress Washington D. C. (LoC), Ac. 9342.
6 Bundesarchiv-Militärarchiv Freiburg (BA-MA) sowie Tonbandaufzeichnungen mit Hausmeister A. K. (im Besitz des Autors).
7 Vorläufer des Bundesnachrichtendienstes (BND).
8 Speer, Albert: Erinnerungen. Frankfurt/Main 1969, S. 49.
9 Vgl. Herold-Jahrbuch 1/1996, S. 106.
10 Ebenda, S. 105.
11 Zentralblatt der Bauverwaltung 3 u. 4/1942.
12 Kopie im Besitz des Verfassers. Vgl. auch Märkische Oderzeitung vom 26. Mai 1997, Titelseite.
13 Schriftliche Mitteilung Ruth Kibelka vom 7. Dezember 1998.
14 Obersalzberg – Gestern – Heute – Morgen vom 4. Juni 1949.
15 Vgl. Lange: Der Reichsmarschall ..., S. 55 f.
16 Weiterere von der Reichsführung eingesetzte Sonderzüge: »Amerika« (ab 1. Februar 1943 »Brandenburg I und II«) Sonderzug Hitlers, »Afrika« (ab 1. Februar 1943 »Braunschweig«) Sonderzug Keitels und des Oberkommandos der Wehrmacht (OKW), »Atlas« (ab 1. Februar 1943 »Franken I und II«) ab 1940 Sonderzug Jodls und des Wehrmachtsführungsstabes (WFSt), »Heinrich« (ab 1 Februar 1943 »Steiermark«) als »Ministerzug« für Ribbentrop, Lammers und Himmler eingesetzt; ab Mitte 1941 von Himmler allein genutzt, während Ribbentrop mit »Westfalen« einen eigenen Sonderzug erhielt. »Rheinland« vermutlich Sonderzug Goebbels'; »Württemberg«, »Schwaben«, »Ostpreußen«, »Sachsen« Sonderzüge des Oberkommandos des Heeres (OKH); »Atlantik« Sonderzug der Seekriegsleitung; »Enzian« Benutzer nicht bekannt.
Die nicht vor Kriegsende von der Wehrmacht gesprengten Waggons wurden in den ersten Nachkriegsjahren in den Sonderzügen der Alliierten eingesetzt, ehe sie in den Jahren 1949/50 der Deutschen Bundesbahn rückübereignet wurden. Das Nachrichtenmagazin Der *Spiegel* berichtete in Heft 17/1972, daß sechs dieser 1938 gebauten rollenden Salons (darunter auch der Speisewagen Nr. 10 245 und der Schlafwagen Nr. 10 222 aus dem Sonderzug Hitlers) von der Deutschen Bundesbahn übernommen worden seien, während die übrigen Sonderwagen bei der Reichsbahn der DDR eine neue Verwendung gefunden hatten.
17 Vorsalon und Salon: Wände und Türen in Maidu-Maser, Tür- und Fensterumrahmung in Tabasco-Mahagoni, Wuten und Friese in Rosenholz. Schlafraum 1: Wände, Türen und Friese in schwedischer Birke, Tür- und Fensterumrahmungen in deutschem Nußbaum. Schlafraum 2: Wände und Türen in schwedischer Birke, Tür- und Fensterumrahmungen sowie Friese aus Kirschbaum. Kleiner Gang (vor Badeabteil und Toiletten) Türen und Wände in schwedischer Birke, Decke weiß, Türumrahmungen je zur Hälfte in Nußbaum und Kirschbaum. Großer Gang: Türen und Leistenwerk Rüster. Schlafräume 3 und 4: Wände und Türen Ahorn-Maser, Tür- und Fensterumrahmungen sowie Friese in Tabasco-Mahagoni. Begleiterraum, Gang und Vorraum: Teakholz.
18 Vgl. Gottwaldt, Alfred: Salonwagen 10 205. Haus der Geschichte der BRD. Bonn o. J., S. 43.
19 Zu Görings Yachten vgl. Brandenburgisches Landeshauptarchiv (BLHA), Rep. 15 G, sowie schriftliche und mündliche Mitteilungen an den Verfasser.
20 1926 durch Karl Bade gegründet und nach dessen Tod 1962 durch seinen Stiefsohn als Fahrgastschiffahrt Wiedenhöft weitergeführt. Seit 1978 betreibt der Enkel des Firmengründers die Reederei Wiedenhöft auf dem Werbellinsee.
21 Kopie des Schreibens im Besitz des Verfassers. Noch immer Eigentum der Reederei Wiedenhöft, leistet das Fahrgastschiff bis heute als »Altwarp« seinen Dienst auf dem Werbellinsee, benannt nach dem Geburtsort Karl Bades am Stettiner Haff.
Technische Daten: Baujahr 1935, Länge 28,22 Meter, Breite 4,95 Meter, 103 Bruttoregistertonnen, 200-PS-Sechzylinder-Schiffsdiesel, 180 Plätze.
22 Mündliche Mitteilung Hermann Eßling an Verfasser vom 30. Mai 1997.

23 Anhand von Quellen nicht zu belegen ist das Gerücht, daß die Yacht »Carin« später an einen Danziger Kaufmann veräußert worden sei.

24 Über die Dreischrauben-Dieselmotor-Yacht sind Konstruktionsdaten erhalten geblieben: »Der hölzerne Rumpf des großen Motorkreuzers besteht aus einer doppelten Außenhaut. Die Innenlage ist in Eichenholz diagonal, die Außenhaut aus Rangoon-Teak karweel geplankt. Eine solche diagonal-karweel ausgeführte Außenhaut ergibt neben großer Festigkeit und völliger Wasserdichtheit den Vorteil einer sehr elastischen Bauausführung von großer Widerstandskraft gegen äußere Beschädigungen ... Die Sinksicherheit des Fahrzeugs sichern vier feste eiserne Schotte, die den gesamten Schiffskörper in fünf wasserdichte Abteilungen unterteilen. Die Yacht ist als Dreischraubenschiff konstruiert worden. Der Bewältigung des Fahrbetriebs auf engen Binnengewässern dienen zwei je 105 PS leistende 6-Zylinder-Dieselmotoren, deren Wendegetriebe elektrisch betrieben werden. Für Fahrten auf freien, nicht beengten Gewässern ist als Mittelmaschine ein 230 PS leistender 12-Zylinder-Dieselmotor eingebaut worden. Dieser Motor ist lediglich mit einer Kupplung für Vorausfahrt ausgerüstet. Sämtliche [Daimler-Benz-] Motoren arbeiten unmittelbar auf ihre Propellerwelle unter Vermeidung geräuscherzeugender Untersetzungsgetriebe. Die Gesamtleistung beträgt 440 PS und vermittelt der Yacht eine Geschwindigkeit von über 14 sm/h (26 km/h). Zur Erzeugung des elektrischen Stromes ist ... aus einem 15 PS leistenden 4-Zylinder-Dieselmotor in Verbindung mit einem 10-N-KW-Dynamo ein ruhig arbeitendes E-Aggregat geschaffen worden. Zu den bemerkenswerten technischen Einrichtungen der Yacht gehörte dann noch die F.T.-Station [Funk], bei der es sich um eine Anlage für drahtlose Telephonie und Telegrafie handelt, ... die es ermöglicht, sich sofort mit jeder gewünschten Stelle in Verbindung zu setzen. Eine moderne Selbstanschluß-Telephonanlage im ganzen Fahrzeug verbindet die Räume untereinander.
Die Heizung erfolgt auf elektrischem Wege. Automatisch arbeitende Heißwasserapparate ermöglichen jederzeitige Entnahme von heißem Wasser. Kaltes wie warmes Wasser ist fließend und wird durch eine besondere Vorrichtung unter Druck gehalten. Alle Innenräume weisen eine lichte Höhe von reichlich zwei Metern auf. Über dem Kollisionsraum im Bug liegt auf Deck der Jagdsitz: ein beliebter Aufenthaltsplatz [Görings] bei gutem Wetter, auf Wasserjagd und Fischfang. An das Kollisionsschott schließen sich die geräumigen Mannschaftsräume an, beginnend mit Wasch- und Toilettenraum, einem Wohn- und Schlafraum für vier Mann Besatzung und dem Wohnraum für den Schiffsführer. Diesem gegenüber liegt die Küche. Es folgen Motorraum und Tankraum. Im Motorraum sind die drei Antriebsmotoren aufgestellt, ferner das Dynamo-Aggregat und die übrigen technischen Hilfseinrichtungen. Der anschließende Tankraum umfaßt die [vier] großen Brennstofftanks [für insgesamt 3 800 Liter Dieselöl] sowie den Vorratsbehälter für Trinkwasser und Schmieröl. Über dem Motorraum liegt das Steuerhaus, dessen oberer Teil abnehmbar ist. Hinter dem Steuerhaus, etwas tiefer gelegen, folgt der Decksalon, der durch einen Vorraum von Deck her zugänglich ist. Auf dem Deckshaus hat das Beiboot Aufstellung gefunden, das mittels Ladebaum bequem ein- und ausgesetzt werden kann. Das Beiboot ist mit einem Außenbordmotor ausgestattet. Über den eigentlichen Wohnräumen liegt das Promenadendeck, das einer größeren Anzahl von Personen Aufenthaltsmöglichkeit bietet. Den achternen [hinteren] Teil des Oberdecks nimmt die sogenannte »Laube« ein. Sie ist sowohl vom Oberdeck als auch durch eine Treppe von den Wohnräumen unter Deck aus zugänglich. Decksalon und ein Teil der Wohnräume sind mit ausgewählten Naturhölzern matt glänzend poliert ausgestattet. Die übrigen Räume im Hinterschiff sind in Seidenglanzlack verschiedener Farbtönungen gehalten. Die Räume im Vorschiff sind mit Emaillelack gestrichen ... Die Fußböden haben Teppichbeläge erhalten.« In: Die Yacht 13/1938.

25 Mündliche Mitteilung Willi Papke, zeitweilig Funker auf der »Carin II«, an Verfasser vom 16. Juni 1997.

26 Vgl. Kopie der Vereinbarung (im Besitz des Verfassers).

27 Um den Kauf der Göring-Yacht finanzieren zu können, hatte Heidemann eigenen Angaben zufolge sein in gehobener Wohnlage Hamburgs gelegenes Haus verkauft. Die Renovierung des Schiffes finanzierte Heidemann durch Aufnahme einer Schiffshypothek über 400 000 DM bei der Deutschen Bank Hamburg.

Literaturverzeichnis

Abendroth, Hans Henning (Hrsg.): Mittelsmann zwischen Franco und Hitler. Johannes Bernhardt erinnert 1936. Marktheidenfeld 1978.
Absolon, Rudolf: Die Wehrmacht im Dritten Reich. Boppard 1969.
Andrus, B. C.: The Infamous of Nuremberg. London 1969.

Backes, Klaus: Hitler und die bildenden Künste. Kulturverständnis und Kunstpolitik im Dritten Reich. Köln 1980.
Barkai, Avraham: Das Wirtschaftssystem des Nationalsozialismus. Ideologie, Theorie, Politik 1933–1945. Frankfurt/Main 1988.
Baur, Hans: Ich flog Mächtige der Erde. Kempten 1962.
Below, Nicolaus von: Als Hitlers Adjutant 1937–1945. Mainz 1980.
Benz, Wolfgang; Graml, Hermann; Weiß, Hermann (Hrsg.): Enzyklopädie des Nationalsozialismus. München 1998.
Berle, B. B.; Jacobs, T. B.: Navigating the rapids 1918–1971. From the papers of A. A. Berle. New York 1973.
Bewley, Charles: Hermann Göring. Göttingen 1956.
Ders.: Hermann Göring and the Third Reich. New York 1962.
Bracher, Karl Dietrich; Funke, Manfred; Jacobsen, Hans-Adolf (Hrsg.): Die Weimarer Republik 1918–1933. Politik, Wirtschaft, Gesellschaft. Bonn 1988.
Dies.: Nationalsozialistische Diktatur 1933–1945. Eine Bilanz. Bonn 1986.
Brauchitsch, Manfred von: Ohne Kampf kein Sieg. Berlin o. J.
Bross, Werner: Gespräche mit Göring während des Nürnberger Prozesses. Flensburg, Hamburg 1950.
Broszat, Martin: Die Machtergreifung. Der Aufstieg der NSDAP und die Zerstörung der Weimarer Republik. München 1987.
Buchholz, Erwin; Coninx, Ferdinand: Die Schorfheide. Stuttgart 1969.
Budraß, Lutz: Flugzeugindustrie und Luftrüstung in Deutschland 1918–1945. Düsseldorf 1998.
Bullitt, O. H. (Hrsg.): Correspondence between F. D. Roosevelt and W. C. Bullitt. For the President. Personal and Secret. Boston 1972.
Butler, E.; Young, G.: Marshall Without Glory. The Troubled Life of Hermann Goering. London 1951.
Butler, J. R. M.: Lord Lothian. London 1960.

Chaussy Ulrich; Püschner, Christoph: Nachbar Hitler. Führerkult und Heimatzerstörung am Obersalzberg. Berlin 1997.
Ciano, Galeazzo Graf: Tagebücher 1937/38. Hamburg 1949.
Coulondre, Robert: Von Moskau nach Berlin 1936–1939. Erinnerungen des französischen Botschafters. Bonn 1950.

Dahlerus, Birger: Der letzte Versuch. München 1973.
Demps, Laurenz: Berlin-Wilhelmstraße. Eine Topographie preußisch-deutscher Macht. Berlin 1996.
Der Prozeß gegen die Hauptkriegsverbrecher vor dem Internationalen Militärgerichtshof Nürnberg 14.11.1945–1.10.1946. Amtlicher Wortlaut in deutscher Sprache. Bd. 1 – 42, Nürnberg 1947.
Diels, Rudolf: Lucifer Ante Portas. Es spricht der erste Chef der Gestapo. Stuttgart 1950.
Dilks, David (Hrsg.): Diaries of Sir Alexander Cadogan 1938–1945. London 1971.
Domarus, Max (Hrsg.): Hitler. Reden und Proklamationen 1932–1945. 2 Bde., Wiesbaden 1973.

Emessen, T. R.: Aus Görings Schreibtisch. Ein Dokumentenfund. Berlin 1947.

Feiling, Keith: The Life of Nevile Chamberlain. London 1947.
Feliciano, Hector: Das verlorene Museum. Vom Kunstraub der Nazis. Berlin 1998.
Fest, Joachim C.: Hitler. Eine Biographie. Frankfurt/Main 1970.
Ders.: Hermann Göring – Der zweite Mann. In: ders.: Das Gesicht des Dritten Reiches. Profile einer totalitären Herrschaft. München 1977.
Flandin, Pierre-Étienne: Politique Française. Paris 1947.
François-Poncet, André: Als Botschafter in Berlin 1931–1938. Mainz 1947.
Frank, Bernhard: Obersalzberg. Berchtesgaden 1995.
Frank, Hans: Im Angesicht des Galgens. Deutung Hitlers und seiner Zeit auf Grund eigener Erlebnisse und Erkenntnisse. München 1953.
Frieser, Karl-Heinz: Blitzkrieg-Legende. Der Westfeldzug 1940. München 1995.
Frischauer, Willi: Ein Marschallstab zerbrach. Ulm 1951.

Fröhlich, Elke (Hrsg.): Die Tagebücher von Joseph Goebbels. Sämtliche Fragmente. München 1987.
Dies. (Hrsg.), Die Tagebücher von Joseph Goebbels. Teil II: Diktate 1941 – 1945. 15 Bde., München 1993 – 1997.
Funke, Manfred: Sanktionen und Kanonen. Hitler, Mussolini und der internationale Abessinien-Konflikt 1934–1936. Düsseldorf 1971.

Galland, Adolf: Die Ersten und die Letzten. Jagdflieger im Zweiten Weltkrieg. München 1953.
Gellermann, Günther W.: ... und lauschten für Hitler. Bonn 1991.
Gilbert, Gustave M.: Hermann Goering. Amiable Psychopath. In: Journal of Abnormal and Social Psychology 43/1948.
Ders.: The psychology of dictatorship. New York 1950.
Ders.: Nürnberger Tagebuch. Gespräche der Angeklagten mit dem Gerichtspsychologen. Frankfurt 1962.
Goebbels, Joseph: Vom Kaiserhof zur Reichskanzlei. München 1938.
Göring, Emmy: An der Seite meines Mannes. Begebenheiten und Bekenntnisse. Göttingen 1967.
Göring, Hermann: Aufbau einer Nation. Berlin 1934.
Görlitz, Walter (Hrsg.): Keitel – Verbrecher oder Offizier? Erinnerungen, Briefe und Dokumente des Chefs des OKW. Göttingen, Berlin, Frankfurt/Main 1961.
Gritzbach, Erich: Hermann Göring. Werk und Mensch. München 1938.
Ders. (Hrsg.): Hermann Göring. Reden und Aufsätze. München 1938.
Guderian, Heinz: Erinnerungen eines Soldaten. Stuttgart 1995.

Haase, Günther: Kunstraub und Kunstschutz. Eine Dokumentation. Hamburg 1991.
Halifax, Lord of: Fulness of Days. London 1957.
Hanfstaengl, Ernst: Hitler. The Missing Years. London 1957.
Ders.: Zwischem Weißem und Braunem Haus. Memoiren eines politischen Außenseiters. München 1970.
Hedin, Sven: Ohne Auftrag in Berlin. Buenos Aires 1946.
Heiber, Helmut (Hrsg.): Hitlers Lagebesprechungen. Die Protokollfragmente seiner militärischen Konferenzen 1942–1945. Stuttgart 1962.
Henderson, Nevile: Failure of a Mission. Berlin 1937–1939. London 1940.
Ders.: Wasser unter Brücken. Episoden einer diplomatischen Laufbahn. Zürich 1942.
Hilger, Gustav: Wir und der Kreml. Deutsch-sowjetische Beziehungen 1918–1941. Frankfurt/Main, Berlin 1956.
Hill, Leonidas E. (Hrsg.): Die Weizsäcker-Papiere 1933–1950. Berlin, Frankfurt/Main, Wien 1974.
Hillgruber, Andreas; Hümmelchen, Gerhard: Chronik des Zweiten Weltkrieges. Militärische und politische Ereignisse auf allen Kriegsschauplätzen – Tag für Tag aufgezeichnet. Frankfurt/Main 1966.

Irving, David: Breach of Security. London 1968.
Ders.: Die Tragödie der deutschen Luftwaffe. Aus den Akten und Erinnerungen von Feldmarschall Erhard Milch. Frankfurt/Main 1973.
Ders.: Göring. Eine Biographie. Hamburg 1986, München 1987, Reinbek 1989.

Jacobsen, Hans-Adolf: Nationalsozialistische Außenpolitik 1933–1938. Frankfurt/Main 1968.
Jäckel, Eberhard: Frankreich in Hitlers Europa. Stuttgart 1966.
Jaeger, Birgit: Carinhall. Görings Residenz. Bonn 1987.
Jedrzejewia, Waclaw (Hrsg.): Diplomat in Berlin 1933–1939. Papers and memoirs of Józef Lipski, ambassador of Poland. NewYork, London 1968.

Kelley, D. M.: 22 Cells in Nuremberg. London 1947.
Kershaw, Ian: Hitler 1889–1936. Stuttgart 1998.
Kesselring, Albert: Soldat bis zum letzten Tag. Bonn 1953.
Knopf, Volker: Hermann Görings Waldhof »Carinhall«. Endingen 1997.
Koller, Karl: Der letzte Monat. Tagebuchaufzeichnungen des ehemaligen Chefs des Generalstabes der Luftwaffe vom 14. April – 27. Mai 1945. Mannheim 1949.
Kordt, Erich: Nicht aus den Akten. Die Wilhlemstraße in Frieden und Krieg. Erlebnisse, Begegnungen und Eindrücke 1928–1945. Stuttgart 1950.
Krausnick, Helmuth; Deutsch, Harold C.: Helmuth Groscurth. Tagebücher eines Abwehroffiziers 1938–1940. Stuttgart 1970.
Kube, Alfred: Pour le Mérite und Hakenkreuz. Hermann Göring im Dritten Reich. Stuttgart 1986.
Kubin, Ernst: Sonderauftrag Linz. Die Kunstsammlung Adolf Hitler. Aufbau, Vernichtungsplan, Rettung. Ein Thriller der Kulturgeschichte. Wien 1989.
Kurz, Jakob: Kunstraub in Europa 1938–1945. Hamburg 1989.

Lange, Eitel: Der Reichsmarschall im Kriege. Stuttgart 1950.

Lippe, Vikor Freiherr von: Nürnberger Tagebuchnotizen. November 1945 bis Oktober 1946. Frankfurt/Main 1951.

Londenderry, Lord: England blickt auf Deutschland. Essen 1938.

Luedecke, Kurt: I knew Hitler. London 1938.

Manwell, Roger; Fraenkel, Heinrich: Hermann Göring. London, New York 1962.

Martens, Stefan: Hermann Göring. »Erster Paladin des Führers« und »Zweiter Mann im Reich«. Paderborn 1985.

Metzmacher, Helmut: Deutsch-englische Ausgleichsbemühungen im Sommer 1939. In: Vierteljahrshefte für Zeitgeschichte 14/1966.

Minuth, Karl-Heinz (Hrsg.): Akten der Reichskanzlei. Die Regierung Hitler. 2 Bde., Koblenz 1983.

Moll, Martin (Hrsg.): »Führer-Erlasse« 1939–1945. Stuttgart 1997.

Mosley, Leonard: Göring. Eine Biographie. München 1975.

Muggeridge, M. (Hrsg.): Ciano's Diary 1939–1943. London 1947.

Nicholas, Lynn H.: Der Raub der Europa. Das Schicksal europäischer Kunstwerke im Dritten Reich. München 1995.

Otte, Alfred: Die Weißen Spiegel. Friedberg 1989.

Overy, Richard: Goering, the Iron Man. London 1984.

Ders.: Hermann Göring – Machtgier und Eitelkeit. München 1986.

Papen, Franz von: Der Wahrheit eine Gasse. München 1952.

Paul, Wolfgang: Wer war Hermann Göring? Esslingen 1983.

Petzina, Dietmar: Autarkiepolitik im Dritten Reich. Der nationalsozialistische Vierjahresplan. Stuttgart 1968.

Präg, W.; Jacobmeyer, W. (Hrsg.): Das Diensttagebuch des deutschen Generalgouverneurs in Polen 1939–1945. Stuttgart 1975.

Rubner, Heinrich: Deutsche Forstgeschichte 1933–1945. Forstwirtschaft, Jagd und Umwelt im NS-Staat. St. Katharinen 1985.

Schacht, Hjalmar: Abrechnung mit Hitler. Hamburg 1948.

Schausberger, Norbert: Griff nach Österreich. Der »Anschluß«. Wien 1978.

Schmidt, Paul: Statist auf diplomatischer Bühne 1923–1945. Bonn 1949.

Schuschnigg, Kurt von: Ein Requiem in Rot-Weiß-Rot. Aufzeichnungen des Häftlings Dr. Auster. Zürich 1946.

Seraphim, Hans Gunther (Hrsg.): Das politische Tagebuch Alfred Rosenbergs aus den Jahren 1934/35 und 1939/40. Berlin, Frankfurt/Main 1956.

Simoni, L.: Berlin, Ambassade d'Italie. Paris 1947.

Singer, Kurt: Goering. Germany's most dangerous man. London 1940.

Sommerfeldt, Martin H.: Göring, was fällt Ihnen ein! Berlin 1932.

Ders.: Hermann Göring. Berlin 1933.

Speer, Albert: Erinnerungen. Frankfurt/Main 1969.

Stehlin, Paul: Témmoignage pour l'histoire. Paris 1964.

Ders.: Auftrag in Berlin. Frankfurt 1965.

Strasser, Otto: Hitler und ich. Konstanz 1948.

Szembek, Jan: Journal 1933–1939. Paris 1952.

Treue, Wolfgang: Hitlers Denkschrift zum Vierjahresplan 1936. In: Vierteljahrshefte für Zeitgeschichte 3/1955.

Warlimont, Walter: Im Hauptquartier der deutschen Wehrmacht 1939–1945. Grundlagen, Formen, Gestalten. Frankfurt/Main 1962.

Welles, Sumner: The Time for Decision. New York 1944.

Whitehouse, Arch: Flieger-Asse 1914–1918. Stuttgart 1970.

Wilamowitz-Moellendorff, Fanny Gräfin von: Carin Göring. Berlin 1936.

Wistrich, Robert: Wer war wer im Dritten Reich. London 1982.

Wölker, Thomas: Carinhall, Hermann Görings Wohnsitz in der Schorfheide. Ein Beitrag zur Entmystifizierung. In: Jahrbuch für Brandenburgische Landesgeschichte 45/1994.

Quellennachweise

Archive

Bayerische Staatsbibliothek München,
Brandenburgisches Landeshauptarchiv Potsdam (BLHA),
Bundesarchiv Koblenz (BAK),
Bundesarchiv-Militärarchiv Freiburg (BA-MA),
Centre d'Archives du Ministère des Affaires Étrangères Nantes (MAE-Nantes),
Churchill College, Cambridge,
Geheimes Staatsarchiv Preußischer Kulturbesitz Berlin (GStAPrKB),
Hauptstaatsarchiv München,
Institut für Zeitgeschichte München (IfZ),
Landesarchiv Berlin,
Landesvermessungsamt Brandenburg,
Library of Congress, Washington,
National Archives Washington (NA),
Politisches Archiv des Auswärtigen Amtes Bonn (PA),
Public Record Office London (PRO),
Staatliche Archive Bayerns,
Der Bundesbeauftragte für die Unterlagen des Staatssicherheitsdienstes der ehemaligen Deutschen Demokratischen Republik (BStU),
bisher unveröffentlichte Aktenbestände aus Privatbesitz.

Schriftliche Mitteilungen an Volker Knopf

Die Schreibweise des Namens bei den folgenden Mitteilungen entspricht dem Wunsch des jeweiligen Informanten.

A., E.: 14.12.95, 9.1., 7.2., 9.4., 24.4., 20.5., 8.7., 24.7.96,
Becker, Ernst: 8.11.95, 4.3.96,
Beick, Gerhardt: 7.3., 24.3., 12.6.97,
Boehm-Tettelbach, Karl: 18.6.95,
Brandt, Prof. Dr. Gustav: 10.9., 5.11.95,
Brandt, Johann: 19.11.97,
Burdensky, Harry: 6.9.95, 16.10.97,
D., E.: 7.11., 21.11.95, 9.2., 26.6.96,
Eßling, Hermann: 30.10.95, 27.2.96,
Fallowe, Wilhelm: 28.1., 20.2., 23.2., 23.3.96,
Franz, Arnold: 26.10., 24.11., 15.12.97,
Gerhardt, Rolf: 20.1., 23.1., 24.2.96,
G., W.: 6.2.95,
Hilsmann, Heinz: 15.12.95, 4.1., 25.1., 7.6.96,
K., A.: 22.12.97, 4.1.98,
Keicher, Erwin: 7.9., 15.9.95, 18.2.96,
Klein, Theo: 15.1., 23.1., 14.2.97,
L., Wilhelm: 4.12.95,
Lutz, Ernst: 18.5.80, 17.5.96,
Mittnik, Otto 26.6.96,
Moritz, Willi: 29.7.97,
Müller, Karl: 20.2., 28.2.96,
M., I.: 22.2.96,
Neuschulz, Otto: 4.12., 13.12.95, 14.2., 5.6., 27.7.96, 97, 98,
Ostermann, Reinhold: 6.12., 15.12.95, 26.2., 23.7.96,
Otte, Alfred: 6.3.78, 7.9.95, 1.3.96, 25.11.97,
R., Robert: 15.1.96,
Reusch, Alfred: 7.7., 22.7., 15.8.96,
Rogosinsky, Erich: 29.12.95, 23.2., 11.5., 9.6., 26.6., 10.7.96,
Schroeder, Hans: 3.11.94, 27.10., 29.10., 15.11., 18.12.95, 27.7.96,
Sch., D.: 21.4., 4.10., 11.11., 25.11., 14.12.96, 22.1., 6.9.97 u.v.a.,
Stein, Rudi und Charlotte, geb. Stendel: 8.12.96, 17.1., 23.2., 18.12.97,
Streng, Kurt: 22.7., 10.11, 20.12.97,
Telle, Hans-Hermann: 25.6., 3.10.96, 24.3.97 u.v.a.,
Wegner, Heinz: 29.10., 31.10., 12.11., 16.11.95, 19.1., 22.12.96 u.v.a.,
Westermann, Dirk: 7.3.96,
Wilhelm, Theodor: 3.2.95.

Mündliche Mitteilungen an Volker Knopf

Adamic, Hans: 30.5.96,
Becker, Ernst: 24.10.95, 30.5.96,
Beick, Gerhardt: 30.5.97 u.v.a.,
Boehm-Tettelbach, Karl: 8.6.95,
Brandt, Prof. Dr. Gustav: 4.9., 22.11.95,
Brandt, Johann: 3.4., 12.4.97,
Burdensky, Harry: 25.8.95, 30.5.96, 28.5.97,
Diekmann, Adolf: 13.3.96,
D., E.: 17.10., 24.11.95, 12.2., 30.5.96, 28.5.97,
Dressel, Willi: 27.1., 24.2.96,
Eßling, Hermann: 23.10., 25.11.95, 20.3.96, 27.2, 30.5.97 u.v.a.,
Fallowe, Wilhelm: 19.12.95, 22.2.96,
Feldbusch, Wilhelm: 28.5.97,
Gärtner, Hans: 7.1.96,
Gerhardt, Rolf: 3.12.95, 27.1.96, 2.3.97,
G., W.: 27.1.96,
Hegeler, Kurt: 27.4., 8.6.96,
Hilsmann, Heinz: 5.11., 18.12.95, 7.1., 30.5.96,

Keicher, Erwin: 30.8., 7.9., 25.10.95, 2.97,
Klein, Theo: 12.1.97,
K., A.: 1.9., 4.9., 2.10., 30.12.97, 3.2.98,
L., Wilhelm: 23.10., 29.11.95,
Lübbe, Dr. Richard: 28.5.97 u.v.a.,
Lutz, Ernst: 4.11., 16.11.95, 2.1., 17.3., 20.5.96,
Moritz, Willi: 16.7.97, 28.3.98,
Müller, Karl: 12.2., 23.2.96,
Munkelberg, Bodo: 96, 97,
M., I.: 14.2., 18.2., 20.3., 31.5.96, 23.9.97 u.v. a.,
Neuschulz, Otto: 22.11., 5.12., 18.12.95, 12.2., 21.2., 30.5., 3.7.96 u.v.a.,
Ostermann, Reinhold: 3.12.95, 24.2.,30.5., 22.7.96,
Otte, Alfred: 26.8., 30.8., 7.9., 6.10.95, 6.1., 28.2., 3.3., 22.3., 6.4.96, 6.9.97,
Pastorino, Rudolf: 21.2., 29.5., 15.9.97,
Rathnow, Ilse: 26.2., 5.8., 16.9.97,
R., Robert: 5.11.95, 6.1.96 u.v.a.,
R., Kurt: 15.1., 21.2.96, 28.5.97, 6.1.98,
Rogosinsky, Erich: 19.12.95, 6.1., 21.2., 6.4., 30.5.96,
Schroeder, Hans: 14.10.95, 6.9.97,
Sch., D.: 17.10., 18.12., 19.12.95, 96, 97, 98,
Stein, Rudi und Charlotte, geb. Stendel: 96, 97, 98,
Straßenburg, Alfred: 12.7.98,
Streng, Kurt: 28.5., 10.11.97,
Strub, Wilhelm: 30.1.96,
Telle, Hans-Hermann: 30.5., 9.11.96, 16.3., 28.5.97,
Wegner, Heinz: 26.8., 29.8., 8.10., 15.10., 30.12.95, 30.5.96, 28.5., 6.9.97 u.v.a.,
Westermann, Dirk: 29.1., 14.2., 13.3.96,
Wilhelm, Theodor: 14.12.94.

Abbildungsnachweis

Archiv Gerd Heidemann: 127, 166,
Archiv Volker Knopf: 8/9, 10, 28, 52, 67 (rechte Spalte), 68, 71, 78, 108, 109 (oben), 119 (unten), 128, 150, 151, 152 (unten), 153 (unten), 154, 155 (rechte Spalte), 156 (oben), 163 (oben),
Archiv Eitel Lange: 60,
Archiv Ch. Links Verlag: 22, 24, 49, 133, 137, 147 (oben), 156 (unten), 157 (unten),
Archiv Susanne Schwenk: 25, 109 (unten), 111, 112, 113, 115,
Archiv Stein/Stendel: 79 (unten), 80 (unten), 110, 116 (oben, Mitte),
Bildarchiv Preußischer Kulturbesitz, Berlin: 56 (oben), 62, 64, 87, 88, 93, 105, 147 (unten),
Bildarchiv Österreichisches Institut für Zeitgeschichte, Wien: 92, 98, 102,
Bundesarchiv, Koblenz: 20, 42, 63, 65, 85, 118, 119 (oben), 120, 134, 139, 141, 143,
Deutsche Presseagentur, Frankfurt/Main: 131,
Gritzbach, Erich: Hermann Göring. Werk und Mensch. München 1938: 15, 19, 34, 38, 50, 140,
Hoover-Institution, Stanford: 67 (linke Spalte),
Keystone-Bilderdienst, München: 31, 155 (linke Spalte),
Kreisarchiv Landkreis Barnim, Eberswalde: 35,
Landesvermessungsamt Brandenburg, Potsdam (Genehmigung vom 20. Januar 1999 unter Nr. LBB I/99): 144,
Library of Congress, Washington D. C.: Cover (Vorderseite), 12, 23, 30, 33, 36, 40, 43, 45, 46, 53, 58, 86, 91, 94, 95, 101, 103, 122, 125, 126, 132, 136, 138, 162, 163 (unten),
Linde, Otto: Cover (Rückseite), 146, 148, 149,
Musée d'Orsay, Paris: 124,
Mosley, Leonard: Göring. Eine Biographie. München 1975: 171 (überarbeitet),
Privatbesitz: 26, 54, 55, 56 (unten), 57 (unten), 61, 65 (unten), 66, 69, 70, 73, 74, 75, 76 (oben), 77, 79 (oben, Mitte), 80 (oben), 81, 82, 114, 116 (unten), 117, 152 (oben), 153 (oben), 157 (oben),
Sander, Dietrich: 76 (unten),
Ullstein-Bilderdienst, Berlin: 27, 57 (oben), 59, 97, 106, 121,
Wilamowitz-Moellendorff, Fanny Gräfin von: Carin Göring. Berlin 1934: 13, 16, 29,
Zentralblatt der Bauverwaltung 5/1937, S. 114: 159.

Personenregister

Wegen der Häufigkeit seiner Nennung wurde auf den Eintrag »Göring, Hermann« verzichtet.
Kursiv gesetzte Seitenangaben verweisen auf eine Bildunterschrift.

Danksagung

Es ist mir ein aufrichtiges Bedürfnis, an dieser Stelle all jenen Damen und Herren ein herzliches Dankeschön zu sagen, die mir ihr Vertrauen entgegengebracht haben und ohne deren Unterstützung mein Teil der Dokumentation in dieser Form nicht zustande gekommen wäre. Besonderer Dank gilt den ehemaligen Angehörigen des Hauspersonals und den Soldaten der Bewachungseinheit des Wachregiments der Division »Hermann Göring«, die mir mit ihren Kenntnissen, Aufzeichnungen, Bilddokumenten, Ratschlägen und Hinweisen eine nützliche Hilfe waren und mit deren Erinnerungen Einblicke in das Leben rund um den Waldhof erst möglich wurden.
Danken möchte ich auch den Mitarbeitern der staatlichen Archive und Museen, den Mitarbeitern der Forstbehörden der Schorfheide und den vielen Bewohnern der Ortschaften rund um Carinhall, die mich mit Rat und Tat bei meinen Recherchen unterstützt haben.
Schließlich gilt ein ganz besonderes Dankeschön meiner lieben Ehefrau Christine für ihre unendliche Geduld.

Volker Knopf

Angaben zu den Autoren

Volker Knopf
Jahrgang 1949; Diplom-Verwaltungswirt (FH);
befaßt sich seit über 20 Jahren mit der Geschichte des Dritten Reiches, dabei intensive Archivrecherchen zu den Themenkomplexen Carinhall, Führerhauptquartier »Wolfschanze« und Widerstand gegen den Nationalsozialismus;
1996/97 freier Mitarbeiter der BBC London für die Fernsehproduktion »Die Nazis«.
Publikationen: Die Wolfschanze und das Attentat vom 20. Juli 1944, Kętrzyn/Rastenburg 1995 (Mitautor unter dem Pseudonym Georg S. Wünsche); Hermann Görings Waldhof »Carinhall«, Endingen 1997.

Stefan Martens
Jahrgang 1954; Studium der Geschichte und der Philosophie in Frankfurt/Main und Münster/Westfalen;
1981 Forschungsstipendium des DAAD für Großbritannien, 1983 Promotion, seit 1983 wissenschaftlicher Mitarbeiter und Referent für Zeitgeschichte am Deutschen Historischen Institut Paris.
Publikationen: Hermann Göring. »Erster Paladin des Führers« und »Zweiter Mann im Reich«, Paderborn 1985; Kleine Geschichte Frankreichs, Stuttgart 1997 (Mitautor).
Herausgeberschaften: La France et l'Allemagne en guerre (Septembre 1939 – Novembre 1942) – Deutschland und Frankreich im Krieg (September 1939 – November 1942), Paris 1990 (zusammen mit Claude Carlier); Documents Diplomatique Français sur l'Allemagne – Französische Diplomatenberichte aus Deutschland. 2 Bde., Bonn 1992/93 (unter Mitarbeit von Martina Kessel); Vom »Erbfeind« zum »Erneuerer«. Motive und Aspekte der französischen Deutschlandpolitik nach den Zweiten Weltkrieg, Sigmaringen 1993; Des Allemands contre le Nazisme. Oppositions et Résistances 1933–1945, Paris 1997 (zusammen mit Christine Levisse-Touzé).